高等职业教育“十四五”规划教材
国家“双高计划”专业群配套教材
江苏省“十四五”职业教育在线精品课程配套教材

农村电子商务实训指导

刘　丹　主编

中国农业大学出版社
·北京·

内容简介

本书包括八个模块：农村电子商务概述、农村新型农业经营主体经营分析、农村网店产品拍摄处理、农村网店产品信息采编、农村淘宝网店开设和运营、农村淘宝网店数据分析、县域农产品品牌营销、县域农产品物流运作。每个模块由案例导入、工作要求、若干实训任务组成。各模块实训任务都提供了具体操作说明，任务最后提供了任务报告、任务评价和任务拓展板块，便于学生及时总结和提高学习能力。除此之外，本书在各模块中穿插提供了小贴士、动画和微课（扫二维码）等形态的教学资源，书后附录部分提供涉农电子商务政策摘要、县域电商典型案例汇总等相关拓展内容，便于学生随时选用，有效掌握农村电子商务的实际操作技能和场景应用能力。

本书结构清晰，语言简洁准确，图文丰富，案例翔实，各模块相对独立，又有机统一。本书可作为职业本科院校及高等职业院校电子商务、现代农业技术、市场营销、物流管理等专业配套教材，也可作为新型农业经营主体学习和培训用书。

图书在版编目（CIP）数据

农村电子商务实训指导 / 刘丹主编. --北京：中国农业大学出版社，2024.9. -- ISBN 978-7-5655-3304-4

Ⅰ. F713.36

中国国家版本馆 CIP 数据核字 2024FJ6644 号

书　　名　农村电子商务实训指导

作　　者　刘　丹　主编

策划编辑　张　玉　郭建鑫　　**责任编辑**　陈睿赜

封面设计　中通世奥图文设计

出版发行　中国农业大学出版社

社　　址　北京市海淀区圆明园西路 2 号　　**邮政编码**　100193

电　　话　发行部 010-62733489，1190　　读者服务部 010-62732336

编辑部 010-62732617，2618　　出　版　部 010-62733440

网　　址　http://www.caupress.cn　　**E-mail**　cbsszs@cau.edu.cn

经　　销　新华书店

印　　刷　河北朗祥印刷有限公司

版　　次　2024 年 12 月第 1 版　　2024 年 12 月第 1 次印刷

规　　格　185 mm×260 mm　　16 开本　　18.5 印张　　447 千字

定　　价　49.00 元

前　言

党的二十大报告指出，高质量发展是全面建设社会主义现代化国家的首要任务。2023年中央一号文件明确提出要推动乡村产业高质量发展。这需要从做大做强农产品加工流通业、加快发展现代乡村服务业、培育乡村新产业新业态、培育壮大县域富民产业等多个维度展开。实践证明，在“数商兴农”时代，发展农村电子商务已经成为推动乡村产业高质量发展、助力乡村振兴的有效途径。

发展农村电子商务，首要任务是人才培养。人才培养是提升农业经营发展水平和从业人员素质最直接、最有效的途径，也是关键环节和基础工作。人才培养离不开优质教材的开发。为探索形成制度供给充分、条件保障有力、职业高等教育与普通高等教育深度融通的良好生态，我们依托中国特色高水平高职学校（A档）建设单位平台，践行“课堂移村口、师生到田头、成果进农户、论文写大地”的办学思路，开发了《农村电子商务实训指导》这本活页式教材，为满足当前职业本科、高职专科多层次教育中，农村电子商务领域教学工作实际需求，为培养乡村产业高质量发展所需要的农村营销服务类高素质技术技能型人才提供有力支撑。

在教材开发过程中，我们严格依据高等职业教学规律，深入贯彻课程思政教育理念，同时参照1+X课证融合要求，以职业活动为导向，按照工作流程驱动的方式编写教材内容，并同步建设数字化教学资源。本教材有别于传统类教材重理论、轻实践的局限，弥补了职业本科、高职专科多层次教育中，农村电子商务教学领域实践教材开发的空白。

本书分为8个工作模块，每个工作模块由案例导入、工作要求、若干实训任务组成。各模块实训任务都提供了具体操作说明，任务最后还提供了动态评价考核和拓展学习板块，便于学生及时总结和提高学习能力。各工作模块具体任务如下：

工作模块一　农村电子商务概述　包含农产品经纪人沟通实践、农产品电商创业项目孵化实践、县域电商园区规划方案设计实践、乡村振兴战略下农村电商脱贫实践等4个实训任务。

工作模块二　农村新型农业经营主体经营分析　包含专业大户财务评价指标分析、家庭农场资金使用分析、农民合作社权利义务分析、农业企业经营报告分析等4个实训任务。

工作模块三　农村网店产品拍摄处理　包含熟悉农产品拍摄技巧、熟悉农产品拍摄光源、熟悉农产品拍摄背景、熟悉单反相机功能、选用数码相机、选用摄影辅助器材6个实训任务。

工作模块四　农村网店产品信息采编　包含认识图片处理软件——光影魔术手，一键美化功能的使用，图片色彩校正处理，图片美化特效处理，文字、图形和水印处理，边框和拼图处理，图片批量处理等7个实训任务。

工作模块五　农村淘宝网店开设和运营　包含个人淘宝店铺申请、淘宝店铺商品上架、店铺优惠券促销设置、关键词竞价推广、客户订单审核和发货处理、淘宝客服日常沟通6个实训任务。

工作模块六　农村淘宝网店数据分析　包含市场规模数据采集、客户交易数据采集、推广效果数据采集、用户画像分析处理、产品搜索指数分析处理、行业选品分析与优化、运营数据日报表制作7个实训任务。

工作模块七　县域农产品品牌营销　包含农产品品牌认知、“三品一标”标志应用、品牌农产品包装设计、品牌农产品短视频营销脚本设计、品牌农产品直播营销脚本设计、品牌农产品直播预告、品牌农产品直播脚本编辑7个实训任务。

工作模块八　县域农产品物流运作　包含农产品供应链管理模式认知、农产品出入库管理办法、生鲜农产品运输情况调查分析、农产品公路运输管理分析、农产品水路运输管理分析、农产品直送型配送模式服务流程设计、农产品冷链物流实施7个实训任务。

除此之外，本书在各模块中穿插提供了小贴士、动画和微课等数字化教学资源，书后附录部分提供涉农电子商务政策摘要、县域电商典型案例汇总等相关拓展内容，便于学生随时选用，有效地掌握农村电子商务的实际操作技能和场景应用能力。

教材编写过程，得到了各级领导、专家学者的关心与支持，也汲取了广大一线教师的宝贵意见，江苏大学熊强博士后、江苏省农业农村厅互联网农业发展中心谈晶晶、江苏省电子商务协会宋凯、江苏九谷生态农业有限公司张鸣峰等参与了政策摘要整理、个别案例的搜集和编写工作，在此表示衷心的感谢。由于时间及编者水平有限，书中难免存在错误疏漏之处，恳请广大读者批评指正！

刘　丹

2023年10月于句容

目　录

工作模块一

农村电子商务概述

案例导入

我们村的新能人　强电商　巧工匠

相信很多生活在农村的朋友都遇到过这样的事，明明自己村里产的东西质量优良，但有时候就是卖不出去，就算卖出去了，也卖不上好价钱。这其实和农村二三产业的发展有关。而要提高二三产业的发展水平，就离不开相应的人才。像农村创业创新带头人、农村电商人才、乡村工匠等，都属于这类人才。那么，他们究竟能为农村发展带来什么变化，他们在全面推进乡村振兴过程中又会发挥什么作用呢？

赵海伶是四川广元青川县人，在当地经营一家以食用菌生产加工和销售为主的企业。最近正值羊肚菌采摘期，赵海伶和公司员工们每天都忙着去农户家收购羊肚菌。收购来的羊肚菌会在工厂进行质检、加工、包装，在线上线下同时销售。现在，赵海伶公司的羊肚菌每天销售达 750 千克，加工产品年销售量 5 000 千克以上。此外，公司的蜂蜜等其他农产品年销售额也超过 1 亿元。这些产业极大带动了当地农民增收。通过收购农产品和产业链上各环节的原料，以及雇佣当地农民在企业打工等，赵海伶从事的产业直接或间接带动农民 4 500 多户，每户年均增收 15 000 多元。

不过，在以前，青川县的菌菇等农产品虽然质量很好，但由于当地位置偏远、交通不便，这些农产品很难卖出去。2009 年，在外地大学毕业的赵海伶决定回老家创业。赵海伶想通过新兴的电子商务模式为家乡的农产品打开销路，她开了青川县第一个网店，在线上销售当地的农产品。不过，赵海伶很快发现，只销售原始农产品，既不能保证质量，也因为缺少品牌化，难以取得消费者的信任。赵海伶说："当时需要加工生产农产品，使其标准化、品牌化，这是一个非常复杂的事情，涉及方方面面的链条和环节，对于当时的我来说，还是挺困惑的。"要建立完善的产业链，需要做的工作复杂而困难，赵海伶感觉有些吃力。赵海伶遇到的困难也是很多返乡发展二三产业的人员共同面临的问题。

中国农业大学教授、北京中农大创新研修学院院长付文阁说："仅仅把地种好，把农业生产经营做好，远远不够。如果农产品加工业发展不起来，服务业发展不起来，农业的价值链很难提升，农民的收入也很难提高，所以一二三产融合发展，是乡村产业振兴和农业发展的必由之路。但是现在的问题是人才结构不合理，二三产业的人才缺乏。"

为了培育更多综合能力强的乡村二三产业人才，近年来，我国陆续出台了一系列政策。2021 年发布的《关于加快推进乡村人才振兴的意见》中就专门指出要加快培养农村二三产业发展人才，培育农村创业创新带头人，加强农村电商人才培育。

付文阁说："把培养乡村二三产业人才单独列出来，这是第一次，是一个最大的亮点，意味着把乡村二三产业人才的发展提高到了事关乡村振兴的战略高度。"

近年来，农业农村部乡村产业发展司实施了高素质农民培育计划，其中乡村二三产业的技能和创业培训是重要的一部分。2020 年、2021 年两年，培育了近 20 万人次，主要涉及农产品加工流通、乡村特色产业、乡村休闲旅游和农村电商等二三产业。

在国家政策指导下，各地也针对培育乡村二三产业人才，出台了更细化的措施。赵海伶所在的青川县，通过建立创新创业平台、提供财税融资支持、给予技术指导等，为发展二三产业的人员提供帮助。在各方帮助下，赵海伶组建成立了食用菌种植合作社，采取"公司 + 专业合作社 + 农户 + 电商"的模式，吸纳农户加入。

农产品收购上来，如何能卖出去、卖得好，也很重要。为了提升农村从事二三产业人员的电子商务运营能力，近几年，我国陆续出台了《关于促进农村电子商务加快发展的指导意见》等文件，大力培养农村电商人才；对农民、合作社和政府人员等进行技能培训；引导具有实践经验的电子商务从业者返乡创业，鼓励电子商务职业经理人到农村发展。

2017 年，赵海伶所在的四川省青川县成立了电商公共服务中心，为从事电商运营的人员提供服务，并从外地聘请电商运营业资深人士到当地讲课。赵海伶也参加了培训。几年下来，青川县先后组织电商培训项目 150 多期，培训 9 000 多人，为当地农村二三产业发展提供了强大的人才支撑。

微课：农村电商政策解读

和青川县一样，近年来，在国家大力推动培育农村二三产业人才的政策指引下，各地也都在根据实际情况，探索培养二三产业人才的路径。经过努力，现在全国各地的农村电子商务营运体系已经建立起来，人才队伍也不断壮大。截至 2021 年底，我国农村电商发展带动农村就业人员 3 600 多万人，极大带动了农村经济发展和农民增收。

（参考来源：央视网 – 焦点访谈，2022-05-10）

工作要求

基于乡村振兴战略，了解农村电子商务发展对于推动我国农业经济发展的举措和意义。

实训任务 1　农产品经纪人沟通实践

【任务目标】

通过实训，培养农产品经纪人具备农产品交易的基本洽谈能力，为与各方交流和农村电商项目经营奠定基础。

【任务准备】

熟悉沟通技巧。

【任务实施】

步骤一　充分了解对方报价的全部内容，准确了解对方提出条件的真实意图。

步骤二　探询其报价依据和弹性幅度（图 1-1-1），注意倾听对方的解释和说法。

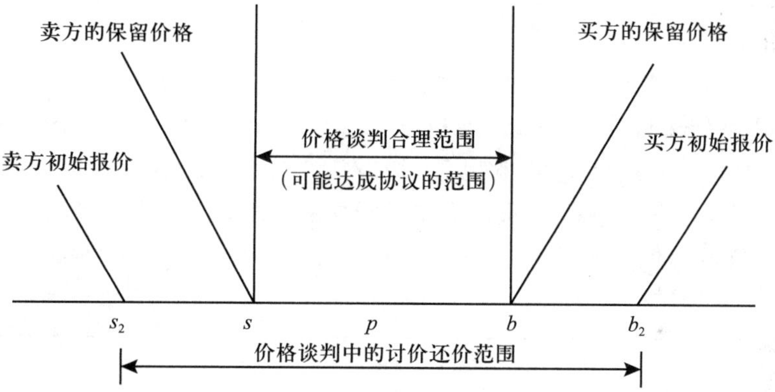

图 1-1-1　价格商谈的范围

步骤三　运用合作社所掌握的各种信息资料，对报价内容进行全面分析，从中找出报价中的薄弱环节和突破口，实施全面讨价。

步骤四　按价格水分的大小分别讨价。

步骤五　在全面讨价和分别讨价的基础上有针对性地进行讨价还价。

• 情景 1　河南某设备厂与山东某合作社拟签订苹果烘干机的购销合同。但双方在仪器的价格条款上还未达成一致，因此，双方就此问题专门进行了洽谈。洽谈一开始，厂方代表就将其产品的性能、优势以及目前在市场上的知名度做了一番细致的介绍，同时说明还有很多国家的相关企业欲购买他们的产品。最后，厂方代表对合作社代表人员说："根据我方产品所具有的以上优势，我们认为一台苹果烘干机的售价应该在 4 万元。"

根据合作社掌握的资料，市场上苹果烘干机的最高售价仅为 3 万元。合作社代表将掌握的目前市场上生产这种产品的十几家厂商的生产情况、技术水平及产品售价详细地向厂方代表展示。厂方人员无话可说，立刻降低标准，将价格调低到 3 万元，却坚持说，他们的产品完全是世界一流水平，是物有所值的。合作社代表在洽谈前就了解到，河南这家厂商目前的买家只有合作社，于是回答厂方："我们决不怀疑贵方产品的优质性，但是由于经费预算的限制，我方只能认可 2.5 万元的价格。”厂方代表听了后，十分不悦，他们说：“我方已经说过了我们的产品是物有所值的，而且需求者也不仅仅是你们一家企业，如果贵方没有诚意的话，我们宁可终止洽谈。”合作社代表依然神色从容：“既然如此，我们很遗憾。”合作社代表根据已经掌握的资料，相信厂方一定不会真的终止洽谈。果然，没过多久，厂方代表就主动找到合作社代表，表示价格可以再谈，在新的洽谈中，双方又都做了一定的让步，最终以 2.7 万元成交。

• 情景 2　某食品加工厂为了购买山野菜，与农产品经纪人小程进行洽谈。在洽谈过程中，食品加工厂的报价是山野菜 15 元 / 千克。为了试探对方的价格“底牌”，小程采用了投石问路的技巧，开口报价山野菜 22 元 / 千克，并摆出一副非此价不谈的架势。急需山野菜的食品加工厂的代表急了：“市场的情况你们都清楚，怎么能指望将山野菜卖到 18 元 / 千克呢？”食品加工厂的代表在情急之中暴露了价格“底牌”，于是小程紧追不放。“那么，你是希望以 18 元 / 千克的价格与我们成交了？”这时，食品加工厂的代表才恍然大悟，只得无奈地应道：“可以考虑。”最后，双方以 18 元 / 千克的价格成交，这个结果比小程原定的成交价格要高出 3 元。

小贴士

农产品经纪人是什么?

农产品经纪人是指从事农产品收购、储运、销售以及销售代理、信息传递、服务等中介活动而获取佣金或利润的经纪组织和个人。结合农产品经纪人的从业构成，可以分为销售型经纪人、科技型经纪人、信息型经纪人、复合型经纪人等种类。随着城乡经济的繁荣和发展，农产品经纪人在促进地方经济发展、推动农业产业化进程、加快脱贫致富等多方面发挥着积极的作用。

【任务报告】

根据任务实施步骤,认真完成任务报告(表 1-1-1)。

表 1-1-1　农产品经纪人沟通实践

姓名:	班级:	学号:
1. 如何确定谈判价格合理的区间?		
2. 农产品经纪人的作用有哪些?		
个人总结:		

【任务评价】

对任务实施过程、任务报告完成情况和学习态度进行考核评价（表 1-1-2）。

表 1-1-2　农产品经纪人沟通实践考核评价细则

姓名：	班级：	学号：	教师签字：
自评：□合格　□不合格	互评：□合格　□不合格	师评：□合格　□不合格	
日期：	日期：	日期：	

考核评分细则

序号	考核项目	考核标准	考核方式	分值	评分要求	得分
1	沟通实践	□ 1. 选择恰当的洽谈方式 □ 2. 选择合理的报价策略 □ 3. 选择讨价还价策略 □ 4. 表达信息结构完整 □ 5. 有建设性礼仪礼节	现场识别考核或者问答考核	60	未完成一项扣 12 分，累计扣分不得超过 60 分	
2	任务报告	□ 1. 完成认真 □ 2. 术语规范	评阅考核	10	未完成一项扣 5 分，累计扣分不得超过 10 分	
3	学习态度	□ 1. 具有钻研精神 □ 2. 具备科学严谨的态度 □ 3. 操作认真，互动积极	自评、互评和师评相结合	30	未完成一项扣 10 分，累计扣分不得超过 30 分	
总分						

【任务拓展】

海南某农民专业合作社经纪人小方为增加凤梨销售量，于 2019 年 11 月 21 日邀请江苏某电子商务有限公司总经理李某、副总经理王某等一行来该合作社考察、洽谈。双方约定洽谈时间为 11 月 25 日 12:30。会议当天，李总因事不能参加洽谈会，委托王副总经理全权负责这次考察洽谈活动。假设你是小方，请根据客户的性格特点，做好与该电子商务贸易有限公司的这次业务洽谈工作。

实训任务2　农产品电商创业项目孵化实践

【任务目标】

通过实训，熟悉农村电子商务创业项目的架构，实现电商赋能服务宗旨。

【任务准备】

相关岗位人员的招聘和培养。

【任务实施】

步骤一　市场背景调研与农产品电商项目选择。
步骤二　农产品电商项目目标制定与分年度规划。
步骤三　项目市场分析与服务设计。
步骤四　项目团队构成分析。
步骤五　项目计划书撰写。

下面以第四届中国“互联网+”大学生创新创业大赛“青年红色筑梦之旅”赛道江苏省二等奖作品为例，展示一份项目计划书。

“茅山电商兴农小分队项目”创业孵化项目计划书

1　项目介绍

1.1　项目名称

茅山老区电商兴农小分队。

1.2　项目背景

为了贯彻习近平总书记新时代中国特色社会主义思想，落实习近平总书记给第三届中国“互联网+”大学生创新创业大赛“青年红色筑梦之旅”大学生重要回信精神，教育部决定广泛实施“青年红色筑梦之旅”活动，引导更多青年大学生扎根中国大地，了解国情民情，在创新创业中增加智慧才干，在艰苦奋斗中锻炼意志品质，为中华民族伟大复兴的中国梦培养有理想、有本事、有担当的热血青春力量。

1.3　项目目标

我们汇聚了一群志同道合的专业人员，组建了茅山老区电商兴农小分队，创建了乡里巴人团队。我们以帮助老区农民销售农产品为任务，帮助老区农民实现致富梦。

(1)为农民连接电商平台。依托当今较为成熟和知名的第三方网络公司，拓展到流量更大的互联网销售渠道，通过线上线下多种销售方式结合扩大销量，帮助农民实现致富梦。

(2)为农民提供电商培训。我们乡里巴人团队擅长农产品的网络销售，不但能够为那些有理想、有目标但缺乏电商知识的返乡青年提供技术指导，还可为文化水平相对较低的中老年农民提供互联网知识培训。

1.4 项目规划

1.4.1 发展初期(第1~2年)

以句容市为样本,通过走访辖区各个乡镇,调查并记录了当地农户的产品、销售、利润等情况,制定出不同农牧场主的需求清单,在发展初期对农牧场主进行有针对性的免费服务,让农民感受到我们乡里巴人团队为农民群众带来的切实利益。

1.4.2 发展中期(第3~4年)

完善和健全乡里巴人团队的管理制度和服务制度,提高团队服务的质量,稳固老顾客,开发新顾客,将乡里巴人的服务对象由句容市的各个乡镇扩展到整个江苏省地区。让更多的农牧场主知道并且接受我们的服务,提升乡里巴人团队的名气。

1.4.3 发展后期(第5~6年)

计划与外省具有特色的农业经营主体达成合作关系,让我们的乡里巴人团队在更多地方被农民知道并且接受,帮助更多的农民实现致富梦。

2 项目市场分析

2.1 优势分析

2.1.1 政策体系日益完备

2014—2017年,连续四年的中央一号文件均明确提出发展农村电子商务。从2015年春天国务院出台《关于大力发展电子商务加快培育经济新动力的意见》以来,国务院及国家部委陆续出台农村电商专门及配套文件总数超过100个,基本完成了我国农村电子商务的顶层设计和配套政策部署。

2.1.2 农村电商基础明显改善

迄今为止,财政部、商务部累计支持756个县开展了电子商务进农村综合示范,每个县支持财政资金2 000万元,重点用于基层站点、县乡物流、人才培训、电商园区和农产品上行等方面。各大电商平台也纷纷下乡,在基层设立站点,在县级设立农村电商服务中心,招募大量当地和返乡青年参与经营。综合商务部和各电商平台公开数据,到2016年底,全国建立在村一级的基层电商服务点超过40万个,覆盖了全国约2/3的行政村。农村已经有2.01亿农民上网,1.2亿农民网购,99%以上的农村都有了网络。曾经最为头疼的农村物流“最后一公里”问题,也随着电商下乡进程的加快而出现明显缓解。根据国家邮政局通报,2016年重点快递企业乡镇覆盖率超过80%,上海、江苏等8个省(直辖市)实现乡镇全覆盖,中西部地区整体提升超过12个百分点。另据了解,菜鸟网络还通过大数据预测,将更符合农村地区购买习惯的家电、农资农具提前下沉到县城仓库,可实现50%当日达,99%次日达;京东订单85%可实现当日达及次日达,京东物流体系覆盖全国所有行政区县。

2.1.3 电商扶贫初见成效

截至2017年8月,前三批电子商务进农村综合示范县确定的496个示范县实现网络零售额2 295亿元,同比增长44.2%,高出农村整体增速6.1个百分点。其中,示范覆盖的262个国家级贫困县实现网络零售额457.6亿元,同比增长61.5%,高出全国832个国家级贫困县平均增速6.9个百分点。在阿里巴巴零售平台上,2016年832个国家级贫困县共销售292亿元的商品,有280多个贫困县销售额超过1 000万元,40余个贫困县超过1亿元。京东与全国832个贫困县的6 003家企业展开深度合作,发掘上线283万种贫困地区商品,2016年一季度至2017年二季度,累计帮助贫困地区销售商品153亿元。出现了陇南成县、安徽砀山、河南光山、山西隰县、云南元阳等各具特色的县域电商扶贫典型,一批山货顺利在网上出山,绿水青山也成为金山银山,一批贫困地区的留守人员甚至残疾人也因为电商有了新的生计。

2.1.4 地理优势

茅山红色老区位于苏南地区,西邻南京,北临长江,东至淞沪,南下浙西,有着优越的地理位置,交通运输发达,地理位置独特,适合苗木水果养殖业的发展;有自己独特的产品,如丁庄葡萄、天王苗木、白兔草莓等。很多的农产品线下销售额都很大,但是没有线上销售。政府对农村电商的扶持力度不断加大,但由于没有相关电商人才,在乡里巴人团队导师的号召下,我们组建了一个30多人的帮扶群体,分配到天王镇、后白镇、春城镇,帮助企业农场和农户开网店,帮助他们学习电子商务知识。

2.2 劣势分析

目前,很多地区开始利用农村电子商务平台整合各类农业资源,进行规模化、集约化、信息化的订单式农业生产,并通过网络平台拓展销售市场,形成了产、供、销密切衔接的全产业链条,在这个过程中,农民也逐步实现了从传统农民到农业产业工人的职业和身份的转变。这种产销模式的创新和不断成熟,倒逼了传统农业的产销升级。在农村电子商务发展较早的苏南各地,众多大型商贸公司通过租赁获得成片土地经营权,采用订单方式,运用现代农业生产技术建立有机农业园,雇佣当地农民进行有机蔬菜、有机水果以及淡水鱼等高品质、高附加值农产品的种植养殖和生产加工,通过自建网络平台进行销售,初步实现了产、供、销一体化,取得了良好的经济效益。但我们也要清醒地看到,由于市场化培育还不成熟,还存在以下问题。

2.2.1 基础设施落后导致流通成本较高

流通行业是国民经济发展的基础产业和先导产业,作为生产和消费的中间环节,承担着产品成为商品、商品实现价值和使用价值的双重功能。“经纪人—产地批发商—销地批发商—零售商—消费者”的五级流通结构,是目前我国农产品最主要的流通模式,中间环节繁杂、农户和零售终端规模小,造成流通成本居高不下,市场化也难以深入推进。具体表现在以下几方面:一是信息化建设滞后,存在网络覆盖面不全、信号差、网速低等问题。据统计,我国农村居民约占人口总数的50%,而农村网民仅占全部网民的27.5%,农村互联网普及率仅为30%,比城市低34个百分点。二是物流基础设施不完善,很多农村缺乏农产品大型仓储、冷链等物流基础设施。在农产品进城方面,由于“小而散”的生产方式、农产品保质期短、生鲜品物流损耗大、包装成本高等原因,网销农产品综合物流成本较高。在消费品下乡方面,因农村人口居住较分散、配送量较少,导致单件商品物流成本较高。据测算,在30公里以内,乡村配送成本是城区的3倍,超过60公里则变成5倍,这在地广人稀的西部地区表现尤为明显。三是金融服务业发展落后。由于农村地区人口密度低,银行等金融机构开设网点的经营成本高,导致农村地区金融服务水平明显落后。

2.2.2　法律法规和标准化建设不健全

目前，电子商务领域立法严重滞后于实践发展。一方面，国家尚未出台关于商品流通、电子商务等专门的法律法规，市场盲目投资、无序竞争等现象严重。另一方面，涉及农副产品的相关标准、信用等标准化建设不健全，如生产加工环节缺乏相关标准，农副产品品质参差不齐，不利于细分市场、科学定价，影响产品竞争力；生产环节标准和流通环节标准未能有效对接，影响流通效率；“从田间到餐桌”的可追溯体系尚不完善，产品质量和食品安全难以得到充分保障。

2.2.3　人才稀缺导致产业发展缺乏后劲

发展农村电子商务离不开专业性人才，尤其是精通网络技术、线上营销、物流管理而且熟悉农业经济运行规律的复合型人才。与之相对应的是，很多农村地区青壮年常年在外务工，留下来的多是老弱妇孺，劳动力不足尤其是专业人才不足已经成为制约农村发展的一个突出短板。同时，各地方对农村电子商务人才培养培训的力度不够，也缺乏引导和激励互联网人才下乡创业的相关政策措施。以上这些因素共同导致了农村电子商务人才严重匮乏，产业发展必然缺乏后劲。

3　项目服务分析

3.1　服务地区及群体

茅山老区电商兴农团队服务地区及群体情况见图 1-2-1。

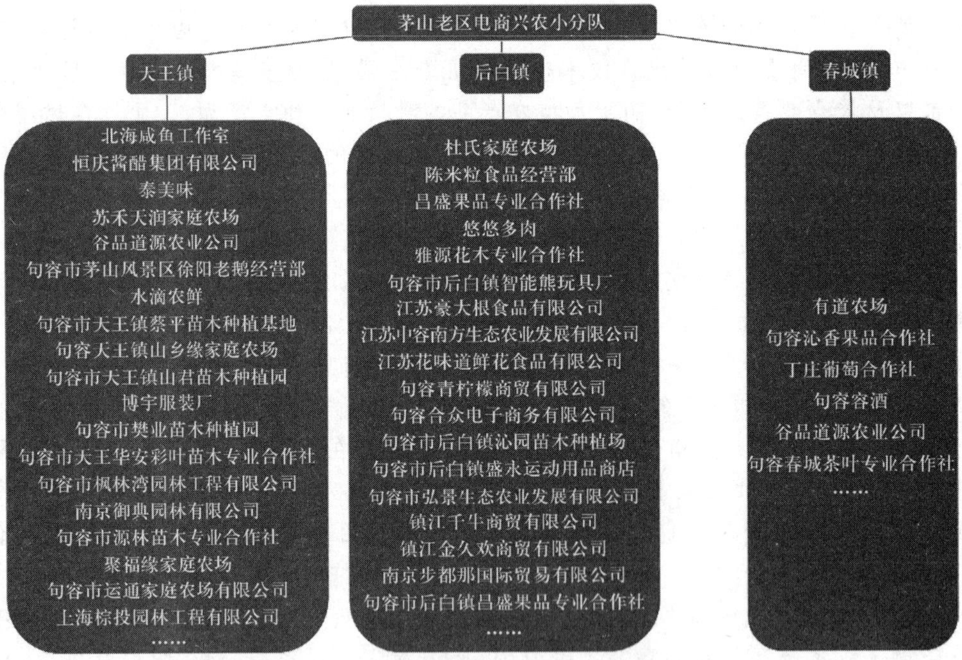

图 1-2-1　茅山老区电商兴农团队服务情况

3.2　服务内容及结果

3.2.1　镇江恒庆酱醋有限公司

镇江恒庆酱醋有限公司创建于 1979 年，是一家自主酿造售卖酱醋的公司。公司坐落于句容市蔡巷村。2017年末入驻淘宝，在此之前恒庆的酱醋一直是线下销售，这不光限制了销售的地区，也限制了产品的推广。镇江香醋闻名天下，却因为销售渠道的问题，江苏以外的城市少有恒庆的酱醋，使外地的消费者品尝不到恒庆酱醋的鲜美。乡里巴人团队发现这一问题，在导师的介绍下与恒庆酱醋有限公司法人陈先生交流，并协商开展网上销售的相关事宜。陈先生对乡里巴人团队的想法非常感兴趣，并积极为我们提供帮助。乡里巴人团队为恒庆酱醋有限公司着手建立淘宝店铺，然而恒庆的淘宝之路并不是一帆风顺。

因为酱醋存在包装难和运输难的问题，后勤组多次讨论后在快递包装上选择了泡沫盒包装，防止香醋瓶在运输过程中产生破损，影响消费者的消费体验。但是这样极大地增加了包装成本，所以重新选择棉花等物品填充包装盒内保护产品。这种方式极大地影响产品的美观而且保护效果不佳。最后，在导师的帮助下选择了小型空气柱，通过在醋瓶外加包一层空气柱使产品不会在运输过程中产生碰撞，空气柱不仅有保护产品的能力，而且在价格方面有着比较优势。经过后勤组多次试验，找到了醋瓶包装空气柱的最佳尺寸，成功解决了包装难的问题（图 1-2-2）。

图 1-2-2　团队包装设计和服务过程

在运送的价格上也曾出现一系列的争议，因为香醋本身是液体，产生的快递费用相对较高，与一些快递公司商谈后，一直未能有一个合适的价格，后来后勤组两人在导师的协助下，与天天快递以比较合适的价格达成协议。宣传组王同学查阅了淘宝网中酱醋类大部分的商家的产品后，找到网上销售比较良好的店铺和产品，做好数据统计，并综合考虑恒庆酱醋有限公司的产品类型，分析出恒庆产品的优势和主推方向后，选择出了四款产品优先推广（图 1-2-3）。

宣传组与恒庆酱醋有限公司联系说明了首先推广的产品情况，并且将淘宝网上销售良好的产品数据和店铺提交给公司，并与恒庆酱醋有限公司沟通取得其相关资质证明资料。在与恒庆酱醋有限公司商讨好产品的价格后，美工组拍摄了相关产品的图片并做出产品主图和详情页，并在详情页中介绍恒庆酱醋有限公司的相关资质和产品详情，增加消费者对恒庆酱醋有限公司的信任。运营组负责申请店铺并提交相关的资质材料，经过一段时间的店铺测试，目前店铺销售成果良好。

3.2.2　有道农场

有道农场位于江苏省句容市春城电商产业园，2016年初入驻天猫商城。2017年乡里巴人团队接手管理店铺。在管理店铺的过程中，我们查阅了很多的资料以增加对花卉的了解,分析销量好的店铺,借鉴其优点形成自身的销售优势。在产品运输过程中芦荟易折断,影响消费者购物体验。电商小分队针对这一问题进行了深入讨论,最后得出用 55 cm 空气柱包裹保护芦荟效果最佳,最大限度保证芦荟安全到达客户手中。又比如绿植花盆中的营养土容易散落,针对这一问题我们尝试了一些方法,但是效果不佳并且增加了包装成本。我们请导师介绍认识学校园林系的老师,教授我们关于花卉运输保养方面的知识。最后,我们改进了包装、运输方式,冬天加棉絮少水不带土运输,夏天带土加水运输,解决了绿植运输问题,提升了店铺的服务质量,增强了店铺的核心竞争力(图 1-2-4)。

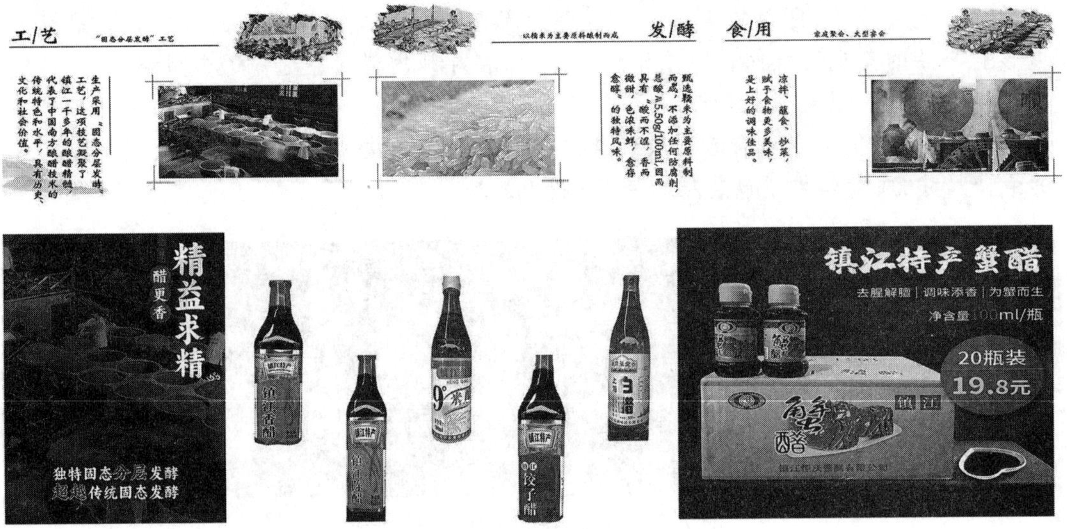

图 1-2-3　产品推广详情

目前,我们的店铺已形成规模,并且店铺销量一直稳定增长。我们统一收购当地农民种出的花卉进行销售,这样一些散户不用担心销售问题。

3.2.3　杜氏家庭农场

杜氏家庭农场基地坐落于江苏省句容市后白镇徐巷村,占地面积 85 800 平方米,是集种植、养殖、休闲垂钓、餐饮住宿、旅游观光一体化的政府重点扶持项目,有康乐有机天香米、康乐养生面、天然荔枝蜜、草鸡和御用鸭、小香猪等天然有机农产品。

在走访的过程中我们了解到杜氏农场尽管没有线上的销售渠道,但其线下的年销售量可达到 600 万元左右。这让乡里巴人团队对杜氏家庭农场的线上销售充满着信心。于是乡里巴人团队在江苏农林职业技术学院电子商务导师的介绍下与杜氏家庭农场的杜总交流,杜总的杜氏家庭农场在两年前曾在淘宝和融 e 购有过店铺,但是因为没有专业人员的管理,最后也只能不了了之,之后乡里巴人团队与杜总协商开展网上销售的相关事宜。杜总对我们乡里巴人团队的想法非常感兴趣,并积极为我们提供帮助。

乡里巴人团队为杜氏家庭农场重新开启淘宝店铺和融 e 购两个电商平台,从中发现了许多的问题。首先,杜氏家庭农场的农产品因为是天然有机的,所以产品的保质期

图 1-2-4　团队线下服务农场情况

大多不长，如肉制品以及草鸡蛋，且在运输上也十分困难，如草鸡和御用鸭、小香猪。后勤组讨论决定将运输困难的产品的定位人群选在距基地较近的城市，肉制品在运输的过程中可以放入冰袋为其保鲜，为消费者提供最新鲜的产品，也为我们后期的客户来源做铺垫。

其次，在商品上传的过程中，我们发现天然食品需要有机转换认证书编号，运营组积极向杜总反馈。美工组走访了杜氏家庭农场的基地，拍摄了相关产品的图片并做出了产品主图和详情页。宣传组每天发布微淘并将产品发布在网上，让更多网民了解杜氏家庭农场(图 1-2-5)。

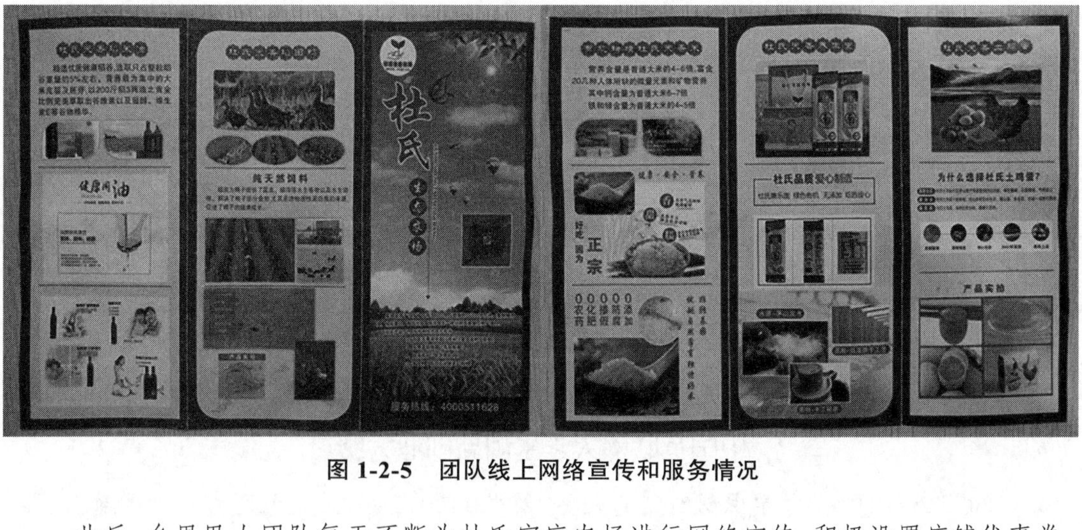

图 1-2-5　团队线上网络宣传和服务情况

此后，乡里巴人团队每天不断为杜氏家庭农场进行网络宣传，积极设置店铺优惠券及促销活动。经过多次和导师以及杜总讨论，我们决定举办展会，让线下顾客从中了解我们的网上平台并购买我们的产品，增加网上的销量。虽然店铺刚刚起步，但乡里巴人团队相信之后的杜氏家庭农场网上平台肯定会越来越好。

4 团队介绍

乡里巴人团队有着一群志同道合的人，我们是有目标、有追求、敢打敢拼的热血青年，我们愿意付出汗水和青春去追逐我们共同的理想。在工作中乡里巴人团队有着相同的理念。

4.1 合作

大海是由无数的水滴组成的，乡里巴人团队中每个人都是团队中的水滴。个人的成功是暂时的，而团队的成功才是永久的。团队的成功靠的是团队里的每位成员的配合。乡里巴人团队在工作中合作默契，相互配合发挥自己的力量。

4.2 组织无我

事业是团队的事业、集体的事业，个人的力量是有限的。成功靠团队共同推进，我们乡里巴人团队每一名成员都坚信团队的目标重于个人的利益和目标。我们明白，在团队中如果人人只顾自己的利益，这个组织一定会崩溃，团队没有了，个人的目标自然也实现不了。团队行动应听从领导人的安排，做事情就变得很容易，这叫组织无我。我们相信团队的目标就是靠这种组织无我的精神达成的。

4.3 士气

没有士气的团队缺乏吸引力、凝聚力、战斗力。乡里巴人团队成员之间会相互鼓舞加油，这让我们无论在任何环境，遇到任何困难，都是无往而不胜的。这种士气，让不可能变成了可能。我们朝着“五个统一”努力：统一的目标、统一的思想、统一的规则、统一的行动、统一的声音。

4.4 统一目标

只有明确团队目标，才会让团队里每一个人为了既定目标奋斗，这样才能做出成绩，实现个人价值，否则会降低行动效率。乡里巴人团队的目标就是帮助老区人民走向小康、实现致富梦。乡里巴人团队有着自己的团队规则，每一位成员清楚地知道自己该做什么，不该做什么。所以乡里巴人团队每个人都约束自己的行为，做好分内的事情。在行动的时候团队成员会相互沟通与协调，让行动统一有序，从而提高我们的工作效率，让我们服务更多的农户，让更多的农民受益。乡里巴人团队在决策后只有一个声音，我们在团队开会时会激烈讨论，但会上产生的决议我们所有人都会严格执行。

小贴士

中国互联网大学生创新创业大赛

中国“互联网+”大学生创新创业大赛，创办于2015年，是由教育部与地方政府、各高校共同主办的一项技能大赛，分为高教主赛道、青年红色筑梦之旅赛道、职教赛道、萌芽赛道四个奖项赛道。大赛旨在深化高等教育综合改革，激发大学生的创造力，培养造就“大众创业、万众创新”的主力军；推动赛事成果转化，促进“互联网 +”新业态形成，服务经济提质增效升级；以创新引领创业、创业带动就业，推动高校毕业生更高质量创业就业。

【任务报告】

根据任务实施步骤,认真完成任务报告(表 1-2-1)。

表 1-2-1　农产品电商创业项目孵化实践

姓名:	班级:	学号:
1. 如何开展创业项目市场背景调研并选择合适的农产品电商项目?		
2. 打造农村电子商务创业团队,你认为需要哪些领域的技术技能人才?		
个人总结:		

【任务评价】

对任务实施过程、任务报告完成情况和学习态度进行考核评价(表 1-2-2)。

表 1-2-2　农产品电商创业项目孵化实践考核评价细则

姓名:	班级:	学号:	教师签字:
自评:□合格　□不合格	互评:□合格　□不合格	师评:□合格　□不合格	
日期:	日期:	日期:	

考核评分细则

序号	考核项目	考核标准	考核方式	分值	评分要求	得分
1	项目计划书撰写	□ 1. 项目选择的可行性 □ 2. 服务设计的合理性 □ 3. 团队构成的科学性 □ 4. 文书写作规范	现场识别考核或者问答考核	60	未完成一项扣 15 分，累计扣分不得超过 60 分	
2	任务报告	□ 1. 完成认真 □ 2. 术语规范	评阅考核	10	未完成一项扣 5 分，累计扣分不得超过 10 分	
3	学习态度	□ 1. 具有钻研精神 □ 2. 具备科学严谨的态度 □ 3. 操作认真,互动积极	自评、互评和师评相结合	30	未完成一项扣 10 分，累计扣分不得超过 30 分	
总分						

【任务拓展】

参照中国“互联网 +”大学生创新创业大赛“青年红色筑梦之旅”赛道参赛要求,撰写一份农村电子商务创业计划书,并提交给指导教师讨论和修改,为参赛做好准备。

实训任务3　县域电商园区规划方案设计实践

【任务目标】

通过实训，学会制定县域电商园区规划方案并提交政府职能部门决策参考。

【任务准备】

调研县域农业产业发展实际，提炼发展过程中的问题。

【任务实施】

步骤一　县域农业产业发展现状调研。
步骤二　邀请政校行企专家进行论证。
步骤三　与农业龙头企业开展合作，制定县域电商园区规划方案。
步骤四　依据规划方案，开展园区建设试点和运营工作。
步骤五　总结和修订县域电商园区规划方案。
步骤六　提交政府职能部门决策参考。
下面以江苏省句容市后白镇电子商务创业园区为例展示一份规划方案。

句容市后白镇电子商务创业园区规划方案

1　园区总体规划

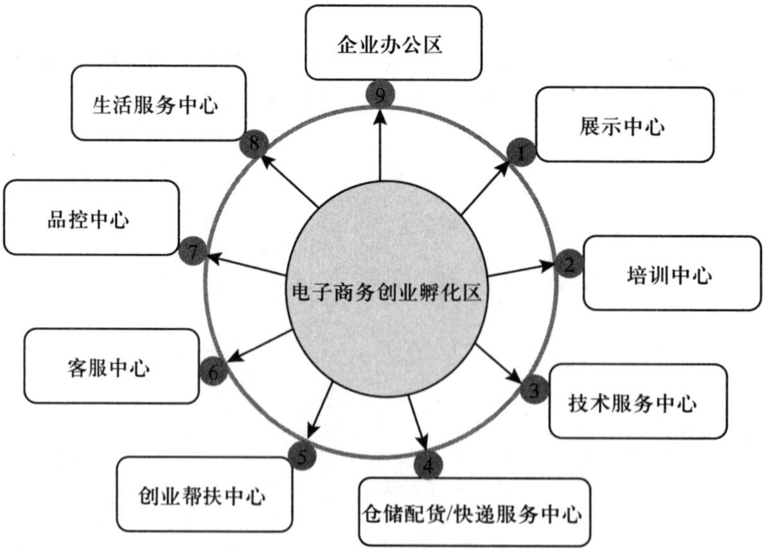

序号	规划中心	功能说明
1	展示中心	展销后白镇特色产品，同时为入驻电商企业提供线下产品展示，做好线下消费体验。充分发挥 O2O 宣传优势，扩大品牌知名度
2	培训中心	通过校企合作，实施订单式培养，通过定期培训，为入驻企业提供合格的电商人才
3	技术服务中心	对入驻的电商企业提供网店 / 网站运营技术、管理咨询、产品市场开拓、网络推广、扶持贷款（团市委青年创业贷款）、法律援助等方面的管理服务和优惠政策
4	仓储配货 / 快递服务中心	为入驻企业提供统一的仓储管理服务，包括进货 / 交货检验、仓库保管 / 装卸作业、场地管理、生鲜农产品冷链处理等服务，并做好与快递服务的衔接。同时为入驻企业提供顺丰物流、圆通速递、宅急送等专业配送服务，降低企业运输成本
5	创业帮扶中心	建立导师制和专家顾问团，帮扶创业青年寻找合适的创业项目，提供创业政策扶持和技术服务
6	客服中心	解答客户疑问（关于商品、快递、售后、价格、网站活动、支付方式等疑问）、处理交易中的纠纷、售后服务以及订单出现异常或者无货等情况时与客户进行沟通协调
7	品控中心	提供产品质量检测管理
8	生活服务中心	提供商业配套服务
9	企业办公区	提供电商企业入驻办公场地及配套服务

2 园区组织机构

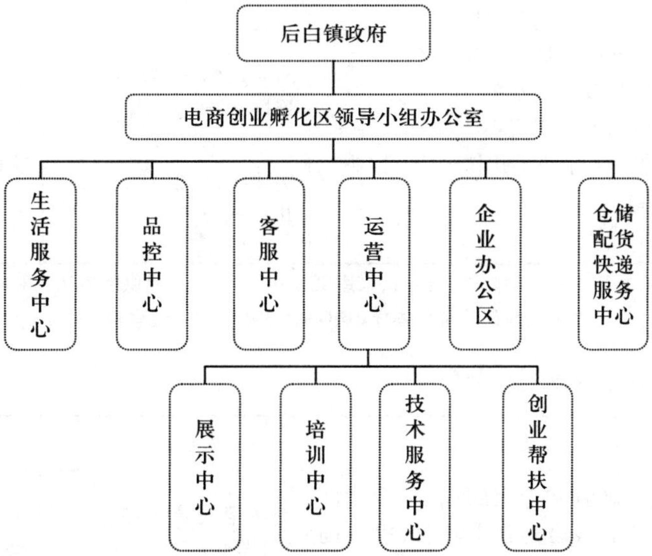

2.1 展示中心规划及资金预算

规划面积	主要工作	人员配置	资金预算
1 000 平方米	1. 展销后白镇特色产品 2. 为入驻电商企业提供线下产品展销,做好线下消费体验	销售主管:1 人 销售员:6 人 讲解员:3 人 共计:10 人	人工成本:12 万元 / 年 设备成本:10 万元 装修成本:40 万元

说明:①由电商创业孵化领导小组办公室负责招募人员、购买设备,并统一装修设计。②预计 2016 年入驻电商企业达到 10 家,每家企业展示面积达 40 平方米,预留了未来发展空间。③设备包括:产品展示柜、农产品冷藏柜、电脑触摸屏、投影仪、无线话筒、扩音器、一体化收银机、办公耗材。

2.2 培训中心规划及资金预算

规划面积 500 平方米	主要工作	人员配置	资金预算
1. 产品美工工作室 100 平方米 2. 网店运营工作室 100 平方米 3. 网店装修工作室 100 平方米 4. 产品摄影工作室 200 平方米	1. 产品美工指导 2. 网店运营指导 3. 网店装修指导 4. 产品摄影指导	培训经理:1 人 高级讲师:3 人 培训讲师:6 人 模特:5 人 共计:15 人	人工成本:45 万元 / 年 设备成本:5 万元 装修成本:20 万元

说明:①拟与江苏农林职业技术学院校企合作,实施订单式人才培养。②拟由江苏农林职业技术学院全权委托经营,组建专业的后白悠品网络运营团队,采用服务外包的形式,提供产品美工、网店运营、网店装修、产品摄影等专业讲师,提供模特资源,年托管费用在 45 万元左右。③由电商创业孵化领导小组办公室负责购买设备,并统一装修设计。④设备包括:产品摄影棚、摄影台、数码相机、三脚架、Photoshop 正版软件、培训教材、办公耗材。

2.3 技术服务中心规划及资金预算

规划面积	主要工作	人员配置	资金预算
500 平方米	1. 提供网店 / 网站运营服务 2. 提供管理咨询服务 3. 提供网络推广服务 4. 提供贷款服务(团市委青年创业贷款) 5. 提供法律援助	网店运营和推广:2 人 管理咨询:2 人 贷款服务:2 人 法律援助:2 人 共计:8 人	人工成本:20 万元 / 年 装修成本:20 万元

说明:①拟由江苏农林职业技术学院委托经营,采用服务外包的形式,提供网店运营和推广、管理咨询等服务,年托管费用在 10 万元左右。②由电商创业孵化领导小组办公室负责统一装修设计。

2.4 创业帮扶中心规划及资金预算

规划面积	主要工作	人员配置	资金预算
500 平方米	建立导师制和专家顾问团,帮扶创业青年寻找合适创业项目,提供创业政策和技术服务	创业帮扶导师:5 人 共计:5 人	人工成本:15 万元 / 年 装修成本:20 万元

说明:由电商创业孵化领导小组办公室负责招募创业导师,统一装修设计。

2.5 仓储配货/快递服务中心规划及资金预算

规划面积 2 500 平方米	主要工作	人员配置	资金预算
1. 接收区 100 平方米 2. 理货区 200 平方米 3. 分拣区 100 平方米 4. 打包区 100 平方米 5. 仓库 1 400 平方米 6. 办公室 100 平方米	1. 提供统一的进货/交货检验、仓库保管/装卸作业、场地管理、生鲜农产品冷链处理等服务 2. 提供顺丰物流、圆通速递、宅急送等专业配送服务	仓储管理人员:2 人 信息中心人员:2 人 仓储分拣人员:10 人 仓储打包人员:10 人 仓储收银人员:4 人 物流配送人员:20 人 共计:48 人	人工成本:90 万元/年 设备成本:30 万元 装修成本:30 万元

说明:①由电商创业孵化领导小组办公室负责招募人员、购买设备,并统一装修设计。②设立净菜加工分拣区,通过净菜简单加工、精选、分拣和打包环节,形成一定规模的净菜加工能力,为电商配送提供基础条件。③设备包括:冷链设备、ERP 系统、电脑、叉车、采购配送车辆、购物车、一体化收银机、自动打包机、传送带、小推车、库存监控、办公耗材。

2.6 客服中心规划及资金预算

规划面积	主要工作	人员配置	资金预算
500 平方米	1. 服务信息接收/处理 2. 服务数据管理/归档 3. 技术支持 4. 内部协作	客服经理:1 人 政府服务专员:1 人 客服专员:10 人 共计:12 人	人工成本:16 万元/年 设备成本:10 万元 装修成本:20 万元

说明:①拟由江苏农林职业技术学院委托经营,提供客服人员,年托管费用在 10 万元左右。②由电商创业孵化领导小组办公室负责购买设备,并统一装修设计。③设备包括:语音服务器、语音卡、语音网关、座席电脑、服务端 Windows 操作系统、数据库 SQLServer、座席操作系统 Windows10、办公耗材。

2.7 品控中心规划及资金预算

规划面积	主要工作	人员配置	资金预算
500 平方米	对入驻的产品质量进行监测和检测	专业检测人员:3 人 共计:3 人	人工成本:8 万元/年 设备成本:5 万元 装修成本:20 万元

说明:①由电商创业孵化领导小组办公室负责提供专业检测人员,购买设备,并统一装修设计。②负责制定后白悠品授权使用标准,确保后白悠品商标的权威性,完善追踪溯源体系建设。③设备包括:检测仪器设备及配套设施、办公耗材。

2.8 电商创业孵化区领导小组办公室规划及资金预算

规划面积	主要工作	人员配置	资金预算
200 平方米	负责规划中心日常管理和维护,提供扶持政策	办公室主任:1 人 副主任:2 人 办事员:3 人 驾驶员:3 人 共计:9 人	人工成本:35 万元/年 装修成本:10 万元

说明:①负责对外招商,联络企业,凡入驻创业孵化区的电商企业,一律提供享受房租免费、培训免费、宽带免费和扶持产品(帮寻找适销产品)、扶持贷款(团市委青年创业贷款)、扶持技术(网店运营技术)的"三免费、三扶持"政策。②由后白镇安排人员配置,负责装修设计,提供办公资源。

2.9 入驻企业办公区域规划及资金预算

规划面积	主要工作	人员配置	资金预算
10 000 平方米	提供电商企业入驻办公场地及配套	后勤人员:10 人 共计:10 人	人工成本:20 万元/年 装修成本:400 万元

说明:①为入驻企业提供平均 100 平方米办公场所。②由电商创业孵化领导小组办公室负责统一装修设计。

2.10 生活服务中心规划及资金预算

规划面积	主要工作	人员配置	资金预算
3 800 平方米	提供商业配套服务	服务中心主任:1 人 管理人员:3 人 共计:4 人	人工成本:10 万元/年 装修成本:150 万元

说明:由电商创业孵化领导小组办公室负责统一装修设计。

3 园区入驻管理办法

3.1 入驻对象

3.1.1 孵化企业需具备以下条件:

(1)从事电子商务销售及相关产业。

(2)有开办企业和实施孵化项目所需要的基本资金。

(3)市场发展潜力大,预期的经济与社会效益显著。

(4)无环境污染或者经过处理后无污染物排放。

3.1.2 除引进孵化类企业外,鼓励符合下列条件的其他企业入驻:

(1)科技中介企业:经工商部门登记注册,提供技术咨询或专利事务服务的机构。

(2)创业(风险)投资企业:符合国家《创业投资企业管理暂行办法》规定注册成立的创业(风险)投资企业和主要为入驻企业提供金融服务的单位。

(3)研发与测试企业:经工商部门登记,以产品和软件开发、快速成型、测试等为主要经营内容的企业。

(4)设计创意企业:具有一定规模和实力的各类设计、信息咨询、创意等知识型服务企业。

3.2 入驻要求

3.2.1 已经取得法人资格,产权明晰,自主经营、自负盈亏、运行状况良好的企业。

3.2.2 没有企业结构的自然人,具有开发优势和自我发展潜能的科技人员。

3.2.3 从事农产品的开发、研究和生产的企业。

3.2.4 开发能力强,并以自主开发为主,技术水平较高的企业。

3.2.5 项目来源清晰,无专利冲突,拥有项目的合法产权,并且手续完整,项目有转化生产的可能,并在商品化后有较好的市场前景和高附加值的企业。

3.2.6 项目安全性好,对环境不造成污染,符合中国境内本行业的有关规定。

3.3 入驻流程

申请入驻园区的企业,经创业园区审核,审定同意后入驻。

3.3.1 签订落户协议书、房屋租赁合同并缴纳相关费用。

3.3.2 入园前,已经办理过工商登记、税务登记手续的企业,入园后,需要重新办理工商登记及税务登记变更手续。

3.3.3 新办企业需办理企业名称核准、工商注册手续、税务登记手续、设立银行资金账户。

3.3.4 申请时应提交以下材料:

(1)入驻申请表(申请表附后)。

(2)入驻项目的创业计划书或可行性报告。

(3)已注册企业营业执照、组织机构代码、税务登记证复印件。

(4)项目对环境的影响及采取的环保措施。

3.4 企业孵化

3.4.1 孵化企业入园时间原则上为三年,三年期满须搬出创业园区。孵化毕业的企业须在句容市生产。提前结束孵化或延期的企业,须提前半年向创业园区提交书面报告。

3.4.2 入园企业享有下列权利:

(1)享有政府有关的优惠政策及创业园区提供的各项服务。

(2)在审批项目范围内独立进行本企业的经营和运作。

(3)对管理机构的管理和服务工作提出批评和建议。

(4)提前终止在孵化器内的孵化期。

3.4.3 入园企业应履行下列义务:

(1)遵守国家法律法规,合法经营,履行孵化协议和双方签订的其他合同,配合科创园管理,严格执行安全条例。不得从事危害环境、影响公共安全的生产、经营和储存。

(2)入驻企业遵守与创业园区所签订的相关协议及创业园区制定的管理规章制度。

(3)企业进驻装修,需与园区联系,须遵守物业规定和安全规范。进行装饰装修时,不得破坏原有结构及管网、水、线路。不得在孵化场地搭建其他设施。如因特殊需要,经园区同意,方可进行改装,孵化期满后,须恢复原状。

(4)在规定的期限内入驻并开展与企业申请项目相符的研究、开发以及相关经营活动。

(5)不得擅自改变原审批项目,确需变更的必须重新办理确认手续。

(6)入驻企业有义务向科技创业中心报送不涉及企业技术秘密的报表和统计数据,支持中心完成上级部门要求的统计上报工作。

(7)遵守创业园区的各项管理规定,爱护环境,保护公共设施,按期缴纳水电费、房屋租金。

(8)积极配合管理机构的各项管理活动,维护园区的良好形象。

3.5 企业迁出

企业经过孵化,关键技术已经成熟、可以到科创园以独立生产与经营,称之为毕业。

入园企业一般应达到第一年研发,第二年成长,第三年毕业。企业毕业时应达到下列标准:

3.5.1 企业能够自主生产和经营,具有产品升级和开发新产品的能力、知识产权明晰。主导产品有一定的生产规模和市场占有率。

3.5.2 企业管理层具备较高的经营管理水平,产品具有较强的市场占有率。

3.5.3 企业拥有稳定的团队、清晰的业务流程、规范的员工管理、明确的企业章程、科学的管理制度和良好的企业文化。

3.5.4 孵化期未满,但达到毕业标准的企业,可以提前办理毕业手续。

3.5.5 企业毕业时,应提前1个月配合科技创业中心办理毕业出园手续,结清有关费用,交接相关资料、财物并恢复原有住房结构。

3.6 企业退出

入园企业的退出,是指管理机构对入园企业采取的强制清退管理措施。

3.6.1 入创业园区的企业有下列情况之一的,创业园区有权终止孵化合同,采取强制清退措施,并要求在一个月内退出园区:

(1)项目中止或确认项目无开发前景的。

(2)自办理入驻手续之日起,6个月内未进行相关设备的安装和调试,也未招聘相关工作人员,企业申请实施的项目未有实质运作的。

(3)在园期间持续6个月无实质性运作,场地闲置,经管理机构督促仍未运作的。

(4)孵化期届满,无任何正当理由仍在园内滞留的。

(5)企业延期届满,未按规定办理出园手续的。

(6)存在安全隐患、污染环境,管理机构要求整改而未能及时整改达标的。

(7)拖欠水电费、物业管理费或租金累计已达一年,经管理机构催收仍拒绝缴纳的。

(8)违反国家、省、市有关法律法规,给创业园区造成重大经济或名誉损失。

(9)不服从园区管理,情节严重的。

(10)被工商行政管理机关勒令停止营业的或吊销营业执照的。

(11)被司法机关裁定破产或执行清算的。

(12)不按规定报送统计报表、财务报表和上报项目实施进度,经督促仍不提交的,且隐瞒真实情况、弄虚作假的。

(13)违反本管理办法和孵化协议,情节严重的。

(14)管理机构认为需要清退的其他情形。

3.6.2 企业接到退出通知后,应在1个月内搬出创业园区,逾期不搬的,管理机构有权采取强制清退措施。管理机构采取强制清退措施所发生的费用由被清退企业承担。

3.6.3 企业退出后,管理机构有权解除与企业签订的各项管理服务协议,终止服务关系。

3.6.4 企业退出后,不享受科创园毕业企业的待遇。

3.7 其他事项

本办法由句容市后白镇电子商务创业园区负责解释。

4 园区管理工作岗位职责

4.1 创业创新园区管理办公室主要职责

4.1.1 提供咨询服务,审定进园企业资格,办理进园和出园手续;进行日常监督,确保创业企业按照规定进行创业活动。

4.1.2 提供创业指导服务。聘请具有企业管理专业知识和创业实践经验的企业家、专家教授以及熟悉经济发展和创业政策的政府部门工作人员,为创业者提供个性化的咨询、指导。

4.1.3 落实各项优惠政策,帮助解决工商注册咨询、法律咨询、心理辅导、账务处理、投融资渠道、产学研转化等问题。

4.1.4 搭建创业交流服务平台。定期组织开展创业交流和考察活动,沟通创业信息、开展结对互助活动等。

4.1.5 为进园企业提供良好的创业环境。

4.1.6 编制创业创新园区的发展规划等。

4.2 创业创新园区管理办公室对入驻企业进行以下管理

4.2.1 创业创新园区采用合同制方式进行管理。创业创新园区管理办公室在接到进驻企业名单的通知后,5个工作日内与创业企业负责人签订有关合同。

4.2.2 办理创业创新园区企业入驻手续程序。建立入园企业材料档案,并与通过审批的创业企业公司签订相关协议。

4.2.3 创业实施中,涉及改变预定目标和项目内容,中止、提前或延期计划实施等变动,创业企业负责人须提前15天提出书面报告。

4.2.4 对项目实施计划执行不力或难以取得预期效果的创业企业,予以撤销或中止有关合同。

4.2.5 企业有下列情况之一者,将要求其退出创业创新园区:

(1)不遵守法律法规和园区规章制度的。

(2)不按规定缴纳相应费用的。

(3)严重或屡次违反创业创新园区有关管理规定的。

(4)私自将企业经营场地转租的。

(5)不适宜继续经营的。

被要求退出园区的创业企业在收到通知后的30日内,须结清应缴费用,撤出设备,清理场地,并办理有关手续。

4.3 创业创新园区管理办公室值班制度

4.3.1 值班时间:每天按规定的营业时间提前10分钟入园。地点:园内办公室。方式:制定值班表,采用轮流制。

4.3.2 值班人员每天做好值班日记和当日各公司营业台账汇总等,每周及每月汇总一次,并及时园区管理人员汇报。

4.3.3 值班人员不得迟到、早退、有事须事先请假,提交请假条经批准备案。

4.3.4 值班期间如遇无法解决的问题,应及时与创业创新园区联系。

4.3.5 值班人员必须每天负责好办公室及园内公共卫生的打扫工作,保持园内环境卫生的清洁、舒适。

4.3.6 值班人员不得将办公室物品随意挪用或外借。

4.3.7 遵守创业创新园区安全管理规定,值班结束后,值班人员要做好关灯、关窗、关门等安全检查工作。本制度解释权归园区管理办公室。

5 园区管理人员守则

5.1 严格遵守国家及各专业管理部门及管理处的法律、法规、规则。

5.2 积极高效地为孵化对象提供工商、税务等服务。

5.3 热情接待每一位来访者,来信来访办结率达100%。

5.4 管理人员(包括孵化园区工作人员):必须挂牌上岗,强化纪律,保证清正廉洁,做到"八不准"。

(1)不准对孵化对象提出的合理要求推诿、拖拉、扯皮。

(2)不准利用职权刁难、勒索孵化对象。

(3)不准接受孵化对象的宴请和馈赠。

(4)不准向孵化对象索要吃喝及钱物。

(5)不准向孵化对象强行压价购买商品。

(6)不准利用职权容留任何无合法经营权者营业。

(7)不准以各种理由擅自提高、降低规定的管理费。

(8)不准为不符合承租条件的人或违反规定的人说情、牵线、牟利。

5.5 孵化园区任何管理人员违反本守则,营私舞弊,甚至侵害孵化对象的合法权益的,孵化对象有权拒绝、抵制、检举和揭发。孵化园区将对违反上述守则的管理人员,视情节轻重分别予以经济和行政处罚。

【任务报告】

根据任务实施步骤，认真完成任务报告(表 1-3-1)。

表 1-3-1　县域电商园区规划方案设计实践

姓名:	班级:	学号:
1. 你认为县域电商园区规划应当体现哪些功能?		
2. 县域电商资金筹措渠道有哪些?		
个人总结:		

【任务评价】

对任务实施过程、任务报告完成情况和学习态度进行考核评价(表 1-3-2)。

表 1-3-2　县域电商园区规划方案设计实践考核评价细则

<table>
<tr><td colspan="2">姓名:</td><td>班级:</td><td colspan="2">学号:</td><td colspan="2" rowspan="3">教师签字:</td></tr>
<tr><td colspan="2">自评:□合格　□不合格</td><td>互评:□合格　□不合格</td><td colspan="2">师评:□合格　□不合格</td></tr>
<tr><td colspan="2">日期:</td><td>日期:</td><td colspan="2">日期:</td></tr>
<tr><td colspan="7">考核评分细则</td></tr>
<tr><td>序号</td><td>考核项目</td><td>考核标准</td><td>考核方式</td><td>分值</td><td>评分要求</td><td>得分</td></tr>
<tr><td>1</td><td>园区规划方案设计</td><td>□ 1. 方案设计的可行性
□ 2. 功能规划的合理性
□ 3. 预算构成的科学性
□ 4. 文书写作规范</td><td>现场识别考核或者问答考核</td><td>60</td><td>未完成一项扣 15 分,累计扣分不得超过 60 分</td><td></td></tr>
<tr><td>2</td><td>任务报告</td><td>□ 1. 完成认真
□ 2. 术语规范</td><td>评阅考核</td><td>10</td><td>未完成一项扣 5 分,累计扣分不得超过 10 分</td><td></td></tr>
<tr><td>3</td><td>学习态度</td><td>□ 1. 具有钻研精神
□ 2. 具备科学严谨的态度
□ 3. 操作认真,互动积极</td><td>自评、互评和师评相结合</td><td>30</td><td>未完成一项扣 10 分,累计扣分不得超过 30 分</td><td></td></tr>
<tr><td colspan="6">总分</td><td></td></tr>
</table>

【任务拓展】

随着互联网技术的不断发展,农村电商发展已经成为当前农村经济发展的重要方向之一。为了促进当地农业产业的发展和提升农民的收入水平,在导师的带领下,邀请当地农业农村局专家、高校农业专家、农业合作社代表等进行研讨,听取各方对于农业电商园区规划方案的建议和意见,具体讨论情况如下。

1. 园区定位

根据当地的农业生产特点和市场需求,将园区定位为集农产品展示、销售、物流配送、科技研发等多种功能于一体的综合性农业电商园区。

2. 功能布局

(1)农产品展示区。为当地的农产品提供展示和宣传的平台,吸引更多的消费者前来购买。

(2)农产品销售区。为消费者提供便捷的购物渠道,同时也可以为当地的农产品提供更广阔的销售市场。

(3)物流配送区。为农产品的运输和配送提供支持,确保产品的及时送达。

(4)科技研发区。为当地的农业科技创新提供支持,推动农业产业的升级和发展。

(5)培训中心。为当地的农民提供电商知识和技能的培训,提高电商意识和能力。

(6)服务中心。为园区内的企业和用户提供各种服务,如咨询、技术支持、售后服务等。

3. 基础设施建设

(1)道路和交通设施。建设园区内的道路和交通设施,方便车辆进出园区。

(2)电力和通信设施。建设园区内的电力和通信设施,保障园区内的正常运营。

(3)仓储和冷链设施。建设园区内的仓储和冷链设施,保证农产品的质量和安全。

(4)公共设施。建设园区内的公共设施,如停车场、厕所、休息室等,提高园区的使用体验。

4. 营销策略

(1)促销活动。定期开展促销活动,吸引更多的消费者前来购买。

(2)品牌推广。加强园区的品牌宣传和推广,提高园区的知名度和美誉度。

(3)合作联盟。与当地的其他企业或组织建立合作联盟,共同推动当地农业产业的发展。

(4)网络营销。利用互联网技术开展网络营销,扩大园区的销售渠道和影响力。

(5)客户服务。提供优质的客户服务,增强客户的满意度和忠诚度。

要求:根据以上讨论内容,拟定一份符合地方实情的农业电商园区规划方案,要具有可行性和实用性。

实训任务 4　乡村振兴战略下农村电商脱贫实践

【任务目标】

通过实训，熟悉并运用发展农村电商来赋能农村经济脱贫的路径。

动画：农村脱贫新模式

【任务准备】

阅读和理解乡村振兴战略相关文件精神。

【任务实施】

步骤一　阅读一份资料。

脱贫与乡村振兴的曹县经验

山东省菏泽市曹县曾经是一个工业基础薄弱、贫困人口数量全省第一的农业县。2018 年，曹县淘宝村数量达到 113 个，电子商务销售额达到了 158 亿元，成为全国第二个“超大型淘宝村集群”。曹县利用电商激发农村居民活力，带动农产业振兴，吸引人才返乡创业、通过“支部＋电商”探索了电商带头人治理乡村的新模式，带动了农村信息交流开放，实现了传统农业生产方式和居民生活方式的转变，推进了农村产业现代化和乡村全面发展的新模式，为“乡村振兴”提供了有价值的发展样本。曹县农村电商发展的经验主要有三方面：

1　电商赋能与能人引领触发萌芽

曹县电子商务发展的第一个阶段是“草根创业期”。这是一种“自下而上”的县域电商发展模式，起源于农民的草根创业活力和创新精神。这一阶段的特点是电商带头人“以点带面”形成示范效应，以市场机制为主导。20 世纪 90 年代初，曹县大集镇丁楼村有一些零散的小作坊从事影楼布景和摄影服饰加工，基本靠“肩扛背挑”到外地去推销。2010 年底，有三户村民，尝试着通过淘宝开设网店销售演出服、摄影服，随后生意火爆，大量的订单纷至沓来，让农民欣喜地看到了此中商机，吸引周边亲友不断加入开网店的热潮，带动演出服饰的生产规模迅速扩大，新开网店数量急速增加，大集镇淘宝演出服饰迈上了发展的快车道。农村能人自发性的创业思维带动了整个村庄的创业氛围，在熟人社会里，电商知识和经验的分享引领了曹县农村电商创业的新潮。能人引领是农村产业兴旺进程中不可或缺的助推器，通过激活农村能人的资源，释放能人效应，不仅带来了财富资源，更重要的是逐渐改变了偏远地区群众的传统思想。

2　政府适时介入，推动电商快速发展

曹县电子商务发展的第二个阶段是“快速发展期”。这一时期，政府及时介入并实施了一系列因地制宜、因势利导的举措，起到了非常关键的推动作用：一是通过基础设

施建设，提供大量的服务，打造了优良的发展环境。二是政府从氛围打造、资源整合、资金配套、政策支持等各个方面，为创业者提供从入门到升级的各种贴心服务。2013年，大集镇电商刚刚起步时，曹县政府便成立了大集镇淘宝产业发展办公室，形成了“人人谈网购，户户开网店，企业做龙头，政府做后盾”的浓厚发展氛围。在县政府推动下，大集镇的村民们大踏步迈入了“网络销售”的时代。2015年开始，大集镇的示范作用迅速展现出溢出效应，周边村镇的村民们也开始学习和尝试电商创业。经过规模化发展后，曹县政府通过培训促动、典型带动、宣传推动、行政配套、政策先行和提供服务等方面，发挥推力作用来激发市场活力、打造发展环境，促进产业腾飞。曹县政府从2013年开始出台了一系列扶持电商发展的政策，为曹县电子商务发展提供良好的产业基础和配套设施，各类家庭作坊、传统企业纷纷触网腾飞，走出一条有曹县特色的电子商务创业之路，推动了曹县传统特色县域经济的转型。在扶持电商创业者成长的同时，充分调动农户的积极性与创造性。通过开展培训，为传统产业经营者和创业者赋能，为他们自主性创造与合作性创造的发挥提供必要条件。

3 传统产业电商化激发持续升级潜能

曹县电子商务发展的第三个阶段是“生态化、集群化”。随着电商创业人群日益扩大，电商销售规模的提升和经营意识、运营能力的提高，曹县的电商产业从单一、分散、各自经营的网店形态，逐步过渡到细化分工、产业升级的阶段。曹县电子商务服务业日趋成熟，客服、摄影、美工、运营、仓储、包装、物流等电商服务类公司在农村应运而生，同时，餐饮、酒店、娱乐、休闲等服务业也得到发展。良好的市场反应和网络消费人群需求的细分化，反向带动了产业的升级，从单一家庭手工作坊式的生产形态，逐步过渡到原材料供应商聚集、创新设计人才涌入、产品种类多样化、产品质量提升、加工规模升级、生产覆盖区域扩展、企业化率提升的产业集群化形态。

电商生态体系的形成产生了强大的辐射效应，带动了区域内的人才正向流动，使得位于曹县北部区域的传统木制工艺品行业得以转型升级，焕发出新的活力。同时为曹县原来比较薄弱的农业产业提供了非常好的榜样，如芦笋、山药等特色农产品开始触网，现代化生产方式的升级和供应链的优化，辐射带动了种植农户普遍增收。曹县电商产业的发展还促进了各类人才的回归，农民收入水平的提高、基础设施的完备和生活服务的多样化，让农民体验到实实在在的幸福感。“支部＋电商”的运营方式带来了高效的乡村治理，从而使得乡村的生态更加宜居，乡风日益文明。曹县在十几年的电商发展过程中形成了特有的“一核两翼”模式，即以农民的大规模电商创业就业为核心，电商平台（市场）与服务型政府双向赋能为双翼，实现乡村振兴。

“曹县电商发展模式”为贫困地区脱贫致富提供了学习的样板，为其他县域通过电子商务促进乡村振兴提供了实践的经验。一是在通过电子商务促进乡村振兴的过程中，充分体现了政府与市场的高效协同。二是曹县电商产业的逐步成熟带动了传统木制工艺品产业的转型升级，推动了农副品产业全面触网，带来了曹县的新一轮产业振兴。三是曹县通过发展电子商务带动脱贫，其特色在于赋能于民，赋予贫困地区群体获得信息和运用电子商务的能力，让贫困地区优质“资源变现”，实现由“输血式”扶贫向

"造血式"扶贫方式的转变。曹县实践表明，电子商务可以成为促进农村产业发展进而实现乡村振兴的有效途径。

步骤二 查阅山东省菏泽市曹县统计年鉴，获取在2017—2021年曹县GDP、网店农副产品销售和人均收入情况。

步骤三 在Excel中分年度绘制步骤二中对应指标的图表信息。

步骤四 评价"曹县电商发展模式"为贫困地区脱贫致富、为其他县域通过电子商务促进乡村振兴提供了哪些有用的经验。

小贴士

乡村振兴战略

乡村振兴战略是习近平同志于2017年10月18日在党的十九大报告中提出的。十九大报告指出，农业农村农民问题是关系国计民生的根本性问题，必须始终把解决好"三农"问题作为全党工作的重中之重。

中共中央、国务院连续多年发布中央一号文件，对新发展阶段优先发展农业农村、全面推进乡村振兴作出总体部署，为做好当前和今后一个时期"三农"工作指明了方向。2018年9月，中共中央、国务院印发了《乡村振兴战略规划(2018—2022年)》，并发出通知，要求各地区各部门结合实际认真贯彻落实。2021年2月21日，《中共中央 国务院关于全面推进乡村振兴加快农业农村现代化的意见》，即中央一号文件发布，这是21世纪以来第18个指导"三农"工作的中央一号文件；2月25日，国家乡村振兴局正式挂牌。2021年3月，《中共中央 国务院关于实现巩固拓展脱贫攻坚成果同乡村振兴有效衔接的意见》公开发布，提出重点工作。2021年4月29日，十三届全国人大常委会第二十八次会议表决通过《中华人民共和国乡村振兴促进法》。2021年5月18日，司法部印发了《"乡村振兴 法治同行"活动方案》。

【任务报告】

根据任务实施步骤,认真完成任务报告(表 1-4-1)。

表 1-4-1　乡村振兴战略下农村电商脱贫实践

姓名:	班级:	学号:
1. 曹县政府适时介入推动电商快速发展的举措有哪些?		
2. 曹县发展农村电商,推动了哪些要素的聚集?对农村经济发展的意义是什么?		
个人总结:		

【任务评价】

对任务实施过程、任务报告完成情况和学习态度进行考核评价(表 1-4-2)。

表 1-4-2　乡村振兴战略下农村电商脱贫实践考核评价细则

姓名:	班级:	学号:	教师签字:
自评:□合格　□不合格	互评:□合格　□不合格	师评:□合格　□不合格	
日期:	日期:	日期:	

考核评分细则

序号	考核项目	考核标准	考核方式	分值	评分要求	得分
1	2017—2021 统计年鉴分年度数据读取	□ 1. 准确读取 GDP 指标 □ 2. 准确读取网店农副产品销售数据 □ 3. 准确读取人均收入情况	现场识别考核或者问答考核	30	未完成一项扣 10 分，累计扣分不得超过 30 分	
2	在 Excel 中分年度绘制上述指标对应的图表	□ 1. 准确绘制 GDP 指标 □ 2. 准确绘制网店农副产品销售数据 □ 3. 准确绘制人均收入情况		30	未完成一项扣 10 分，累计扣分不得超过 30 分	
3	任务报告	□ 1. 完成认真 □ 2. 术语规范	评阅考核	10	未完成一项扣 5 分，累计扣分不得超过 10 分	
4	学习态度	□ 1. 具有钻研精神 □ 2. 具备科学严谨的态度 □ 3. 操作认真,互动积极	自评、互评和师评相结合	30	未完成一项扣 10 分，累计扣分不得超过 30 分	
总分						

【任务拓展】

在乡村振兴的实践中,电商化已经成为推动传统农业产业发展的重要手段。通过将传统的农业生产与现代电子商务相结合,实现产业的“生态化、集群化”,提高农产品的附加值,促进农民收入的增长。近年来,为实现这一发展目标,W 县采取了以下举措。

(1)加强农村电商基础设施建设。W 县投入大量资金建设了农村电商服务站和物流配送中心,为农民提供便捷的电商服务。同时,还推广了移动支付等新兴技术,提高交易效率和安全性。

(2)培育农村电商人才。W 县组织了一系列培训活动,帮助农民了解电商的基本知识和操作技能。此外,还与高校合作,开展电商相关的课程和研究项目,培养更多的电商人才。

(3)打造特色农产品品牌。W县鼓励农民发展具有地方特色的农产品,并通过电商平台进行销售。同时,还加强了对农产品质量的监管和管理,确保产品的安全和品质。

(4)推进农业产业链整合。W县鼓励农民加入合作社或农民专业合作社,形成规模化的生产和销售模式。此外,还积极推动农业产业链上下游企业之间的合作,实现资源共享和优势互补。

(5)加强政策支持和服务保障。W县制定了一系列扶持政策,包括财政补贴、税收优惠、金融支持等,为电商发展提供有力保障。同时,还设立了专门的服务窗口和热线电话,为农民解答疑问和提供帮助。

要求:简要评价W县这些发展举措的实际作用。

工作模块二

农村新型农业经营主体经营分析

案例导入

随着互联网科技的进步，数字经济快速发展并产生巨大活力，正成为全球经济逆势增长的新动能，成为撬动全球经济的新杠杆。新兴技术加速与经济社会各领域深度融合，日益成为引领经济社会发展的先导力量，成为推动经济社会转型、培育经济新动能、构筑竞争新优势的关键力量。据埃森哲公司分析，数字化程度每提高 10%，人均 GDP 增长 0.5% 至 0.62%，预计到 2025 年，数字经济对全球经济贡献将超 50%。

近年来，我国农业农村基础设施加快建设，水利、交通、邮政、通讯等基础设施水平不断提升，为数字乡村发展奠定了坚实基础。得益于数字乡村的建设和发展，农村电子商务发展势头强劲。各地通过实施“育主体、树典型、搭平台、搞服务”等乡村就业创业促进行动，加强专业大户、家庭农场、农民合作社等新型农业经营主体培育，促进“能人返乡、企业兴乡、市民下乡”。以 2018 年为例，全国返乡下乡人员达到 780 万，共创办 630 多万个乡村民营企业，撬动社会资金近 1 800 亿元，促进了农村电商物流体系和农产品产销对接，极大地推动了乡村产业的发展。

[参考来源：《中国数字乡村发展报告(2022 年)》]

工作要求

了解新型农业经营主体的经营过程，了解相关经营指标的含义。

实训任务1 专业大户财务评价指标分析

【任务目标】

通过实训,了解专业大户主要财务评价指标的含义。

【任务准备】

相关网络资料搜集、邀请专家访谈。

【任务实施】

步骤一 阅读一份资料。

涟水县种植大户王万年一直对农业种植有浓厚的兴趣,2012年抓住家乡土地集中流转的机会,通过公开竞标流转了501.5亩土地,并对土地进行统一平整,形成了集中连片。

注重机械化水平建设。农机具齐全是一大亮点,家里自筹资金40余万元购买了110马力以上的大型拖拉机、洋马高速插秧机、喷幅为23米的大型打药机、800升的撒肥机、种肥一体条播机、反转灭茬机等先进种田机械,建设了超200平方米的机库,机械化程度高。

注重优选品种。选用优质高产的稻麦种子,采用市县植保站的无公害低毒农药,种植的粮食适时收获、不仅长势好,病虫草害少,而且品质优、产量高。注册“淮选”品牌商标,积极引导和带动周边农户种植优质统一的品种,与种业企业、当地的大型米厂、面粉厂签订长期合同、实行订单收购,卖出的价格高于当地普通粮食的10%~15%。2016年初,王万年积极筹办绿色大米和富硒面粉认证,走健康绿色之路,发展互联网+线下订单+线上宣传直销,做到管理规范化、生产标准化、经营市场化、产品品牌化、综合效益好。

日常,王万年还请教技术人员进行全程生产技术指导,实现了土地集约化和规模化、机械化种植。如今,王万年还请教专业财务人员,学习财务评价指标内容,以便更好地做好生产经营过程中的投入产出管理。

步骤二 上网查阅并请教高校财务专家,了解相关财务评价指标并做好指标分析准备。

步骤三 净收入分析。净收入是指专业大户生产产品的总收入减去生产成本之后的收入,即:净收入=总收入-生产成本。

步骤四 生产成本分析。生产成本是指专业大户物质投入和劳动投入的总和,即:生产成本=物质成本+劳动成本。

步骤五 土地出产率分析。土地出产率是指单位面积土地的产值,即:土地出产率=农场总产值 ÷ 农场占地面积。

步骤六 销售利润率分析。销售利润率是指利润总额与销售收入之比。在专业大户当中,利润总额为总收入减去总成本之差,即净收入。因此销售利润率=净收入 ÷ 总收入。

小贴士

新型农村经营主体的政策沿革

2012年,新型农业经营主体首次正式出现在政府的官方文件中。

2012年,中央一号文件提出扶持农民专业合作社、供销合作社等社会力量广泛参与农业产前、中、后的服务。

2012年3月,国务院出台《关于支持农业产业化龙头企业发展的意见》,明确了加快发展壮大产业化龙头企业的政策措施。

2013年7月,国务院同意建立由农业部牵头的全国农民专业合作社发展部际联席会议制度。

2014年,中央一号文件提出构建新型农业经营体系,扶持发展新型农业经营主体,健全农业社会化服务体系等。

2015年,中央一号文件提出围绕增添农村发展活力,加快构建新型农业经营体系。

2016年,中央一号文件提出支持新型农业经营主体和新型农业服务主体成为建设现代农业的骨干力量。

2017年,中央一号文件提出支持新型农业经营主体开展“三品一标”认证登记,提升绿色、有机农产品认证的权威性和公信力。

2017年5月,国务院发布《关于加快构建政策体系培育新型农业经营主体的意见》。

2018年,中央一号文件提出注重发挥新型农业经营主体带动作用,打造区域公用品牌,开展农超对接、农社对接,帮助小农户对接市场。

2019年,中央一号文件提出突出抓好家庭农场和农民合作社两类新型农业经营主体,启动家庭农场培育计划。

2020年,中央一号文件提出重点培育家庭农场、农民合作社等新型农业经营主体,培育农业产业化联合体,将小农户融入农业产业链。

2021年,中央一号文件提出突出抓好家庭农场和农民合作社两类经营主体,鼓励发展多种形式适度规模经营。

2021年6月1日起,施行《中华人民共和国乡村振兴促进法》,第二章第十二条规定:各级人民政府应当坚持以农民为主体,以乡村优势特色资源为依托,支持、促进农村一二三产业融合发展,推动建立现代农业产业体系、生产体系和经营体系,推进数字乡村建设,培育新产业、新业态、新模式和新型农业经营主体,促进小农户和现代农业发展有机衔接。

2022年,中央一号文件提出支持有条件的小农户成长为家庭农场,引导以家庭农场为成员组建农民合作社,引导推动农民合作社办公司发展。

2022年3月,农业农村部发布《关于实施新型农业经营主体提升行动的通知》,加快推动新型农业经营主体高质量发展,决定实施新型农业经营主体提升行动。

2023年,中央一号文件提出深入开展新型农业经营主体提升行动,支持家庭农场组建农民合作社，合作社根据发展需要办企业，带动小农户合作经营、共同增收。

2024年，中央一号文件提出强化产业发展联农带农，健全新型农业经营主体和涉农企业扶持政策与带动农户增收挂钩机制。

【任务报告】

根据任务实施步骤,认真完成任务报告(表 2-1-1)。

表 2-1-1　专业大户财务评价指标分析

姓名:	班级:	学号:
1. 分别解读一下土地出产率和销售利润率的含义。		
2. 生产成本中的物质投入主要有哪些?		
个人总结:		

【任务评价】

对任务实施过程、任务报告完成情况和学习态度进行考核评价(表 2-1-2)。

表 2-1-2　专业大户财务评价指标分析考核评价细则

姓名：	班级：	学号：	教师签字：
自评:□合格　□不合格	互评:□合格　□不合格	师评:□合格　□不合格	
日期：	日期：	日期：	

考核评分细则

序号	考核项目	考核标准	考核方式	分值	评分要求	得分
1	财务评价指标解读	□ 1. 正确解读净收入 □ 2. 正确解读生产成本 □ 3. 正确解读土地出产率 □ 4. 正确解读销售利润率	现场识别考核或者问答考核	60	答错一项扣 15 分，累计扣分不得超过 60 分	
2	任务报告	□ 1. 完成认真 □ 2. 术语规范	评阅考核	10	未完成一项扣 5 分，累计扣分不得超过 10 分	
3	学习态度	□ 1. 具有钻研精神 □ 2. 具备科学严谨的态度 □ 3. 操作认真，互动积极	自评、互评和师评相结合	30	未完成一项扣 10 分，累计扣分不得超过 30 分	
总分						

【任务拓展】

“桑基鱼塘”的财务评价指标计算

某专业大户以蚕茧、鱼、桑枝为主营方向。将基塘比例设为 5 ： 5，即五分为基(15 亩)、五分为塘(15 亩)，基上种桑、塘中养鱼。其运作模式为：池中养鱼，四周塘埂种桑养蚕，通过每年夏、秋季“捻火泥”和冬季清整鱼塘，将淤泥搬运到四周塘埂上作为桑树肥料，养蚕所得蚕沙作为养鱼的饲料。蚕茧设计每亩产量 150 千克；鱼塘设计每亩产量 800 千克；桑枝设计每亩产量 800 千克。经测算，此种模式每亩每年生产成本 8 078.67 元。该专业大户设计占地 2 公顷，每亩产值 14 100 元，因此可以得出财务评价指标分别为：生产成本为 8 078.67 元 / 亩，净收入 18.06 万元，土地出产率为 21.15 万元 / 平方米，销售利润率为 42.7%。

要求：参照上述分析过程，自行对“桑基鱼塘”的财务评价指标进行分析计算。

实训任务 2　家庭农场资金使用分析

【任务目标】

通过实训，了解家庭农场资金使用来源和主要评价指标的含义。

【任务准备】

相关网络资料搜集、邀请专家访谈。

【任务实施】

步骤一　阅读一份资料。

苏州吴中区东山东湖家庭农场(简称东湖农场)位于苏州市吴中区东山镇渡口村现代渔业示范区，于 2013 年 5 月成立，注册资本 200 万元，经营土地面积 100 亩，其中种植和水产养殖面积各 50 亩，下设农业观光、水产养殖、绿色蔬菜种植、家禽养殖、农副产品展示等五大功能区，大力发展休闲农业。东湖农场坚持现代农业发展理念，熟练将互联网技术运用于农场发展，取得明显成效，先后获评省级示范家庭农场、苏州农业职业技术学院"新型职业农民培育实训基地"、区级新型经营组织规范管理先进单位，农场主徐斌荣获 2015 年"江苏省十佳新型职业农民"称号。2015 年农场经营收入超过 400 万元，净收入达 100 万元。

100 亩地、2 年半时间、100 万元，一组耀眼的数字背后是"传承、绿色、互联、创新"四大核心理念串联运用于农场经营的生动实践，也是东湖农场跃升式发展的最好注脚。

"传承"是东湖农场发展之本。在 50 后、60 后、70 后夫妻档经营家庭农场比较普遍的大背景下，东湖家庭农场更具有传承发展的组合优势，主要经营成员中具有现代思维理念的大学生儿子担任农场主，全盘考虑农场发展；有丰富农业生产经验的父母作为后盾，在做好田间管理的同时，凭借丰富的阅历给年轻人做好参谋助手。这种"子承父业"式的最佳组合结构，正是东湖农场可持续发展的根本所在，也是培育年轻人成为新型职业农民的有效途径。

"绿色"是东湖农场发展之根。在食品安全受到人们高度关注的当下，东湖农场坚持传统生态种养，作物栽培上全部是自然成熟的应季蔬果，作物管理上使用腐熟有机肥，在植保防护上采取防虫网隔离等，生产环节绿色技术的运用为农产品安全提供可靠保障。农场有 50 余种时令绿色蔬果以及家禽、水产品供应，成为消费者放心的绿色基地，同时注册了"时光漫步"作为门头商标、"御洞庭"作为农产品商标，加快绿色品牌化发展步伐。

"互联"是东湖农场发展之桥。东湖农场的成功不仅仅是绿色生产，更重要的是如何把好的产品卖出去，卖出好价钱。农场成立初期，就聘请专业人员建设了官方网站，农场主徐斌还通过短信、微信、手机 APP 等自媒体网络渠道推介产品、提供服务，有效对接市场，吸引更多的客户观光与采购。建立城市高端客户会员制，通过互联网平台，会员从2014年的50名发展到数百名，建立了稳定的优质消费群，扩大了农场的知名度和美誉度，互联网的常态运用使东湖农场始终在人们关注的视线里。2016年农场还将开设城市社区店，开通产品生产追溯体验，将“O2O”从“基地”体验延伸到“社区店”体验，让更多的市民最便捷地分享农场产品。

“创新”是东湖农场发展之源。在一定的土地资源上农产品产量是基本定量的，如何让有限土地产生更大收益则要通过创新驱动来实现。东湖农场坚持市场为导向，实施“三大创新”，促进农产品的有效供给，推出“体验式农场”——由农场提供土地、种植工具和有机肥料，市民租下私人菜地种植蔬菜的方式，平时农场可提供“代管服务”，周末认领家庭参与劳动体验；实施“私人订制配送”——利用互联网平台实现“客户线上采购，农场线下当天配送”，保证果蔬从采摘到上门不超过24小时，确保产品新鲜；主导“O2O体验消费”——通过网上预订后，到农场进行特色采摘、农事体验、休闲垂钓、绿色餐饮，让顾客在体验中消费，进一步提高了农产品在服务中的附加值，也延伸出可观的餐饮收入、配送收入，增加了农场综合效益。同时还由消费者自身通过微博、微信、朋友圈进行口碑传播，吸引更多的人气，实现线下活动、线上传播良性互动。

东湖农场在较短时间内成为家庭经营发展的领跑者，正是因为“人才、信息、创新、生态”这些现代农业发展中最先进最活跃的生产要素在农场发展中集聚而产生了乘数效应。在如此喜人的发展势头下，东湖农场不断扩大规模，希望通过追加投入，获得更高质量发展。

步骤二　上网查询，帮助东湖农场明确资金来源。

一般而言，资金种类包括权益性资金和债务性资金。权益性资金，也称为自有资金。这种性质的资金不用还本，没有到期日，使用这样的资金财务风险小，但资金成本较高；债务性资金，也称为借入资金。这种性质的资金有明确的到期日，使用这类资金筹资风险大，筹资数量有限，但资金成本相对较低。家庭农场取得这类资金可通过商业信用、融资租赁、向银行或其他企业和居民借款等方式获得。

步骤三　进一步明确资金使用效率评价指标。

1. 总资产周转率

$$总资产周转率 = 主营业务收入 \div 总资产平均余额$$

$$总资产平均余额 =（期初总资产 + 期末总资产）\div 2$$

总资产周转率是指家庭农场一定时期的主营业务收入与资产总额的比率，它说明企业的家庭农场在一定时期内（通常为一年）周转次数。

2. 流动资产周转率

$$流动资产周转率（次）= 主营业务收入净额 \div 平均流动资产总额$$

流动资产周转率反映了家庭农场流动资产的周转速度，是从家庭农场全部资产中流动性最强的流动资产角度对家庭农场资产的利用效率进行分析，以进一步揭示影响企业资金使用效率的主要因素。

3. 应收账款周转率

应收账款周转率 = 赊销收入净额 ÷ 应收账款平均余额

家庭农场的应收账款在流动资产中具有举足轻重的地位。家庭农场的应收账款如能及时收回，家庭农场的资金使用效率便能大幅提高。

小贴士

借贷资金的使用

1. 利息的两种计算方式

单利计息方式：只对本金计算利息（各期的利息是相同的），各期利息 $=P\times i\times n$，其中，P 指本金，i 指利率，n 指期数。

复利计息方式：既对本金计算利息，也对前期的利息计算利息（各期利息不同）。

例：某家庭农场主欠银行 20 000 元，票面利率为 5%，借期为两整年。

若采用单利计息方式，到期应还银行本息总额

$$20\ 000+20\ 000\times 5\%\times 2=22\ 000（元）$$

若采用复利计息方式，到期应还银行本息总额

$$20\ 000+20\ 000\times 5\%+(20\ 000+20\ 000\times 5\%)\times 5\%=22\ 050（元）$$

2. 负债对利润的影响

营业利润 = 主营业务利润 + 其他业务利润 − 管理费用 − 财务费用 − 营业费用

家庭农场使用了债务性资金，必然产生固定财务费用。这种费用的存在会导致的每单位投资收益变动率大于息税前利润变动率。这种固定财务费用越大，财务风险越大。所以家庭农场要通过合理安排资本结构，适度负债使财务杠杆利益抵销风险增大所带来的不利影响。

【任务报告】

根据任务实施步骤,认真完成任务报告(表 2-2-1)。

表 2-2-1 家庭农场资金使用分析

姓名:	班级:	学号:
1. 描述权益性资金和债务性资金的区别。		
2. 总资产周转率、流动资产周转率、应收账款周转率。		
个人总结:		

【任务评价】

对任务实施过程、任务报告完成情况和学习态度进行考核评价(表 2-2-2)。

表 2-2-2 家庭农场资金使用分析考核评价细则

姓名:			班级:		学号:		教师签字:
自评:□合格□不合格			互评:□合格 □不合格		师评:□合格 □不合格		
日期:			日期:		日期:		
考核评分细则							
序号	考核项目	考核标准		考核方式	分值	评分要求	得分
1	资金使用效率评价指标解读	□1. 正确解读总资产平均余额 □2. 正确解读总资产周转率 □3. 正确解读流动资产周转率 □4. 正确解读应收账款周转率		现场识别考核或者问答考核	60	答错一项扣15分,累计扣分不得超过60分	
2	任务报告	□1. 完成认真 □2. 术语规范		评阅考核	10	未完成一项扣5分,累计扣分不得超过10分	
3	学习态度	□1. 具有钻研精神 □2. 具备科学严谨的态度 □3. 操作认真,互动积极		自评、互评和师评相结合	30	未完成一项扣10分,累计扣分不得超过30分	
总分							

【任务拓展】

家庭农场经营保障了农民的收入,政府对于创办家庭农场是大力支持的。对于创办家庭农场有资金需求的,政策支持办理贷款。家庭农场向银行申请贷款流程:①首先借款人需要携带本人有效身份证件及复印件,前往相关部门咨询并申报家庭农场贷款;②准备申请书、家庭农场的营业执照等材料,正式提出贷款申请;③银行在收到借款人的贷款申请资料后,会对借款人所提供的资料进行审核;④审核通过后,银行会通知借款人签订贷款合同,然后将贷款资金发放到指定的账户当中;⑤获得贷款资金的借款人按照规定按时偿还欠款即可。

请参考以上流程,协助为有贷款需求的家庭农场主向银行申请贷款。

实训任务3　农民合作社权利义务分析

【任务目标】

通过实训,了解农民合作社经营过程中的权利和义务。

【任务准备】

相关网络资料搜集、邀请专家访谈。

【任务实施】

步骤一　阅读一份资料。

金蝉岛合作社位于云台山风景名胜区的朱麻村,距离市区26公里,占地1 000亩,尤其以180余亩的整体山场著称,发展生态养殖,初步形成集休闲、观光、垂钓、登山、菜果农趣于一体的发展模式。

以改善自然生态环境为着力点,金蝉岛合作社用了五年的时间,投入大量资金改善农场的生态环境,把被村民视为无用的"石头山""秃山",打造成绿水环绕、果木成林、白鹭翔集的"绿水青山"。随着生物多样性的恢复,原生态的、无污染的环境给合作社带来了无形资产。在做好种植业、养殖业的基础上,积极谋划提升发展,形成了集种植业和服务业于一体的发展模式。合作社拥有农家乐饭店、金蝉生态园、采摘园、养鸡场,100亩林果及蔬菜,150亩鱼塘,全部立体化种养殖。以生态自然、民俗趣味、休闲娱乐为主题,体现农、林、牧、渔共处共生、相互依托的农家生活模式,主要展示乡村自然风光、人文遗迹、民俗风情、农业生产、田园居所等,既能实现经济利益,又保护了自然环境,实现了人与自然和谐共处。

管理者龚连认为,在发展过程中,坚持生态化、立体化、持续化,坚持少用乃至不用农药、化肥,改善生态环境,顺应现代人对于生态、绿色产品的需要,让消费者吃到安心粮、放心菜,是金蝉岛合作社经营取得成功的关键之处。

如今,随着名气的增加,申请入社的成员越来越多。为了合作社健康有序长远地发展,管理者龚连决定带领新入社的成员深入学习相关权利义务,以便更好地做好内部管理。

步骤二　上网查阅《中华人民共和国农民专业合作社法》有关章节内容,并邀请专家进行解读。

步骤三　对成员享有权利的解读。

(1)参加成员大会,享有表决权、选举权和被选举权,按照章程规定对本社实行民主管理。

①参加成员大会。这是成员的一项基本权利。成员大会是农民专业合作社的权力机构,由全体成员组成。农民专业合作社每个成员都有权参加成员大会,决定合作社的重大问题,任何人不得限制或剥夺。

②行使表决权,实行民主管理。农民专业合作社是全体成员的合作社,成员大会是成员行

使权利的机构。作为成员，有权通过出席成员大会并行使表决权，参加对农民专业合作社重大事项的决议。

③享有选举权和被选举权。理事长、理事、执行监事或者监事会成员，由成员大会从本社成员中选举产生，依照《中华人民共和国农民专业合作社法》和章程的规定行使职权，对成员大会负责。所有成员都有权选举理事长、理事、执行监事或者监事会成员，也都有资格被选举为理事长、理事、执行监事或者监事会成员，但是法律另有规定的除外。在设有成员代表大会的合作社中，成员还有权选举成员代表，并享有成为成员代表的被选举权。

(2)利用本社提供的服务和生产经营设施。农民专业合作社以服务成员为宗旨，谋求全体成员的共同利益。作为农民专业合作社的成员，有权利用本社提供的服务和本社置备的生产经营设施。

(3)按照章程规定或者成员大会决议分享盈余。农民专业合作社获得的盈余依赖于成员产品的集合和成员对合作社的利用，本质上属于全体成员。可以说，成员的参与热情和参与效果直接决定了合作社的效益情况。因此，法律保护成员参与盈余分配的权利，成员有权按照章程规定或成员大会决议分享盈余。

(4)查阅本社的章程、成员名册、成员大会或者成员代表大会记录、理事会会议决议、监事会会议决议、财务会计报告和会计账簿。成员是农民专业合作社的所有者，对农民专业合作社事务享有知情权，有权查阅相关资料，特别是了解农民专业合作社经营状况和财务状况，以便监督农民专业合作社的运营。

步骤四 对成员履行义务的解读。

(1)执行成员大会、成员代表大会和理事会的决议。成员大会和成员代表大会的决议，体现了全体成员的共同意志，成员应当严格遵守并执行。

(2)按照章程规定向本社出资。明确成员的出资通常具有两个方面的意义：一是以成员出资作为组织从事经营活动的主要资金来源。二是明确组织对外承担债务责任的信用担保基础。成员加入合作社时是否出资以及出资方式、出资额、出资期限，都需要由农民专业合作社通过章程自己决定。

(3)按照章程规定与本社进行交易。农民加入合作社是要解决在独立的生产经营中个人无力解决、解决不好或个人解决不合算的问题，是要利用和使用合作社所提供的服务。成员按照章程规定与本社进行交易既是成立合作社的目的，也是成员的一项义务。成员与合作社的交易，可能是交售农产品，也可能是购买生产资料，还可能是有偿利用合作社提供的技术、信息、运输等服务。

(4)按照章程规定承担亏损。由于市场风险和自然风险的存在，农民专业合作社的生产经营可能会出现波动，有的年度有盈余，有的年度可能会出现亏损。合作社有盈余时分享盈余是成员的法定权利，合作社亏损时承担亏损也是成员的法定义务。

小贴士

合作经济产生的背景

合作经济是一个全球性的概念。早在19世纪，西方一些国家就开始了合作经济的探索。国际合作经济发展大体经历了以下三个阶段。

1. 启蒙阶段

19 世纪初,以欧文、傅立叶为代表的空想社会主义者开始进行合作经济的探索,成立了一些生产、生活高度集中统一的合作社,由于脱离实际,都以失败告终。

2. 起步阶段

1844 年,为了应对零售商的盘剥,英国罗虚代尔镇 28 名纺织工人组建了罗虚代尔公平先锋社,标志着世界上第一个合作社的诞生。罗虚代尔公平先锋社每个人出 1 英镑股金,统一采购面包等生活必需品,为大家提供服务。到 20 世纪 30 年代,罗虚代尔公平先锋社社员发展到 4 万多人,创办了屠宰场、加工厂,拥有上百家分店。罗虚代尔公平先锋社的成功主要归功于其章程规定的社员入社、退社自由,管理充分民主,按社员的交易额分配盈余等原则,同时也激发了欧美其他地区劳动者创办合作社的积极性,罗虚代尔原则也被各国合作社所采纳,形成了国际公认的合作社原则。

3. 稳步发展阶段

随着合作社的发展,合作社之间也由分散走向联合,并从局部地区联合发展到国内乃至国际间的联合。如法国的合作社联盟、日本的全国农业协同组合联合会等。1895 年,国际合作社联盟在英国伦敦成立,标志着合作经济已进入稳步发展阶段。1946 年,国际合作社联盟成为获得联合国咨询地位的非政府性机构。国际合作社联盟有来自 120 多个国家的 240 多个成员组织,代表着 7 亿多合作社社员,社员遍布全世界。

【任务报告】

根据任务实施步骤,认真完成任务报告(表 2-3-1)。

表 2-3-1 农民合作社权利义务分析

姓名:	班级:	学号:
1. 农民合作社成员行使哪些权利?		
2. 农民合作社成员履行哪些义务?		
个人总结:		

【任务评价】

对任务实施过程、任务报告完成情况和学习态度进行考核评价(表 2-3-2)。

表 2-3-2　农民合作社权利义务分析考核评价细则

姓名:	班级:	学号:	教师签字:
自评:□合格　□不合格	互评:□合格　□不合格	师评:□合格　□不合格	
日期:	日期:	日期:	

考核评分细则

序号	考核项目	考核标准	考核方式	分值	评分要求	得分
1	农民合作社权利义务解读	□ 1. 正确解读四项权利条款 □ 2. 正确解读四项义务条款	现场识别考核或者问答考核	80	未完成一项扣 10 分,累计扣分不得超过 80 分	
2	任务报告	□ 1. 完成认真 □ 2. 术语规范	评阅考核	10	未完成一项扣 5 分,累计扣分不得超过 10 分	
3	学习态度	□ 1. 具有钻研精神 □ 2. 具备科学严谨的态度 □ 3. 操作认真,互动积极	自评、互评和师评相结合	10	未完成一项扣 3 分,累计扣分不得超过 10 分	
总分						

【任务拓展】

《中华人民共和国农民专业合作社法》由 2006 年 10 月 31 日第十届全国人民代表大会常务委员会第二十四次会议通过,2017 年 12 月 27 日第十二届全国人民代表大会常务委员会第三十一次会议修订。为了规范农民专业合作社的组织和行为,鼓励、支持、引导农民专业合作社的发展,保护农民专业合作社及其成员的合法权益,推进农业农村现代化,制定本法。

要求:请仔细阅读和学习《中华人民共和国农民专业合作社法》,协助所在乡村做好农民专业合作社的治理工作。

实训任务 4　农业企业经营报告分析

【任务目标】

通过实训，了解农业企业经营报告的撰写思路。

【任务准备】

相关网络资料搜集和人员交流。

【任务实施】

在乡村振兴发展的道路上，A 企业通过订单农业的方式与周边农户建立起利益关联纽带，促进分散农户的产供销和贸工农一体化发展。小张是 A 企业的销售代表，企业领导计划安排他代表企业向当地某村集体组织汇报企业经营发展的情况，寻求订单合作的机会。假设你是小张，请提炼主要内容，撰写一份 A 企业的经营报告，做好向合作方汇报的准备。

步骤一　查询相关资料，了解撰写农业公司经营报告涉及的主要内容和格式。

步骤二　除了掌握 A 企业基本情况之外，小张还需要提前与企业相关业务部门进行沟通协作，掌握企业近期的生产情况、销售情况、成本控制等信息。

步骤三　整理好资料，完成一份企业经营报告的撰写。以下是一份经营报告的模板。

A 企业经营报告

尊敬的 ×××：

我代表公司向大家提交一份关于企业经营分析的报告。以下是现阶段公司经营情况的概述。

一、基本情况

我们公司成立于 2022 年 ×× 月 ×× 日，公司生产机械化程度较高，日常管理规范，主要从事农业产品的加工生产和销售。目前，我们的主要业务包括水稻种植、小麦种植、玉米种植和养殖等，产品主要销往 ××× 等地，每年销售额达到人民币 ×××× 万元。

二、生产情况

我们的水稻种植采用机械化作业，生产效率高，生产成本低。在水稻种植方面，我们采用“品种 + 技术”相结合的方式，确保每一株水稻都能够获得最佳生长环境和品质。同时，我们还采用“种植 + 加工 + 销售”相结合的方式，将水稻加工成大米、面粉等产品。

三、销售情况

在销售方面，我们主要采取线上和线下相结合的方式进行销售。线上销售主要通过电商平台进行销售，如淘宝、京东等；线下销售则通过门店进行销售，如超市、便利店等。通过线上和线下相结合的方式，我们成功地将产品卖向了全国各地。

四、成本控制

在成本控制方面，我们主要采取以下措施。

①种植和养殖环节：通过采用机械化作业、科学管理和技术手段等方式，降低生产成本。

②饲料和农药购买：通过与国内外大型饲料公司合作，以降低采购成本。

③人工成本控制：在提高员工待遇和福利待遇的同时适当控制人工成本。

五、未来发展计划

①提高管理水平：加强对员工的培训和管理，提高员工素质和工作效率。

②提高产品质量：加强对农产品质量的管理和控制，提高产品品质。

③加强品牌建设：提高品牌形象和声誉，增强消费者对产品的信任和忠诚度。

④拓展市场渠道：通过调整产业结构和优化产业布局等方式，提高产品竞争力和市场占有率，积极开拓国内外市场，扩大产品知名度和市场占有率。

以上为汇报的主要内容，汇报完毕。欢迎大家批评指正！

小贴士

新型农村经营主体的分类

1. 专业大户

专业大户是围绕某一种农产品从事专业化生产，其种植或养殖规模明显高于传统小农却又小于家庭农场的经营主体。专业大户会通过土地流转进行经营，但受传统思想和知识水平所限，没有长远经营打算，因而并不愿意对土地进行长期投入。与传统小农相似，专业大户是一种机械化程度一般、不会额外雇工、管理较为粗放、难以对接市场的劳动力依赖型的适度规模经营模式。

2. 家庭农场

家庭农场是以家庭成员为主要劳动力，从事农业商品化、规模化、集约化的生产经营活动，并以农业收入为家庭主要收入来源的新型农业经营主体。目前，家庭农场没有一定的规模标准，从实践来看，家庭农场的土地流转面积一般在50~500亩。除自身承包地以外，家庭农场还流转了大量土地，并要求土地集中连片以方便田间管理与农业机械的使用。家庭农场一般情况会在前期投入大量成本用以改善农地条件、购买农用机械等。由此可见，家庭农场是一种机械化程度较高、雇工较少、管理较为规范、更容易对接市场的家庭适度规模经营模式。

3. 农民专业合作社

农民专业合作社是同类农产品的生产经营者或同类农业生产经营服务的提供者、利用者，自愿联合、民主管理的互助性经济组织。农民专业合作社具有以下几个特征：一是以家庭承包制为基础；二是以服务社员为目的；三是以效率优先、兼顾公平为原则；四是具有强烈的互助性质。

4. 农业企业

农业企业是通过合同或订单的方式与农户建立起利益关联纽带，对农产品进行加工、处理、运输、销售等过程，实现分散农户的产供销和贸工农一体化的新型农业经营主体。农业企业主要从事种植业、畜牧业、水产养殖业等一体化经营，或是一体化经营中的某些中间环节，并通过科学的经营管理方式、先进的生产技术以及雄厚的经济实力，为分散农户提供产前、产中、产后的各类生产性服务。总的来说，农业企业仍然是一种机械化程度较高、雇工较多、管理较为规范、容易对接市场、以营利为目的，具有明晰的资本收益率的新型农业经营主体。

【任务报告】

根据任务实施步骤，认真完成任务报告（表2-4-1）。

表2-4-1　农业企业经营报告分析

姓名：	班级：	学号：
1. 撰写农业企业经营报告，主要包括哪些内容？		
2. 相比于其他新型农业经营主体，农业企业的不同特征是什么？		
个人总结：		

【任务评价】

对任务实施过程、任务报告完成情况和学习态度进行考核评价(表 2-4-2)。

表 2-4-2　农业企业经营报告分析考核评价细则

<table>
<tr><td colspan="2">姓名:</td><td>班级:</td><td colspan="2">学号:</td><td colspan="2" rowspan="3">教师签字:</td></tr>
<tr><td colspan="2">自评:□合格　□不合格</td><td>互评:□合格　□不合格</td><td colspan="2">师评:□合格　□不合格</td></tr>
<tr><td colspan="2">日期:</td><td>日期:</td><td colspan="2">日期:</td></tr>
<tr><td colspan="7">考核评分细则</td></tr>
<tr><td>序号</td><td>考核项目</td><td>考核标准</td><td>考核方式</td><td>分值</td><td>评分要求</td><td>得分</td></tr>
<tr><td>1</td><td>撰写企业经营报告</td><td>□ 1. 基本情况撰写
□ 2. 生产情况撰写
□ 3. 销售情况撰写
□ 4. 成本控制撰写
□ 5. 未来发展计划撰写</td><td>现场识别考核或者问答考核</td><td>60</td><td>未完成一项扣 12 分，累计扣分不得超过 60 分</td><td></td></tr>
<tr><td>2</td><td>任务报告</td><td>□ 1. 完成认真
□ 2. 术语规范</td><td>评阅考核</td><td>10</td><td>未完成一项扣 5 分，累计扣分不得超过 10 分</td><td></td></tr>
<tr><td>3</td><td>学习态度</td><td>□ 1. 具有钻研精神
□ 2. 具备科学严谨的态度
□ 3. 操作认真,互动积极</td><td>自评、互评和师评相结合</td><td>30</td><td>未完成一项扣 10 分，累计扣分不得超过 30 分</td><td></td></tr>
<tr><td colspan="6">总分</td><td></td></tr>
</table>

【任务拓展】

阅读以下资料:

江苏沃田集团股份有限公司自 2020 年起,通过合同或订单形式与农户建立了紧密的合作关系,推动了蓝莓的产业化、集约化和融合化发展。沃田集团的经营策略不仅涵盖了土地流转、种植带动和联合承包,还积极履行社会责任,以多种形式带动农户增收,实现了产业增收和富民的目标。

集团流转了超万亩的农户土地,实行保护价收购政策,确保了农户的基本收益,同时激发了他们的种植积极性。通过这种方式,集团成功带动了 6 200 户农民种植蓝莓,同时有 8 510 户农民参与到蓝莓相关的生产环节中,使得这些农户的户均收入达到 10 万元。在销售方面,集团通过联合体实行集约化管理,实现了统一的养殖规划、苗种购育、技术指导和价格销售,有效提升了农民收益。在成本控制方面,集团通过联合体内的集约化运作,生产资料的购置成本比农户单独购置节约了 6%。此外,集团还指导农民养殖高附加值的品种,使得收益比常规产品增加了 10% 以上。更重要的是,集团通过产品深加工,实现了比单纯养殖增值 4~5 倍的效益,极大地提升了农产品的附加值。2020 年,集团对 2 118 户养殖户进行了分红,总额达到 430 万元。

江苏沃田集团股份有限公司的发展历程展示了农业企业如何通过与农户建立紧密的合作关系,实现农产品的增值和农户的增收。这种模式不仅促进了蓝莓产业的发展,也为当地农户带来了实实在在的经济利益,实现了企业与农户的共赢。

要求:①根据以上阅读材料,总结农业企业经营的优势有哪些?②协助当地农业企业撰写经营分析报告,对过往生产情况、销售情况、成本控制进行总结分析,提出改进计划。

工作模块三

农村网店产品拍摄处理

案例导入

陇南乡村振兴抓住电商“衣领子” 解决农产品“卖难”

2022 年 6 月 29 日，由中国国际减贫中心与联合国粮食及农业组织驻华代表处联合主办的“数字乡村研讨会”在广西南宁举办。甘肃省陇南市代表围绕“电商与特色农产品深度融合带动贫困地区可持续发展”主题，做了全球减贫案例征集活动最佳案例的分享。

陇南位于甘肃东南部，全市九县区整体属于秦巴山集中连片特殊困难地区。2013 年，贫困人口 83.94 万人，贫困发生率 34.1%，贫困村 1 707 个，贫困人口和贫困发生率均居甘肃省第一。陇南人文厚重，自然资源丰富，境内生态良好，资源丰富，但困于大山的阻隔、信息闭塞，众多优质农产品藏在深山人不识，群众增收困难，解决农产品“卖难”问题成为陇南发展电商的初心。2019 年是陇南电商光彩焕发的一年。陇南电商人顺应时代潮流，一改传统的电商营销方式，让优质农特产品以优质图片或视频的方式在国内各大新媒体平台上活跃了起来。在拍摄作用日益凸显的今天，好的产品配好图才能“诱惑”人。电子商务把陇南优势资源与外面市场精准对接，也激发了陇南广大农民创新创业的热情，探索出不同的带贫机制，为巩固提升脱贫攻坚质量找到了一条有效路径，也极大地提振了陇南人民从事农业发展的信心。通过将这些宝贵经验转化落地，陇南破解了电商扶贫发展的难题，助力实现乡村振兴。

（参考来源：中国网·中国发展门户网，2022-06-29）

工作要求

理解构图规则。熟悉摄影器材和道具，包括数码相机、三脚架、柔光棚、专业摄影台等的使用。

实训任务 1　熟悉农产品拍摄技巧

【任务目标】

通过实训，掌握产品拍摄的技巧。

动画：图片拍摄角度

【任务准备】

准备摄影器材。

【任务实施】

如何把农产品真实清晰地呈现在买家的面前，是卖家必须掌握的一项基本技能。农产品拍摄不同于艺术摄影，不需要体现照片的艺术价值和较高的审美品位，但这并不意味着最终的影像就是枯燥乏味的。

步骤一　熟悉农产品的拍摄特点和要求。农产品拍摄不同于其他题材的摄影，它不受时间和环境的限制，一天 24 小时都可以进行拍摄，拍摄的关键在于对产品有机的组织、合理的构图、恰当的用光，将这些产品表现得静中有动、栩栩如生，通过图片给买家以真实的感受。

农产品拍摄的总体要求：是将商品的形、质、色充分表现出来，而不夸张。形，指的是产品的形态、造型特征以及画面的构图形式。质，指的是产品的质地、质量、质感。产品拍摄对质的要求非常严格。体现质的影纹层次必须清晰、细腻、逼真。尤其是细微处，以及高光和阴影部分，对质的表现要求更为严格。用恰到好处的布光角度，恰如其分的光比反差，以求更好地完成对质的表现。色，指的是商品拍摄要注意色彩的统一。色与色之间应该是互相烘托，而不是对抗，是统一的整体。“室雅无须大，花香不在多”，在色彩的处理上应力求简、精、纯，避免繁、杂、乱。

步骤二　熟悉拍摄器材。

(1)网店农产品拍摄需要有一款适合静物拍摄的单反相机，最好有微距功能。

(2)三角架是从事产品拍摄乃至其他各类题材摄影不可或缺的主要附件。为避免相机晃动，保证影像的清晰度，必须使用三角架。

(3)灯具是室内拍摄的主要工具，如果有条件的话，应具备三只以上的影视灯。建议使用 60 W 以上影视灯。

(4)商品拍摄台是进行商品拍摄必备的。

(5)根据拍摄农产品的种类选择不同的背景道具。

步骤三　农产品拍摄的布局。拍摄产品的布局可将其理解为画面构图。在农产品拍摄构成方面，首先要遵循一般的构图要求，但在某些方面拍摄的构图要求可能更高更细。因为农产品拍摄不同于其他的摄影题材，是通过拍摄者主观意图摆设出来的，所以构图就要求更加完整严谨，画面中各种关系的处理也要求合理。商品在画面中布局的过程，就是建立画面各种因素的开始。这其中包括主体的位置、陪体与主体关系、光线的运用、质感的表现、影调与色调的组织与协调、画面色彩的合理使用、背景对主体的衬托、画面气氛的营造等。

按照构图的基本要求，在简洁中求主体的突出，在均衡中求画面的变化，在稳定中求线条和影调的跳跃，在生动中求和谐统一，在完整里求内容与形式的相互联系。在准备拍摄之前，要对被摄农产品进行仔细的观察，取其最完美、最能表现自身特点的角度，然后将其置于带有背景道具的静物拍摄台上或在生产养殖的田间地头。构图时要根据不同种类的农产品，做不同的拍摄安排。拍摄大一些的物体，画面布局应当充实，给人一种大的感觉；拍摄小的静物，画面上就可适当留些空间，让人感觉其小；拍摄多个物体，就应考虑相互的陪衬和呼应关系。常见构图形式如下。

（1）△构图。△构图就是常说的三角形构图。这种构图是静物拍摄最常用的一种方式。它所表示的景物画面具有稳定性和庄严的感觉。三角形构图要注意的就是：主次的关系一般形成不等边的三角形，显得既稳定又不呆板。

（2）▽构图。与三角形构图相反，这种倒三角形构图极富动感，在不稳定的情绪中求得感觉上的变化。这种构图形式也是拍摄中较为常用的一种。

（3）S形构图。S形构图，优美而富于变化，虽然在产品中这种构图形式比较少见，但是如果用它的表现力并借助线条的作用，会拍出一幅非常好的产品照片。

（4）对角线构图。在这种构图形式中，由于主体的倾斜，加强了画面的冲击力度，给人以强烈的动感。

商品拍摄的构图形式和布局没有固定不变的模式，借鉴的目的不是要照搬，而是要在应用的基础上去发挥自己的才能并加以创新。

【任务报告】

根据任务实施步骤，认真完成任务报告(表 3-1-1)。

表 3-1-1　熟悉农产品拍摄技巧

姓名：	班级：	学号：
1. 简单分析一下农产品拍摄的技巧。		
2. 常用拍摄器材有哪些?		
个人总结：		

【任务评价】

对任务实施过程、任务报告完成情况和学习态度进行考核评价(表 3-1-2)。

表 3-1-2　熟悉农产品拍摄技巧考核评价细则

姓名:	班级:	学号:	教师签字:
自评:□合格　□不合格	互评:□合格　□不合格	师评:□合格　□不合格	
日期:	日期:	日期:	

考核评分细则

序号	考核项目	考核标准	考核方式	分值	评分要求	得分
1	熟悉农产品拍摄技巧	□ 1. 准确掌握拍摄的要求 □ 2. 准确选用拍摄器材 □ 3. 准确运用构图形式完成商品布局	现场识别考核或者问答考核	60	未完成一项扣 20 分,累计扣分不得超过 60 分	
2	任务报告	□ 1. 完成认真 □ 2. 术语规范	评阅考核	10	未完成一项扣 5 分,累计扣分不得超过 10 分	
3	学习态度	□ 1. 具有钻研精神 □ 2. 具备科学严谨的态度 □ 3. 操作认真,互动积极	自评、互评和师评相结合	30	未完成一项扣 10 分,累计扣分不得超过 30 分	
总分						

【任务拓展】

观察图 3-1-1 至图 3-1-4,并完成图后任务。

图 3-1-1

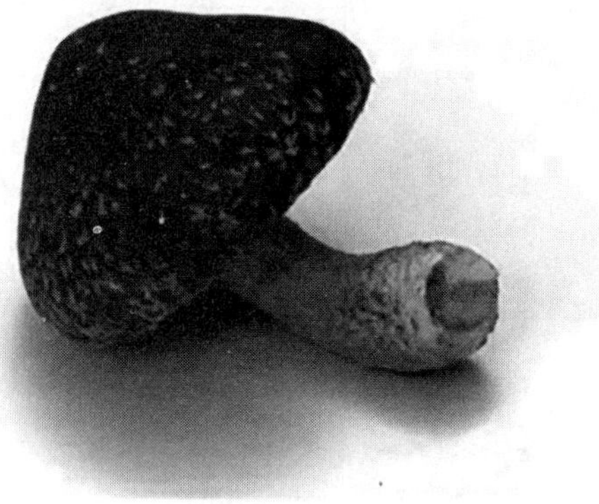

图 3-1-2

图 3-1-3

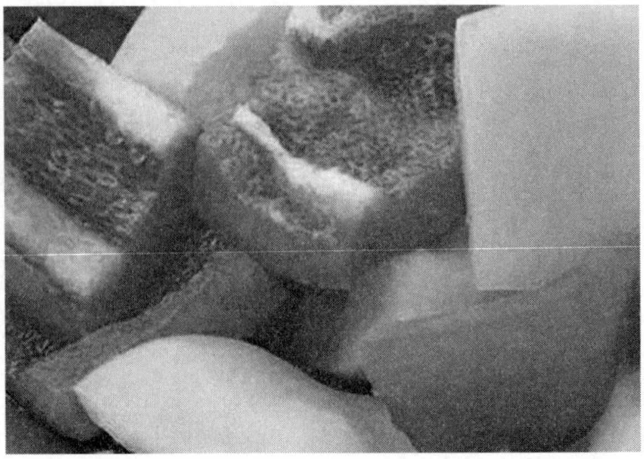

图 3-1-4

要求：简单描述一下图 3-1-1 至图 3-1-4 图片的布局方式和效果。

实训任务 2　熟悉农产品拍摄光源

【任务目标】

通过实训,熟悉农产品拍摄光源的使用方法。

【任务准备】

摄影器材准备。

【任务实施】

拍摄农产品与一般摄影题材相比,在光线使用方面有一定的区别。农产品拍摄的对象多数是能够放在拍摄台上或者置于生产现场的产品,物体的质感表现和画面的构图安排较一般的摄影题材表现要求更高,在画面布局和灯光处理方面相对复杂。

步骤一　室内自然光的特点和使用要求。如果使用室内自然光拍摄农产品,需要先了解这种光线的特点和使用要求。这种看似简单而且容易使用的光线条件,非常可能导致拍摄的失败。由于室内自然光是由户外自然光通过门窗等射入室内的,方向明显,极易造成物体受光部分和阴暗部分的明暗对比,既不利于追求物品的质感,也很难完成其色彩的表现。对于拍摄者来讲,运用光线的自由程度即受到限制。要改变拍摄对象明暗对比过大的问题,一是要设法调整自己的拍摄角度,改善农产品的受光条件,加大拍摄对象与门窗的距离。二是合理利用反光板,使拍摄对象的暗处局部受光,以此来缩小农产品的明暗差别。利用室内自然光拍摄农产品照片,如果用光合理、准确、拍摄角度适当,不但能使农产品的纹路清晰,层次分明,还能达到使拍摄对象受光均匀、画面逼真的效果。

步骤二　人工光源的特点和使用要求。人工光源主要是指各种灯具发出的光。这种光源是农产品拍摄中使用非常多的一种光源。它的发光强度稳定,光源的位置和灯光的照射角度可以根据自己的需要进行调节。如何使用人工光源进行拍摄,要根据拍摄对象的具体条件和拍摄者对于表现方面的要求决定。灯光是以点状光源,或是柔光棚光源及反射光线等形式对农产品发生作用。许多情况下,拍摄对象的表面结构决定着光源的使用方式。

光线的使用会直接关系到被拍摄的农产品的表现。要善于运用光线明与暗、强与弱的对比关系,了解不同位置的光线所能产生的结果:侧光,能很好地显示拍摄对象的形态和立体感;侧逆光,能够强化农产品的质感表现;角度较低的逆光,能够显示出透明农产品的透明感;角度较高的逆光,可用于拍摄农产品的轮廓形态。

利用室内灯光对农产品进行拍摄,其光线的类型大致可以分为主光、辅助光、轮廓光、背景光、顶光、地面光等几种。对于拍摄者来说,在布置各种类型的光线时,切忌将所有的灯光一下子全部照射到被摄对象及其背景等处,这样做势必造成光影的混乱。正确的布光方法是注重使用光线的先后顺序。

首先要重点把握的是主光,因为主光是所有光线中占主导地位的光线,是塑造拍摄主体的主要光线。当主光作用在主体位置上后,其灯位就不再轻易移动。

然后利用辅助光来调整画面上由于主体的作用而形成的反差,要适当掌握主光与辅助光之间的光比情况。辅助光的位置一般都安排在照相机附近，灯光的照射角度应适当高一些，目的是降低拍摄对象的投影，不致影响背景的效果。

辅助光确定以后，根据需要再来考虑轮廓光的使用。轮廓光的位置一般是在农产品的左后侧或右后侧，而且灯位都比较高。使用轮廓光的时候，要注意是否有部分光线射到镜头表面，一经发现要及时处理，以免产生眩光。然后按照拍摄需要，考虑背景光等其他光线的使用。

全部所需光线部署好以后，再做一些必要的细微调整。

当然这种有主有从、有先有后的布光顺序是在一般情况下，而面对一些特殊的拍摄对象时，光线的使用并不一定拘泥于主光到辅助光再到轮廓光这种用光顺序。有的时候只需要一只灯照明，有的时候将顶光作为主光使用。所以，拍摄者可通过反复实践，掌握用光的规律，就能很好地把握农产品拍摄中光线的使用效果了。

步骤三　利用光线作用产生气氛效果。农产品拍照所表现的气氛，是给予购买者的一种情感反应，这种气氛的形成是在拍摄过程中，基于光线的作用而产生的。比如，在逆光的照明条件下，拍摄对象的明暗反差会很大，被摄体朝向照相机镜头的这个“面”往往会呈现在阴影中，如果不恰当地使用过量的辅助光线，从物体的正面照射，把物体的背光面照得很亮，想着去表现被摄体更多的细部层次，这样做不仅会失去画面上逆光摄影的光线感觉，而且破坏了照片画面的整体气氛。

气氛的表达要借助光线的作用，而光线的作用则是依据主体的表现需求。在遇到上述问题时，首先应想到如何协调质感表现、气氛渲染与主体内容表达之间的关系。根据所使用光线的造型作用和特点，调整好主光与辅助光的光比结构，利用画面气氛，更好地刻画所拍摄画面的主体。

【任务报告】

根据任务实施步骤,认真完成任务报告(表 3-2-1)。

表 3-2-1 熟悉农产品拍摄光源

姓名:	班级:	学号:
1. 总结自然光和人工光源各自的使用要求。		
2. 举例说明你是如何利用光线作用拍摄出某个产品的气氛效果的。		
个人总结:		

【任务评价】

对任务实施过程、任务报告完成情况和学习态度进行考核评价(表 3-2-2)。

表 3-2-2　熟悉农产品拍摄光源考核评价细则

<table>
<tr><td colspan="2">姓名:</td><td>班级:</td><td colspan="2">学号:</td><td colspan="2" rowspan="3">教师签字:</td></tr>
<tr><td colspan="2">自评:□合格　□不合格</td><td>互评:□合格　□不合格</td><td colspan="2">师评:□合格　□不合格</td></tr>
<tr><td colspan="2">日期:</td><td>日期:</td><td colspan="2">日期:</td></tr>
<tr><td colspan="7">考核评分细则</td></tr>
<tr><td>序号</td><td>考核项目</td><td>考核标准</td><td>考核方式</td><td>分值</td><td>评分要求</td><td>得分</td></tr>
<tr><td>1</td><td>熟悉农产品拍摄光源</td><td>□ 1. 准确掌握室内自然光的特点和使用要求
□ 2. 准确掌握人工光源的特点和使用要求
□ 3. 准确利用光线作用产生气氛效果</td><td>现场识别考核或者问答考核</td><td>60</td><td>未完成一项扣 20 分，累计扣分不得超过 60 分</td><td></td></tr>
<tr><td>2</td><td>任务报告</td><td>□ 1. 完成认真
□ 2. 术语规范</td><td>评阅考核</td><td>10</td><td>未完成一项扣 5 分，累计扣分不得超过 10 分</td><td></td></tr>
<tr><td>3</td><td>学习态度</td><td>□ 1. 具有钻研精神
□ 2. 具备科学严谨的态度
□ 3. 操作认真,互动积极</td><td>自评、互评和师评相结合</td><td>30</td><td>未完成一项扣 10 分，累计扣分不得超过 30 分</td><td></td></tr>
<tr><td colspan="6">总分</td><td></td></tr>
</table>

【任务拓展】

茅山长青茶产于江苏句容市,属绿茶类。干茶外形:条索长度 1.5~2 cm,扁直挺秀、色泽翠绿、匀整。内质:香气清高持久、馥郁幽雅,汤色嫩绿、清澈明亮,滋味醇厚鲜爽,叶底细嫩匀整。冲泡后芽头朝上竖于杯中,如群笋出土,栩栩如生。茅山长青茶是为缅怀、继承、发扬陈毅等老一辈无产阶级革命家在茅山地区的抗日、创业精神而特别研制的,寓意革命精神万古常青。茅山地区早在隋代就是江南茶乡,传统名茶享有盛誉。清顺治年间乾元观一带所产“乾茶”和民国时期茅麓公司生产的“茅山麓茶”就颇为有名。1987 年,茅山长青茶由句容茅山茶场研制成功。目前,茅山地区是江苏省重点产茶基地。在句容市众多茶叶品牌之中,茅山长青茶以其独到的品质位居名茶之列,先后多次荣获包括“中茶杯”“陆羽杯”在内的全国、全省茶叶评比的金奖、特等奖和一等奖,是公认的江苏省名优茶。

要求:根据以上资料,参考淘宝主图拍摄效果完成一张茅山长青茶的效果图拍摄,注意选择合适的光源。

实训任务3 熟悉农产品拍摄背景

【任务目标】

通过实训,熟悉农产品拍摄背景的使用方法。

【任务准备】

摄影器材准备。

【任务实施】

农产品拍摄中,背景在表现主体所处的环境、气氛和空间方面,在表现整个画面的色调及其线条结构方面,都有着很重要的作用。由于背景的面积比较大,能够直接影响画面内容的表现,背景处理的好坏,在某种程度上决定农产品拍摄的成败。背景使用的材料主要有专用的背景布/纸、呢绒、丝绒、布料、纸张和墙壁等。

步骤一 背景灯光的运用。在农产品拍摄中,背景灯光如果运用合理,不仅能在一定程度上清除一些杂乱的灯光投影,同时也能更好地渲染和烘托主体。背景灯光的布光有两种形式:一种是将背景的照明亮度安排得很均匀,尽可能使背景上没有深浅明暗的差异。另一种是布置成中间亮、周围逐渐暗淡或者背景上部暗并逐渐向下过渡的光线效果。通过光线对背景调整,可以使背景的影调或色彩既有明暗之分又有深浅之别,将拍摄对象与背景融成一个完美的整体,会得到非常好的拍摄效果。如果将背景灯置于主体物的背后,从正面照亮背景,就会在背景上形成一个圆形的光束环。灯光位置距离背景的远近,决定了光束环的大小,可以根据主体表现的需要自行调整。这种方法既简便,又可以表现出较好的画面效果。

步骤二 背景色彩的搭配。背景色彩的处理,应追求艳丽而不俗气、清淡而不苍白的视觉效果。背景色彩的冷暖关系、浓淡比例、深浅配置、明暗对比,都必须围绕突出主体对象这个前提。可以用淡雅的背景衬托色彩鲜艳的静物,也可以利用淡雅的静物配以淡雅的背景。在这方面没有一定的规律和要求,只要将主体和背景的关系处理得协调合理即可。黑与白在农产品拍摄背景中的使用已逐渐受到人们的重视,对于主体的烘托和表现,黑与白有着其他颜色背景达不到的效果。尤其是白背景给人简练、朴素、纯洁的视觉印象,将主体表现得清秀明净、淡雅柔丽。如果想要拍摄静物照片,可以尝试一下白背景。

步骤三 背景"虚化"。如果在室外拍摄农产品,会受到杂乱背景的影响。因此,为了不影响主体的表现,对背景进行虚化处理是很必要的。处理的方法:一是采用中长焦距的镜头进行拍摄,发挥这种镜头焦距长、景深小的性能,虚化背景。二是拍摄时尽量不用太小的光圈,避免产生太大的景深。三是控制主体与背景之间的距离,来达到虚化背景的目的。

【任务报告】

根据任务实施步骤,认真完成任务报告(表 3-3-1)。

表 3-3-1 熟悉农产品拍摄背景

姓名:	班级:	学号:
1. 总结背景灯光和色彩的使用特点。		
2. 举例说明你是如何使用背景“虚化”效果的。		
个人总结:		

【任务评价】

对任务实施过程、任务报告完成情况和学习态度进行考核评价(表 3-3-2)。

表 3-3-2 熟悉农产品拍摄背景考核评价细则

姓名:	班级:	学号:	教师签字:
自评:□合格 □不合格	互评:□合格 □不合格	师评:□合格 □不合格	
日期:	日期:	日期:	

考核评分细则

序号	考核项目	考核标准	考核方式	分值	评分要求	得分
1	选择农产品拍摄背景	□ 1. 准确使用背景灯光 □ 2. 准确使用背景色彩 □ 3. 准确使用背景虚化	现场识别考核或者问答考核	60	未完成一项扣 20 分,累计扣分不得超过 60 分	
2	任务报告	□ 1. 完成认真 □ 2. 术语规范	评阅考核	10	未完成一项扣 5 分,累计扣分不得超过 10 分	
3	学习态度	□ 1. 具有钻研精神 □ 2. 具备科学严谨的态度 □ 3. 操作认真,互动积极	自评、互评和师评相结合	30	未完成一项扣 10 分,累计扣分不得超过 30 分	
总分						

【任务拓展】

南京市江宁晟鲜果蔬种植家庭农场创办于 2013 年 8 月,经营面积 120 余亩,主要种植蔬菜,农场主张静毕业于河海大学。农场创办以来,一直着眼于采用先进的种植技术,张静先后到山东、东台等多地参观学习,还从网上、书籍上搜集相关的蔬菜种植技术,并积极参加各级各类培训。目前,农场建成标准化 6 米钢架大棚 100 亩,精品果树 5 亩,引进新品种 100 余种,其中特色功能型野菜品种 10 余种。晟鲜果蔬种植家庭农场以标准化生产为基础,保证产品质量,种植的辣椒通过国环有机农产品认证;积极打造产品品牌,注册了“横丹绿能”商标,树立品牌形象。营销上,农场倡导保健养生新观念,通过引进种植功能型野菜打造销售亮点。目前,农场配套建设农家乐餐厅 500 平方米,可同时接纳游客 300 人游览观光和用餐。后期计划依托电商平台进行扩大宣传,通过美化环境及新、优、奇、特品种的生产和展示,吸引市民前来观光体验,以游客带动产品销售,从而有效地提高农场经营效益。

要求:依据晟鲜果蔬种植家庭农场经营现状和后期规划,拍摄一份农场主营产品的效果图,注意拍摄背景的恰当选用。

实训任务4　熟悉单反相机功能

【任务目标】

通过实训，正确使用单反相机的光圈、白平衡和曝光模式。

【任务准备】

了解数码单反相机的概念。

【任务实施】

用全自动数码相机拍出的照片，有的照片的背景是虚的，显得被摄的主体清晰，很有层次感，这是正确应用光圈的结果。拍摄商品时，有时商品颜色在拍摄现场看起来很正常，但是当拍摄后，就会变成偏橙色、蓝色、黄色等。这是因为在拍摄时，商品的颜色并不是一成不变的，在不同的光照情况下，其颜色会发生相应的变化，这就是色差。如何较好地解决色差问题，是网店交易的重中之重。学习对不同光源下的白平衡进行设置，可以准确实现还原商品颜色的目的。曝光过度或曝光不足，都会导致影像清晰度下降和影像色彩偏移。对于商品拍摄来说，准确的曝光可以全面地展现商品材质、商品局部细节、商品色彩等。

步骤一　认识光圈及光圈值。光圈是控制镜头通光量大小的装置，光圈的表示方法为 f/x（x 为数值），代表了光圈的大小。一般完整的光圈值如下：$f/1$、$f/1.4$、$f/2$、$f/2.8$、$f/4$、$f/5.6$、$f/8$、$f/11$、$f/16$、$f/22$ 等，f/x 中 x 值越小，例如 $f/2$，光圈开得越大，进光量就越大；x 值越大，例如 $f/22$，光圈开得越小，进光量就越少（图 3-4-1）。

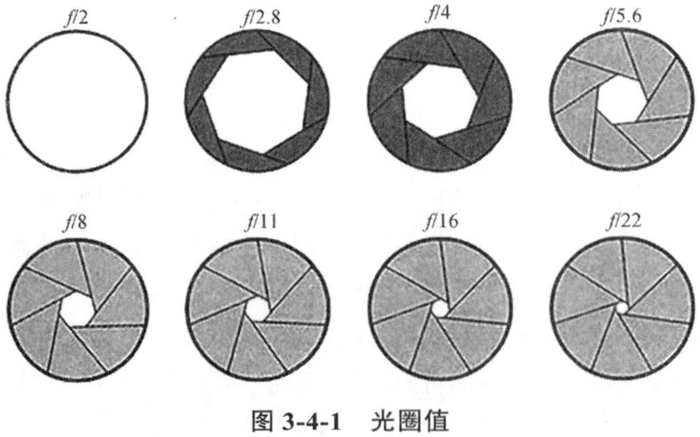

图 3-4-1　光圈值

步骤二　旋转相机的模式转盘，选择光圈优先（Av）模式（图 3-4-2）。

步骤三　用主拨盘改变 f 值，此时液晶监视器显示就会发生改变。拍摄同一件商品，对比 f 值不同，体会所拍摄的商品图片有何不同。

步骤四　以佳能 6D 数码单反相机为例，将电源开关设为 ON，按下 MENU 按钮（图 3-4-3）。

步骤五　在 选项卡下，选择白平衡并按下 SET 按钮，设置白平衡，进行拍摄（图 3-4-4）。

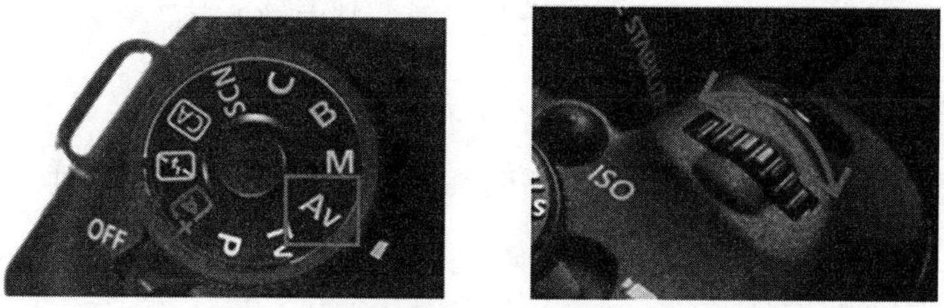

图 3-4-2　选择 Av 模式

图 3-4-3　按下 <MENU> 按钮

图 3-4-4　选择白平衡

步骤六　学习商品拍摄的正确曝光方法。按机身背面的 Q(速控)按钮显示速控画面,选择测光模式(图 3-4-5)。

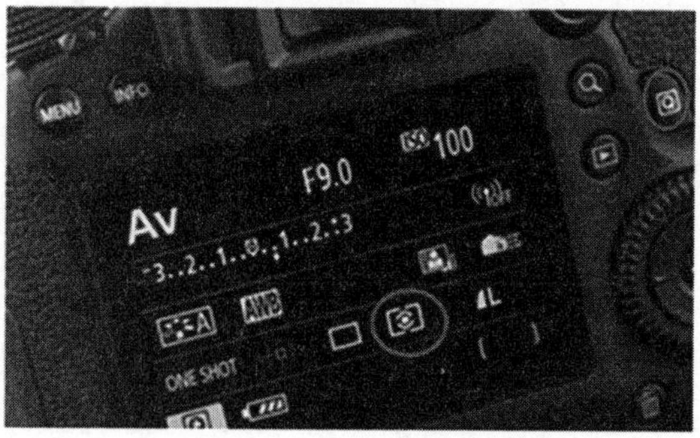

图 3-4-5　选择速控按钮

步骤七　按相机顶部 ISO 设置按钮,设置 ISO 感光度。设定白平衡。选择曝光模式。旋转模式转盘,即可选择相应的模式。一般单反相机的曝光模式分为手动曝光、光圈优先、快门优先、B 门曝光、程序自动曝光、自定义曝光模式等。其中对于商品拍摄来说最常选择的是光圈优先模式。

步骤八 根据拍摄意图进行取景构图。

步骤九 运用曝光补偿。按速控 Q 按钮，旋转主拨盘进行操作。可通过取景器或液晶监视器内显示内容对补偿情况进行确认。

步骤十 按下快门，进行拍摄。

小贴士

农产品拍摄常见的问题

(1) 模糊。图片模糊，看不到产品细节。模糊是商品拍摄的大忌，模糊的图片让买家无法直观地了解到产品。造成模糊的原因是拍摄时发生了抖动，或者相机没有对准焦就开始拍摄。

(2) 过亮或过暗。光线不足的情况可能会导致拍摄的产品过暗，造成商品过亮的原因一般是出现了过曝情况。无论是过亮或是过暗，都会损失产品的细节，还会让颜色失真，看不清楚材质。

(3) 颜色失真。在设置错了白平衡或者选错了背景板的情况下会导致颜色失真，颜色失真可能会丢失产品的细节，引起纠纷。

(4) 主体不突出。一是背景太乱，各种不相关的物品出现在图片里面，干扰视线。二是主体过多，让买家无法了解。

(5) Logo 太重。为了防止图片被盗用，很多卖家都在图片上标记了特定的 Logo，漂亮的 Logo 会让照片更具个性化，但如果将 Logo 放在了商品的主体上，不仅会影响买家的观看，甚至会影响心情，引起别人的反感。如果一定要放在主体上，尽可能放得小一些，字体淡一些。

【任务报告】

根据任务实施步骤,认真完成任务报告(表 3-4-1)。

表 3-4-1　熟悉单反相机功能

姓名:	班级:	学号:
1. 阐述光圈及光圈值。		
2. 一般单反相机的曝光模式有哪些?		
个人总结:		

【任务评价】

对任务实施过程、任务报告完成情况和学习态度进行考核评价(表 3-4-2)。

表 3-4-2 熟悉单反相机功能考核评价细则

姓名:	班级:	学号:	教师签字:
自评:□合格 □不合格	互评:□合格 □不合格	师评:□合格 □不合格	
日期:	日期:	日期:	

考核评分细则

序号	考核项目	考核标准	考核方式	分值	评分要求	得分
1	熟悉单反相机功能	□ 1. 准确设置光圈值 □ 2. 准确设置商品曝光 □ 3. 准确设置白平衡	现场识别考核或者问答考核	60	未完成一项扣 20 分,累计扣分不得超过 60 分	
2	任务报告	□ 1. 完成认真 □ 2. 术语规范	评阅考核	10	未完成一项扣 5 分,累计扣分不得超过 10 分	
3	学习态度	□ 1. 具有钻研精神 □ 2. 具备科学严谨的态度 □ 3. 操作认真,互动积极	自评、互评和师评相结合	30	未完成一项扣 10 分,累计扣分不得超过 30 分	
总分						

【任务拓展】

访问天猫或者京东商城,查阅并申报购买一款合适的单反相机,设置好相机的光圈值、白平衡和曝光模式,并参照以下步骤,拍摄一款农产品夜景照片。

(1)打开相机,选择手动模式。

(2)调整光圈值,使画面明亮但不过度曝光。

(3)调整快门速度,使画面清晰。

(4)根据环境光线情况,适当调整 ISO 值,以保证画面细节和色彩还原度。

(5)对焦到主体物体上,按下快门拍摄。

(6)预览照片,如有需要可以再次调整相机参数。

注意事项:①在拍摄夜景时,建议使用三脚架或其他稳定器材,以避免手持抖动;②注意构图和对焦点的选择,以突出主体物体的特点和美感;③在后期处理时,可以使用软件进行修饰和调整,增强照片的质感和表现力。

实训任务 5　选用数码相机

【任务目标】

通过实训,了解数码相机的性能参数,帮助选购合适的数码相机。

【任务准备】

了解数码相机的概念和用途。

【任务实施】

目前市场上数码相机的品牌种类繁多,功能也有很大的区别,作为农产品摄影的工作人员,可通过网络调研的形式,为电商摄影团队选择一款性价比较高,同时适合农产品网店拍摄的全自动数码相机。

步骤一　登录百度首页(http://www.baidu.com),在搜索栏中输入“全自动数码相机”。

步骤二　进入搜索页面后,要对显示的众多信息进行筛选,选出有参考价值的信息。通常可通过以下网站或商城对数码产品进行比价:中关村在线、太平洋电脑网、京东商城、天猫商城、苏宁易购等。这里以“中关村在线”为例进行查询(图 3-5-1)。

图 3-5-1　搜索界面

步骤三　进入"中关村在线"网站的产品报价页面。该页面会显示各种全自动数码相机的报价，并可根据需要选择所在城市、品牌、价格区间、产品类型等属性精准缩小搜索范围。

步骤四　选择一款相机，进入该产品的详细介绍页面。该页面可以看到相机的详细介绍，包括外观、报价、参数等，这里以"佳能 IXUS170"为例(图 3-5-2)。

图 3-5-2　产品界面

步骤五　单击"参数"链接，查看相机的详细参数并做出选择。

步骤六　数码单反相机是较卡片式数码相机而言功能更为强大的一种数码相机。使用单反相机拍出的照片，画面细腻，色彩丰富，颜色还原准确，还有景深，这是普通数码相机难以表现的。可以重复上述步骤，完成数码单反相机的选取工作。

【任务报告】

根据任务实施步骤，认真完成任务报告（表 3-5-1）。

表 3-5-1　选用数码相机

姓名：	班级：	学号：
1. 通常可通过哪些平台搜索数码相机并对其进行比价？		
2. 数码单反相机和普通数码相机的区别是什么？		
个人总结：		

【任务评价】

对任务实施过程、任务报告完成情况和学习态度进行考核评价(表 3-5-2)。

表 3-5-2 选用数码相机考核评价细则

<table>
<tr><td colspan="2">姓名:</td><td>班级:</td><td colspan="2">学号:</td><td colspan="2" rowspan="3">教师签字:</td></tr>
<tr><td colspan="2">自评:□合格 □不合格</td><td>互评:□合格 □不合格</td><td colspan="2">师评:□合格 □不合格</td></tr>
<tr><td colspan="2">日期:</td><td>日期:</td><td colspan="2">日期:</td></tr>
<tr><td colspan="7">考核评分细则</td></tr>
<tr><td>序号</td><td>考核项目</td><td>考核标准</td><td>考核方式</td><td>分值</td><td>评分要求</td><td>得分</td></tr>
<tr><td>1</td><td>选用数码相机</td><td>□ 1. 准确检索数码相机信息
□ 2. 根据相机不同属性精准缩小搜索范围
□ 3. 读懂数码相机“参数”信息</td><td>现场识别考核或者问答考核</td><td>60</td><td>未完成一项扣 20 分,累计扣分不得超过 60 分</td><td></td></tr>
<tr><td>2</td><td>任务报告</td><td>□ 1. 完成认真
□ 2. 术语规范</td><td>评阅考核</td><td>10</td><td>未完成一项扣 5 分,累计扣分不得超过 10 分</td><td></td></tr>
<tr><td>3</td><td>学习态度</td><td>□ 1. 具有钻研精神
□ 2. 具备科学严谨的态度
□ 3. 操作认真,互动积极</td><td>自评、互评和师评相结合</td><td>30</td><td>未完成一项扣 10 分,累计扣分不得超过 30 分</td><td></td></tr>
<tr><td colspan="6">总分</td><td></td></tr>
</table>

【任务拓展】

登录天猫商城,查询两款品牌数码相机并进行比较,具体可以参考以下步骤。

(1)打开天猫商城网站(https://www.tmall.com/)。

(2)在搜索框中输入“数码相机”,点击搜索按钮。

(3)在搜索结果页面中,选择两款感兴趣的数码相机品牌和型号。

(4)点击进入该商品详情页,查看该商品的详细参数信息。

(5)将两款数码相机的参数进行比较,包括像素、感光度、快门速度、光圈大小等(表 3-5-3)。

(6)根据需求和预算,选择适合自己的数码相机。

表 3-5-3 两款常见数码相机参数比较

参数名称	佳能相机	尼康相机
像素数	2 000 万像素	2 400 万像素
感光度	ISO 100~3200	ISO 100~3200

续表 3-5-3

参数名称	佳能相机	尼康相机
快门速度	1/4 000 秒	1/4 000 秒
光圈大小	*f*/3.5~*f*/5.6	*f*/3.5~*f*/5.6

在比较参数时,可以参考表 3-5-3 中所列数据参数。通过比较两款数码相机的参数,可以更好地了解它们的性能差异,从而选择适合自己的数码相机。

实训任务 6　选用摄影辅助器材

【任务目标】

通过实训,了解常用摄影辅助器材的性能和参数,帮助选购合适的摄影辅助器材。

【任务准备】

了解三脚架、摄影台、摄影棚和柔光箱的概念和用途。

【任务实施】

三角架是一种非常实用又常见的摄影辅助器材。在拍摄时,它能帮助相机保持稳定的状态,特别是在使用微距镜头拍摄较小商品或者细节时,显得尤为重要。要想拍摄出精美的商品图片,商品拍摄环境的搭建也非常重要,它通常由摄影台(棚)、背景和周围环境等共同组成,它直接关系到图片质量的高低。摄影还是用光的艺术,不同的摄影门类有不同的用光技巧及使用工具,商品拍摄属于静物拍摄,多在室内利用人造光源进行拍摄,因此必须了解各种灯具的性能并熟练地运用,方能随心所欲地控制照明,合理布光,拍摄出理想的商品照片。

步骤一　熟悉三脚架的各组成部分。三脚架主要由支架、升降杆和云台组成。支架由三根可伸缩的支脚和中心圆管连接而成;中心圆筒内装有升降杆,升降杆上端和云台连接;云台上装有三维调节手柄,云台顶部是相机座(图 3-6-1)。

图 3-6-1　三脚架组成部分

步骤二　放置三脚架。首先取出脚架,逐步将三脚架的三个支脚分开,直到合适的高度。中轴只用于微调高低,尽可能避免升到最高处,防止头重脚轻。

步骤三　调节云台。云台主要分为三维云台和球形云台,这款三脚架的云台是球形云台,可以 360° 旋转。云台采用三个旋钮操作,控制云台的旋转和角度(图 3-6-2)。

步骤四　拔出保险锁,然后旋转,即可将相机座从云台上取下。将相机座中央螺丝和相机底部螺丝孔对齐,旋紧螺丝,将相机座安装到相机上。然后将相机连同相机座装入云台,拧紧保险锁。拍照时,在三个旋钮的配合下,轻旋相机即可调节拍摄角度(图 3-6-3)。

步骤五　拍摄完毕,将相机座调整到水平,取下相机,将三脚架收好放回收纳袋中。

步骤六　继续搭建专业摄影台。专业摄影台由铝合金支架和台面组成,首先将铝合金支架连接起来,然后使用大力夹将台面固定在支架上(图 3-6-4)。

图 3-6-2　调节云台

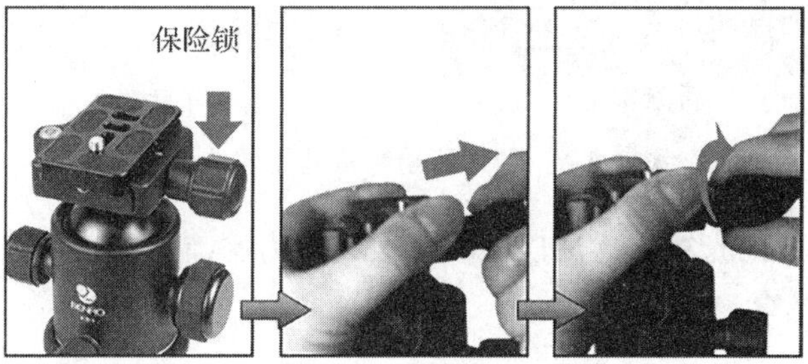

图 3-6-3　安装相机

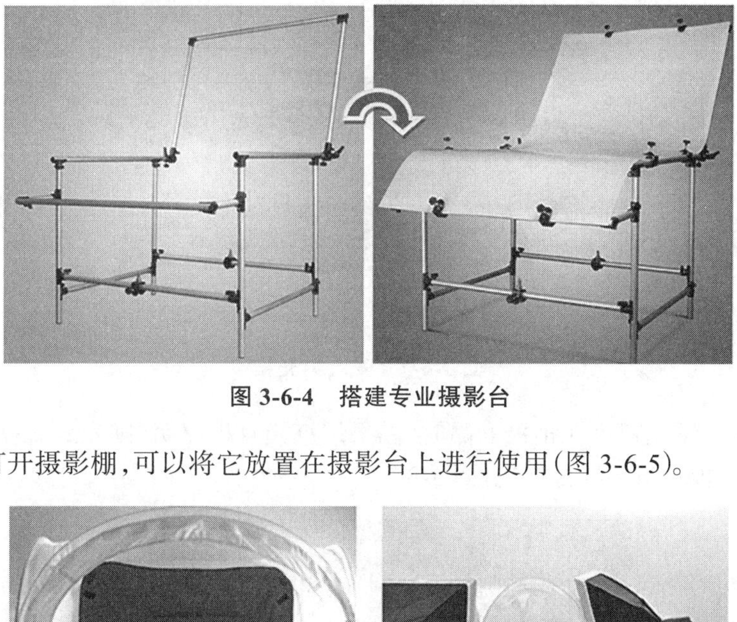

图 3-6-4　搭建专业摄影台

步骤七　打开摄影棚，可以将它放置在摄影台上进行使用(图 3-6-5)。

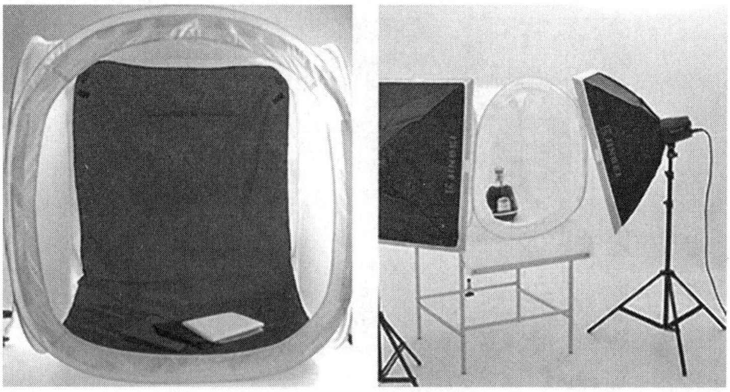

图 3-6-5　使用便携式摄影棚

步骤八 安装背景卷轴，也可以使用专业的背景架支撑背景纸(图 3-6-6)，或者将背景纸夹在摄影台上。

背景轴

背景架

图 3-6-6 利用背景纸营造不同的风格

步骤九 继续安装柔光箱。这里以四联灯柔光箱为例，它的组件包括：柔光箱、四联灯头、支架(图 3-6-7)。

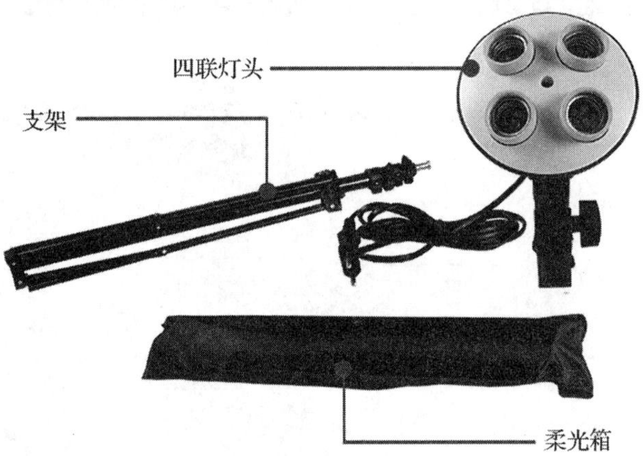

图 3-6-7 安装柔光箱

步骤十 使用反光板。在拍摄商品时，如果用灯光直接照明，则光线太亮，容易破坏层次感，这时可用反光板对暗部进行补光(图 3-6-8)。

图 3-6-8 使用反光板

【任务报告】

根据任务实施步骤,认真完成任务报告(表 3-6-1)。

表 3-6-1　选用摄影辅助器材

姓名:	班级:	学号:
1. 三脚架由哪些部分构成?		
2. 反光板的作用是什么?		
个人总结:		

【任务评价】

对任务实施过程、任务报告完成情况和学习态度进行考核评价(表 3-6-2)。

表 3-6-2 选用摄影辅助器材考核评价细则

姓名:			班级:		学号:	教师签字:
自评:□合格 □不合格			互评:□合格 □不合格		师评:□合格 □不合格	
日期:			日期:		日期:	

考核评分细则

序号	考核项目	考核标准	考核方式	分值	评分要求	得分
1	使用摄影辅助器材	□ 1. 准确放置三脚架并固定好相机 □ 2. 准确搭建专业摄影台 □ 3. 准确安装柔光箱	现场识别考核或者问答考核	60	未完成一项扣 20 分,累计扣分不得超过 60 分	
2	任务报告	□ 1. 完成认真 □ 2. 术语规范	评阅考核	10	未完成一项扣 5 分,累计扣分不得超过 10 分	
3	学习态度	□ 1. 具有钻研精神 □ 2. 具备科学严谨的态度 □ 3. 操作认真,互动积极	自评、互评和师评相结合	30	未完成一项扣 10 分,累计扣分不得超过 30 分	
总分						

【任务拓展】

合适的摄影辅助器材是拍出理想产品图片的前提和保障。使用一组摄影辅助器材(三脚架、遥控器、反光板等)来拍摄一组农产品的照片,选择合适的光线和角度,以突出产品的特性和美感。这些产品可以是新鲜的水果、蔬菜,或者是加工过的食品。

(1) 所需器材。三脚架、遥控器、反光板(至少一个)、照明设备(如 LED 灯或闪光灯)、相机及镜头。

(2) 选择合适的场景。在室内或者室外选择一个明亮且均匀的背景,避免过于杂乱的背景分散观众的注意力。

(3) 设置相机参数。根据摄影主题和场景,调整相机的曝光时间、ISO、白平衡等参数,确保照片的色彩和亮度都符合需求。

(4) 安装三脚架和遥控器。将三脚架稳固地放在地面上,然后用遥控器触发快门,以减少相机的震动。

(5) 设置反光板。如果需要,可以使用反光板来反射光线,增加光线的强度和均匀性。

(6) 调整拍摄角度。尝试不同的拍摄角度,以找到最能展示产品特点的角度。可以从不同高度、不同方向进行拍摄。

(7)拍摄照片。使用遥控器拍摄多张照片,每张照片都应该尽可能地展示产品的特性和美感。

要求:参照以上描述完成一张农产品示意图的拍摄(图 3-6-9)。

图 3-6-9　水果的拍摄

注意事项:①确保使用的器材都是安全可靠的。②在拍摄过程中,要时刻注意产品的安全,避免损坏产品。③尽量使用自然光源,如果需要使用照明设备,要注意防止过度照明导致阴影过重。

工作模块四

农村网店产品信息采编

案例导入

2018 年年初，刘默的爱人在淘宝上开了一家农产品网店，一年时间经营得不温不火，于是他们决定做一次直通车联合钻展的推广。后台数据显示：推广期间进店的流量往上翻了好十几倍，但是转化率却非常低，跳失率一路走高。刘默后来才意识到店铺运营，做视觉设计是第一步，甚至有时候比产品本身还重要。

刘默觉得，设计这个东西有时候的确让人摸不到门道。和刘默有着同样疑惑的还有另外一家淘宝水果店的运营小飞。他运营的店铺在两个月前专门做了一次视觉改造，“当时完成的时候老板和我都很满意，看上去很洋气，我们以前线下售卖，虽然看上去琳琅满目，但总觉得不够档次。”但问题马上来了。“一张优秀的主图把进店的流量提升了大概有 10 个点，但跳失率往上走了 20 个点。”小飞回忆说，刚开始的时候团队都认为不科学，怎么店铺档次上去了，顾客反而逛一圈就走了呢。后来跟一些老客户聊了之后才知道，很多新进来的客户在看了店铺的视觉，尤其是主图和详情页之后，心理预期就会很高，结果进来看了产品之后，马上就会产生很强的心理落差，体验感比较差。淘宝大学老师魔布认为，大部分淘宝卖家在视觉理解上存在很大的误区，没有正确处理好产品图片的视觉效果。

工作要求

掌握光影魔术手的基础功能，并能设计出符合淘宝类农产品主图和详情页的图片效果。

实训任务 1　认识图片处理软件——光影魔术手

【任务目标】

通过实训,熟悉光影魔术手的操作界面。

【任务准备】

了解光影魔术手的基础应用。

【任务实施】

不同电商平台对于农产品图片上传等可能有不同环境要求,特别是对图片的尺寸、分辨率、特殊效果有不同的需求,这些都需要通过图片的后期处理来实现。在使用过程中,拍摄过的农产品图片不仅仅用于单独展示,往往还可以通过后期技术合成和特效处理,制作成海报、主图、详情页、宣传页等形式用于推广宣传。

步骤一　认识光影魔术手操作界面(图 4-1-1)。

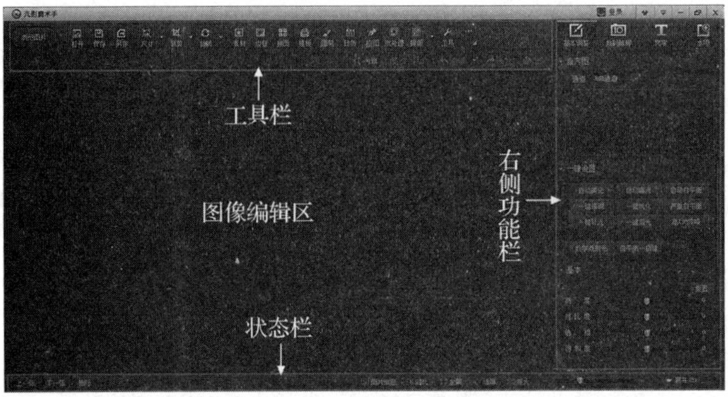

图 4-1-1　光影魔术手操作界面

操作界面的上方是工具栏,包括浏览图片、打开、保存、另存等图片管理工具,尺寸、裁剪、旋转等图片编辑工具,以及素材、边框、拼图、模板、画笔、日历、抠图、批处理、排版等图片特效工具。

操作界面的中心区域是图像编辑区。所有需要进行编辑的图片打开后都展示在图像编辑区里,对图片进行的美化、编辑任务也是在编辑区里完成的。

操作界面下方是状态栏。状态栏可以查看图片的基本信息,并对当前加载的图片进行放大、缩小、全屏查看。

右侧功能栏包括:①基本调整,拥有自动曝光、数码补光、白平衡、亮度、对比度等一系列调图参数,可以轻松地调出完美的光影色彩。②数码暗房,拥有多种数码暗房特效,如 LOMO 风格、背景虚化等,特别是反转片效果,可得到专业的胶片效果。③文字,文字、水印可随意拖动操作,有横排、竖排、发光、描边、阴影、背景等各种文字效果。④水印,可以设计多种混合模式。

步骤二 认识光影魔术手图片调整工具。商品图片在拍摄时，由于分辨率的不同，图片尺寸也存在差异；在商品图片的使用中，不同的应用环境对图片大小的要求也不相同，因此图片的大小往往需要重新调整（表 4-1-1）。

表 4-1-1 淘宝店铺图片尺寸及格式要求

图片用途	尺寸 / 像素	文件大小 / 千字节	图片格式
店标	80 × 80	小于 80	GIF、JPG、JPEG、PNG
店招	950 × 120	不限	GIF、JPG、JPEG、PNG
导航背景	950 × 32	不限	GIF、JPG、JPEG、PNG
轮播图片	通栏宽度 950，右侧栏宽度 750	无明确规定，建议小于 300	GIF、JPG、JPEG、PNG
商品主图	800 × 800 至 1 200 × 1 200	小于 500	JPG、JPEG
旺旺头像	120 × 120	小于 300	GIF、JPG、JPEG、PNG
分类图片	宽度小于 160	建议小于 50	GIF、JPG、JPEG、PNG

调整图片尺寸的方法一是打开需要调整尺寸的图片，点击工具栏的“尺寸”按钮，即弹出“调整尺寸”对话框，修改尺寸（图 4-1-2）。

调整图片尺寸的方法二是在“尺寸”按钮旁边有一个下拉三角形图标，点击该图标，会弹出标准尺寸列表，修改尺寸（图 4-1-3）。

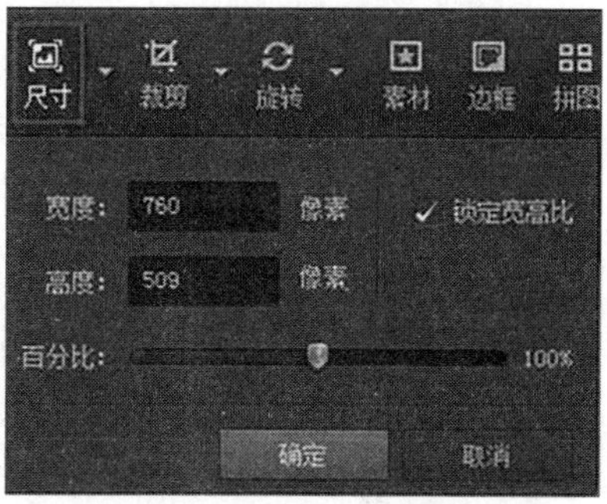

图 4-1-2 弹出“调整尺寸”对话框

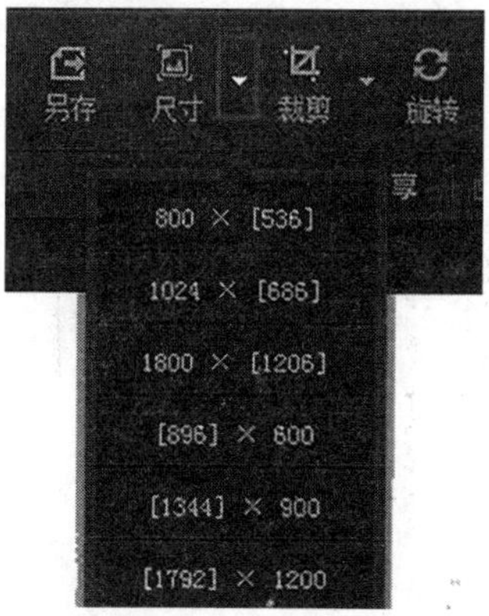

图 4-1-3 点击“尺寸”按钮旁下拉三角形图标

步骤三 认识光影魔术手常用功能。

（1）撤销。点击“撤销”按钮，则最后一次操作会被取消（图 4-1-4）。

（2）重做。可以将撤销的操作重新执行。

（3）还原。将画面恢复到打开时的状态。

（4）图片显示的放大与缩小。“全屏”：图片全屏展示，不能编辑。“适屏”：调整图片大小适应图像编辑区的大小，用于编辑操作。“原大”：将图片按原图大小展示。滑动尺寸大小缩放的标尺，向左滑动，图片缩小；向右滑动，图片放大。

（5）图片对比。点击状态栏上的“对比”按钮，进行图片效果对比。

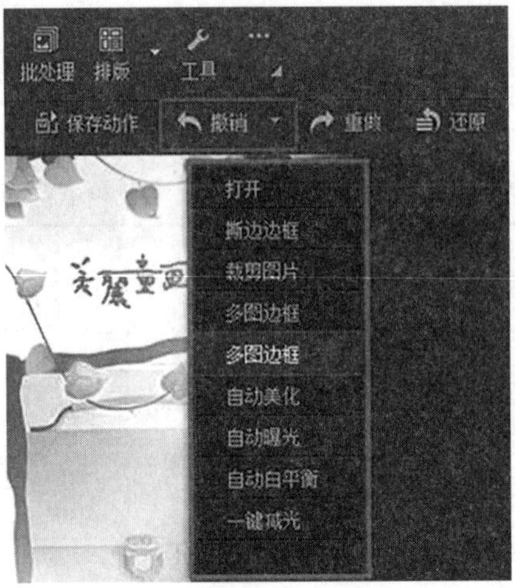

图 4-1-4　常用功能界面

小贴士

光影魔术手简介

光影魔术手是迅雷公司旗下的一款图像处理软件，可以对图像画质进行改善提升及效果处理，简单易用，使用者不需要任何专业的图像技术，就可以制作出专业胶片摄影的色彩效果，具有许多独特之处，如反转片效果、黑白效果、数码补光、冲版排版等，且其批量处理功能非常强大，是摄影作品后期处理、图片快速美容、数码照片冲印整理时必备的图像处理软件，能够满足绝大部分照片后期处理的需要。

【任务报告】

根据任务实施步骤,认真完成任务报告(表 4-1-2)。

表 4-1-2 认识图片处理软件——光影魔术手

姓名:	班级:	学号:
1. 光影魔术手操作界面包括哪些部分?		
2. 淘宝店铺图片尺寸及格式有哪些要求?		
个人总结:		

【任务评价】

对任务实施过程、任务报告完成情况和学习态度进行考核评价(表 4-1-3)。

表 4-1-3　认识图片处理软件——光影魔术手考核评价细则

<table>
<tr><td colspan="2">姓名:</td><td colspan="2">班级:</td><td colspan="2">学号:</td><td rowspan="3">教师签字:</td></tr>
<tr><td colspan="2">自评:□合格　□不合格</td><td colspan="2">互评:□合格　□不合格</td><td colspan="2">师评:□合格　□不合格</td></tr>
<tr><td colspan="2">日期:</td><td colspan="2">日期:</td><td colspan="2">日期:</td></tr>
<tr><td colspan="7">考核评分细则</td></tr>
<tr><td>序号</td><td>考核项目</td><td>考核标准</td><td>考核方式</td><td>分值</td><td>评分要求</td><td>得分</td></tr>
<tr><td>1</td><td>熟悉光影魔术手基础功能</td><td>□ 1. 准确识别光影魔术手操作界面各部分
□ 2. 按照淘宝店铺图片尺寸及格式要求准确编辑图片
□ 3. 准确运用光影魔术手的其他常用功能</td><td>现场识别考核或者问答考核</td><td>60</td><td>未完成一项扣 20 分，累计扣分不得超过 60 分</td><td></td></tr>
<tr><td>2</td><td>任务报告</td><td>□ 1. 完成认真
□ 2. 术语规范</td><td>评阅考核</td><td>10</td><td>未完成一项扣 5 分，累计扣分不得超过 10 分</td><td></td></tr>
<tr><td>3</td><td>学习态度</td><td>□ 1. 具有钻研精神
□ 2. 具备科学严谨的态度
□ 3. 操作认真,互动积极</td><td>自评、互评和师评相结合</td><td>30</td><td>未完成一项扣 10 分，累计扣分不得超过 30 分</td><td></td></tr>
<tr><td colspan="6">总分</td><td></td></tr>
</table>

【任务拓展】

请使用光影魔术手软件对一张拍摄的农产品图片进行编辑,包括但不限于调整图片大小、裁剪图片、旋转图片、添加滤镜等操作,并将最终的图片保存到本地。具体可以参考以下步骤完成。

(1) 打开软件并导入需要编辑的图片。点击“图片浏览”按钮,选择要编辑的农产品图片,然后点击“打开”按钮即可导入。

(2) 调整图片大小。在软件界面上方的工具栏中找到“调整大小”按钮,点击后可以选择不同的大小比例进行调整。例如,如果想要将图片放大到原来的两倍,那么可以选择“宽度和高度都放大两倍”。

(3) 裁剪图片。在软件界面上方的工具栏中找到“裁剪”按钮,点击后可以选择需要保留的部分进行裁剪。例如,如果想要将图片中的某个区域裁剪出来作为单独的图片,那么可以选择该区域并点击“确定”按钮。

(4)旋转图片。在软件界面上方的工具栏中找到“旋转”按钮,点击后选择顺时针或逆时针方向进行旋转。例如,如果想要将图片旋转90度,那么可以选择“顺时针旋转90度”。

(5)添加滤镜。在软件界面上方的工具栏中找到“滤镜”按钮,点击后可以选择不同的滤镜效果进行添加。例如,如果想要给图片添加一些复古的感觉,那么可以选择“复古滤镜”。

(6)保存图片。在软件界面上方的工具栏中找到“保存”按钮,点击后可以选择保存格式和保存路径。例如,如果想要将图片保存为PNG格式并保存到桌面上,那么可以选择“PNG”和“桌面”作为保存格式和路径。

实训任务2　一键美化功能的使用

【任务目标】

通过实训，掌握光影魔术手一键美化功能。

【任务准备】

了解光影魔术手的基础应用。

【任务实施】

光影魔术手的一键设置功能十分丰富，诸如自动美化、自动白平衡等，可以简便快速地对被处理的图片设置美化效果。

步骤一　打开光影魔术手，导入待美化的实物图片，并找到右侧功能栏—基本调整——一键设置区域(图 4-2-1)。

图 4-2-1　一键设置区域

步骤二　选择白平衡一指键，手动校正图片的白平衡，解决照片偏色问题(图 4-2-2)。

图 4-2-2　手动校正图片的白平衡

步骤三　选择数字点测光,手动调整图片画面的曝光情况(图 4-2-3)。

图 4-2-3　手动调整画面的曝光

步骤四　依此类推,继续选择一键设置区域内的其他功能,查看处理后的效果。

小贴士

白平衡的作用

白平衡,字面上的理解是白色的平衡。白平衡是描述显示器中红、绿、蓝三基色混合生成后白色精确度的一项指标。家用电子产品(家用摄像机、数码照相机)中也广泛地使用这个指标,调节此指标实现摄像机图像精确反映被摄物的色彩状况,有手动白平衡和自动白平衡等方式。许多人在使用数码摄像机拍摄的时候都会遇到这样的问题:在日光灯的房间里拍摄的照片会显得发绿,在室内钨丝灯光下拍摄出来的照片就会偏黄,而在日光阴影处拍摄到的照片则莫名其妙地偏蓝,其原因就在于白平衡的设置上。白平衡具有以下作用:①纠正色温,还原拍摄主体的色彩,使在不同光源条件下拍摄的画面同人眼观看的画面色彩相近。②通过控制色温,可以获得色彩效果迥异的照片。

【任务报告】

根据任务实施步骤,认真完成任务报告(表 4-2-1)。

表 4-2-1　一键美化功能的使用

姓名：	班级：	学号：
1. 一键设置有哪些美化功能？		
2. 评价自动白平衡设置前后的对比效果。		
个人总结：		

【任务评价】

对任务实施过程、任务报告完成情况和学习态度进行考核评价(表 4-2-2)。

表 4-2-2　一键美化功能考核评价细则

姓名:	班级:	学号:	教师签字:
自评:□合格　□不合格	互评:□合格　□不合格	师评:□合格　□不合格	
日期:	日期:	日期:	

考核评分细则

序号	考核项目	考核标准	考核方式	分值	评分要求	得分
1	一键美化功能	□ 1. 准确设置白平衡效果 □ 2. 准确设置数字点测光效果 □ 3. 准确设置其他美化效果	现场识别考核或者问答考核	60	未完成一项扣 20 分,累计扣分不得超过 60 分	
2	任务报告	□ 1. 完成认真 □ 2. 术语规范	评阅考核	10	未完成一项扣 5 分,累计扣分不得超过 10 分	
3	学习态度	□ 1. 具有钻研精神 □ 2. 具备科学严谨的态度 □ 3. 操作认真,互动积极	自评、互评和师评相结合	30	未完成一项扣 10 分,累计扣分不得超过 30 分	
总分						

【任务拓展】

假设你是一名农产品销售商,需要为你的农产品拍摄宣传照片。使用光影魔术手对一张拍摄的苹果图片进行美化处理,并对比设置前后的差异。

(1)打开光影魔术手软件。

(2)选择“一键美化”功能。

(3)对选定的苹果图片进行美化处理。

(4)对比设置前后的差异,并评述效果的好坏。

实训任务 3　图片色彩校正处理

【任务目标】

通过实训,掌握光影魔术手图片色彩校正功能。

【任务准备】

了解光影魔术手的基础应用。

【任务实施】

步骤一　打开光影魔术手,找到并点击右侧功能栏—基本调整—基本选项。其中的亮度是调整画面整体明亮程度的工具;对比度是调整画面亮部与暗部对比反差的工具;色相是调整画面颜色的工具;饱和度是调整画面颜色鲜艳程度的工具(图 4-3-1)。

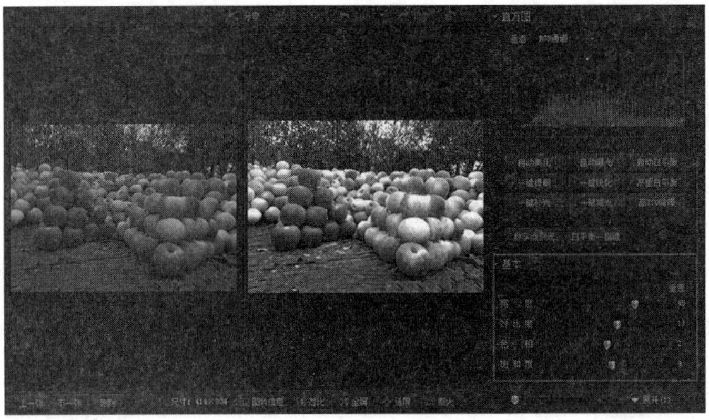

图 4-3-1　图片色彩校正选项

步骤二　调整图片曝光。

(1) 数码补光。点击右侧功能栏—基本调整—数码补光,其中滑动“补光亮度”滑块可以调整画面的明暗程度。滑动“范围选择”滑块可以选择补光的范围。滑动“强力追补”滑块可以增强补光效果(图 4-3-2)。

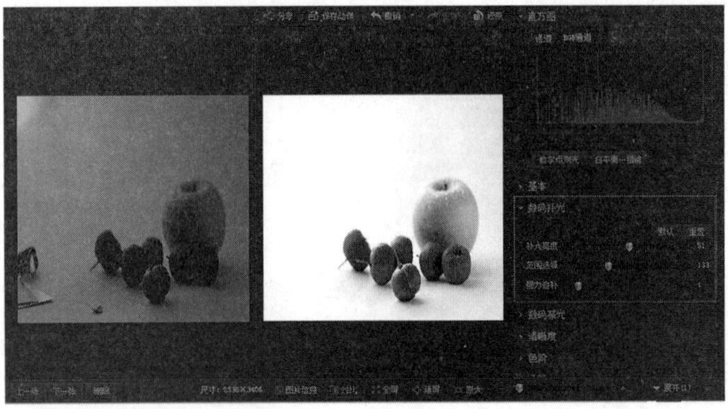

图 4-3-2　数码补光

(2)数码减光。点击右侧功能栏—基本调整—数码减光,滑动“范围选择”滑块时,画面就开始降低亮度,越向右滑,图片减光的范围越大。滑动“强力增效”滑块时,减光的强度增加,越向右滑,减光的力度越大,画面越暗(图 4-3-3)。

图 4-3-3 数码减光

步骤三 用色阶调整色彩亮度。色阶是表示图像色彩亮度强弱的指标,由直方图表示。其中,柱状线条全部集中在直方图的某一个地方则说明画面图像反差小。柱状线条分散,在最左边和最右边的线条比较高耸则说明画面图像反差大。柱状线条偏向左侧,且最左边的像素线条高耸则说明画面欠曝,照片发暗。柱状线条偏向右侧,且最右边的像素线条高耸则说明画面过曝,照片发白(图 4-3-4)。

图 4-3-4 调整色彩亮度

步骤四 用曲线进行色彩校正。在色阶功能的下方,可以看到曲线功能。点击曲线命令,在区域中出现一条斜直线,斜直线的左下端表示亮度为 0,即黑色,右上端表示亮度为 255,即白色。将斜直线向上拖动,画面就会变亮;向下拖动,画面就会变暗。点击鼠标左键,在斜直线上创建任意的控制点,并通过拖动控制点的位置,改变斜直线的弯曲程度,从而改变图片的明暗变化,影响图片的实际效果(图 4-3-5)。

图 4-3-5　用曲线进行色彩校正

小贴士

色彩校正与调色的区别

色彩校正也称为校色(矫正偏色,又称矫色),是胶片时代的摄影后暗房工艺术语;而“调色”是俗称,其概念比较含混且不是专业术语。“调色”这个词是数字影像与图像软件诞生后,尤其是光影魔术手、Photoshop 等普及后的大众叫法。“调色”与“校色”的本质区别在于,调色不需要懂得校色必须知道的光学理论,不需要较为准确地还原出真实的颜色,调色的概念与美术的颜料调配相似,仅凭个人对颜色的喜好和感受即可很快实现,它可以是偏向某种色调的不真实的“艺术”渲染(例如所谓的心理色调氛围),而校色的要求要比调色严格得多,其目的是准确还原人眼感受的拍摄现场的色调。因此“调色”与“校色”不是一回事。

【任务报告】

根据任务实施步骤,认真完成任务报告(表 4-3-1)。

表 4-3-1　图片色彩校正处理

姓名:	班级:	学号:
1. 什么是图片曝光?		
2. 调整图片明暗程度的色阶和曲线命令的功能分别有哪些?		
个人总结:		

【任务评价】

对任务实施过程、任务报告完成情况和学习态度进行考核评价(表 4-3-2)。

表 4-3-2　图片色彩校正处理考核评价细则

姓名:	班级:	学号:	教师签字:
自评:□合格　□不合格	互评:□合格　□不合格	师评:□合格　□不合格	
日期:	日期:	日期:	

考核评分细则

序号	考核项目	考核标准	考核方式	分值	评分要求	得分
1	图片色彩校正	□ 1. 准确设置数码补光和数码减光 □ 2. 准确设置色阶参数调正图片明暗度 □ 3. 准确设置曲线参数进行色彩校正	现场识别考核或者问答考核	60	未完成一项扣 20 分，累计扣分不得超过 60 分	
2	任务报告	□ 1. 完成认真 □ 2. 术语规范	评阅考核	10	未完成一项扣 5 分，累计扣分不得超过 10 分	
3	学习态度	□ 1. 具有钻研精神 □ 2. 具备科学严谨的态度 □ 3. 操作认真,互动积极	自评、互评和师评相结合	30	未完成一项扣 10 分，累计扣分不得超过 30 分	
总分						

【任务拓展】

观看微课,并对图 4-3-6 中的三张农产品图片分别进行色彩校正,使其较为准确地还原出真实的颜色。

微课:Photoshop 操作基础

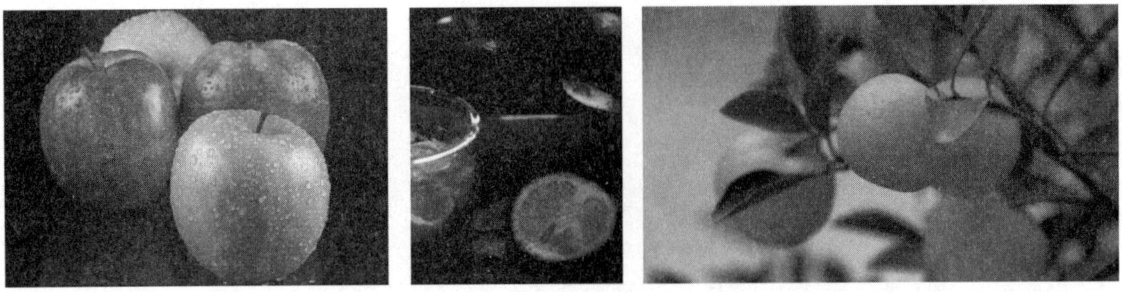

图 4-3-6　色彩校正之前的原图

实训任务 4　图片美化特效处理

【任务目标】

通过实训,掌握光影魔术手图片美化特效功能。

【任务准备】

了解光影魔术手的基础应用。

【任务实施】

光影魔术手右侧功能栏的“数码暗房”分类中提供了很多的胶片特效处理功能,包括反转片效果、负片效果、黑白效果、LOMO 风格等,打开需要编辑的图片,在“数码暗房”分类中选择需要的图片效果即可。

步骤一　设置反转片效果。选择右侧功能栏—数码暗房—反转片效果,对反差、暗部、高光和饱和度分别进行参数调整,对比调整前后的效果(图 4-4-1)。

图 4-4-1　设置反转片效果

步骤二　设置背景虚化效果。选择右侧功能栏—数码暗房—对焦魔术棒,对对焦半径和虚化程度分别进行参数调整,对比调整前后的效果(图 4-4-2)。

图 4-4-2　设置背景虚化效果

步骤三 设置马赛克效果。选择右侧功能栏—数码暗房—马赛克，对半径和力度分别进行参数调整，对比调整前后的效果(图 4-4-3)。

图 4-4-3 设置马赛克效果

步骤四 去除斑点和瑕疵。选择右侧功能栏—数码暗房—人像—祛斑，对半径和力量分别进行参数调整，对比调整前后的效果(图 4-4-4)。

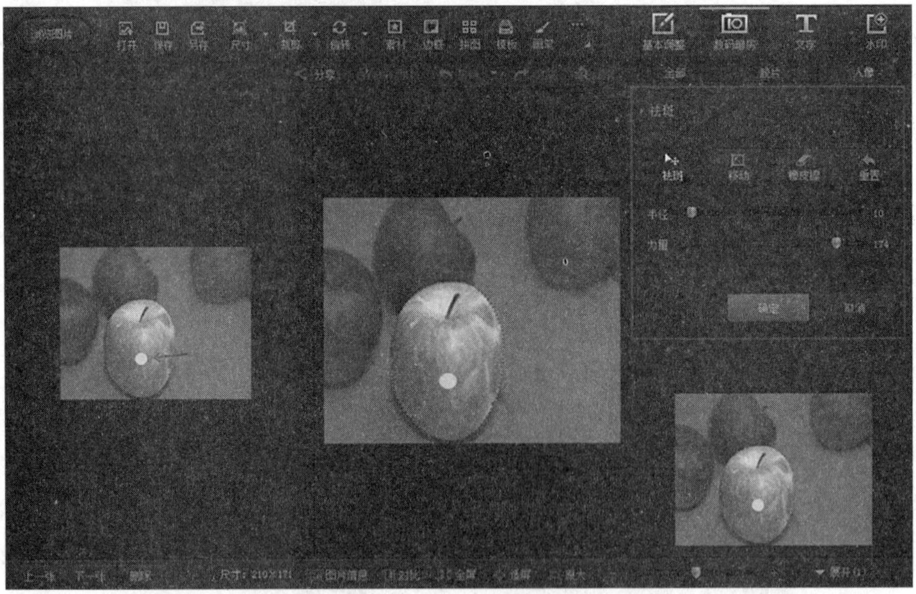

图 4-4-4 设置祛斑效果

光影魔术手抠图功能可以帮助获取需要的图像内容，抠图方式包括自动抠图、手动抠图、形状抠图等。

步骤五　设置自动抠图效果。打开图片，选择工具栏—抠图—自动抠图，用“选中笔”选择区域，点击“替换背景”按钮更换背景，对比设置前后的不同效果（图 4-4-5）。

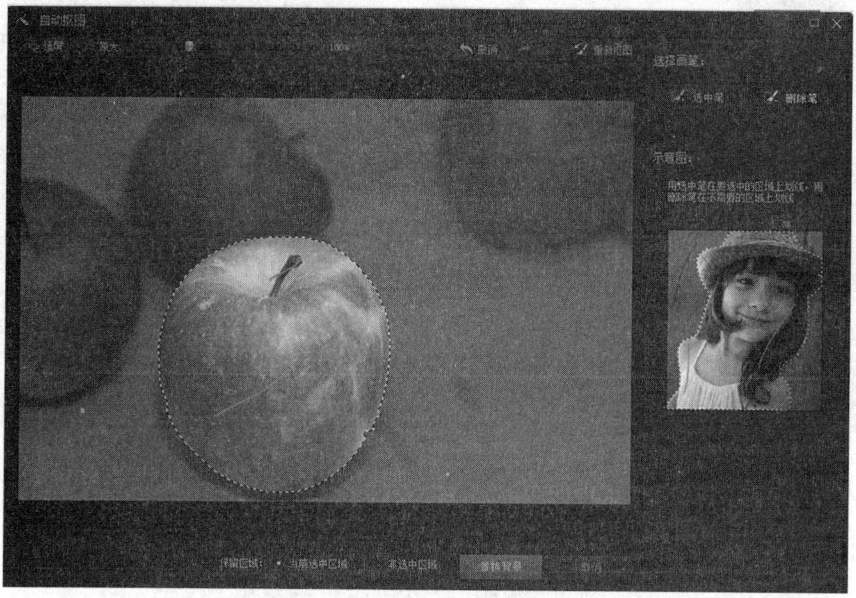

图 4-4-5　设置自动抠图效果

步骤六　设置手动抠图效果。打开图片，选择工具栏—抠图—手动抠图，用画笔手动圈出选中区域，点击“确定选区”按钮更换背景，对比设置前后的不同效果（图 4-4-6）。

图 4-4-6　设置手动抠图效果

步骤七　设置形状抠图效果。打开图片，选择工具栏—抠图—形状抠图，选择抠图形状，确定选区，更换背景，对比设置前后的不同效果（图 4-4-7）。

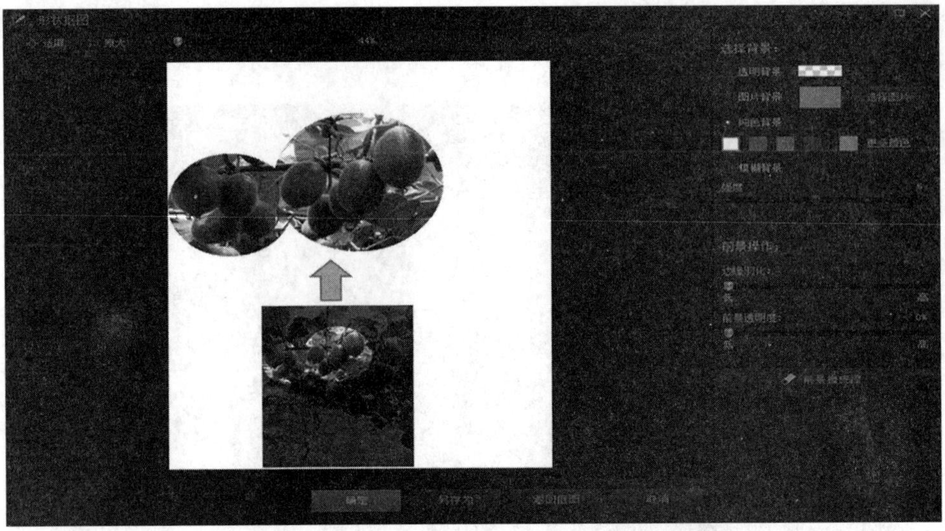

图 4-4-7　设置形状抠图效果

小贴士

数码暗房的由来

在胶片时代，摄影师在拍摄结束后将胶卷交由专业冲印单位进行加工，而一些摄影师往往不满足于大众化的暗房冲印，一张精彩出色的照片是在自己的暗房里经过再次构图和曝光，配合不同相纸和显影液及曝光时间的掌控等手段得来的。

进入数码相机时代后，拍完即看的功能让很多摄影师欣喜，然而细心的摄影人往往会发现越高级的相机拍摄的照片灰度越高，往往卡片机或手机能拍出鲜艳锐利的照片，难道单反相机不如手机？其实这里存在认知和定位问题。厂家在生产不同的产品前会做市场调查，针对普通消费者或非专业用户销售的相机，厂家会在相机中加入更多的照片后期处理功能。在拍完照片后立刻对照片进行简单后期处理，如提高对比度、饱和度、锐度等，厂家做这些工作的原因很简单：把使用这些相机产品的用户设定为对于摄影工作什么都不了解的人。但是针对专业用户，厂家无法进一步帮助其调出个性化的照片，从而实现更高质量的图片效果。于是厂家对于专业用户开发了更高级的数码单反相机，厂家会认为使用这些相机的用户是比较专业的，平淡的色彩和灰度其实是照片中保留了更多的细节，而这些细节也是留给专业用户进行数码后期调整的空间，所以越专业的数码相机拍摄的照片与数码后期暗房的关联性越强。对于专业用户而言，不进行暗房调整是无法想象的事情。前期的拍摄，数码相机只记录下永恒的瞬间，艺术效果的升华则可以借助数码后期软件的暗房技术。简单地说，数码后期暗房就相当于胶片时代的暗房功夫。

【任务报告】

根据任务实施步骤,认真完成任务报告(表 4-4-1)。

表 4-4-1　图片美化特效处理

姓名:	班级:	学号:
1. 光影魔术手的"数码暗房"有哪些功能?		
2. 比较一下自动抠图、手动抠图、形状抠图这三者的异同点。		
个人总结:		

【任务评价】

对任务实施过程、任务报告完成情况和学习态度进行考核评价(表 4-4-2)。

表 4-4-2　图片美化特效处理考核评价细则

姓名:			班级:		学号:		教师签字:
自评:□合格　□不合格			互评:□合格　□不合格		师评:□合格　□不合格		
日期:			日期:		日期:		
考核评分细则							
序号	考核项目	考核标准		考核方式	分值	评分要求	得分
1	数码暗房功能设置	□ 1. 恰当设置反转片效果参数 □ 2. 恰当设置对焦魔术棒参数 □ 3. 恰当设置马赛克参数 □ 4. 恰当设置祛斑参数		现场识别考核或者问答考核	40	未完成一项扣 10 分，累计扣分不得超过 40 分	
2	抠图功能设置	□ 1. 恰当设置手动抠图参数 □ 2. 恰当设置形状抠图参数			20	未完成一项扣 10 分，累计扣分不得超过 20 分	
3	任务报告	□ 1. 完成认真 □ 2. 术语规范		评阅考核	10	未完成一项扣 5 分，累计扣分不得超过 10 分	
4	学习态度	□ 1. 具有钻研精神 □ 2. 具备科学严谨的态度 □ 3. 操作认真,互动积极		自评、互评和师评相结合	30	未完成一项扣 10 分，累计扣分不得超过 30 分	
总分							

【任务拓展】

将图 4-4-8 导入光影魔术手,分别设置反转片效果、背景虚化效果、马赛克效果和使用抠图功能,对其进行美化处理,并对比处理前后的差别。

图 4-4-8　美化之前的原图

实训任务5　文字、图形和水印处理

【任务目标】

通过实训，掌握光影魔术手文字、图形和水印处理功能。

【任务准备】

了解光影魔术手的基础应用。

【任务实施】

在电子商务平台中售卖的农产品，在主图和详情页设计中往往需要给图片配上精美的文案，这里面包括文字、水印和图形的综合设计。好的图片需要好的文案设计来衬托。

步骤一　添加文字。打开一张红富士苹果图片，选择右侧栏文字并在文本框内输入文字，输入的文字包括红富士苹果、皮薄脆甜、现摘现发、尝鲜价55元等，分别设置字体样式，单击“另存为”保存添加过文字的图片(图4-5-1)。

图4-5-1　添加文字

步骤二　添加图形。选择工具栏中的画笔，在画笔工具里选择合适的画笔，即可以在红富士苹果图片上进行绘制。例如选择画笔工具中的“矩形”选项，在图片上拖动并设置边框和背景色。接着选择“文字”选项，可以在图形上添加文字“红富士苹果专卖”(图4-5-2)。

步骤三　添加水印。水印与图片的融合模式包括正常、正片叠底、滤色模式、叠加模式、柔光模式。点击右侧栏上的“水印”选项，即打开“水印”对话框，点击“添加水印”按钮，即可以从本机电脑端上传水印图片。如果暂时没有可以使用的水印图片，可以使用光影魔术手的“保存动作”功能存储一个文字设计，当作水印使用。操作步骤：打开图片，选择右侧栏文字，点击编辑水印文字，可以继续选择工具栏保存动作保存为模板并结束自制水印流程(图 4-5-3)。

图 4-5-2　添加图形

图 4-5-3　添加水印

小贴士

添加水印技术

添加水印是指将特定的数字信号嵌入数字产品中以保护数字产品版权或完整性的技术。水印的主要特征有：①透明性，水印与原始数据紧密结合并隐藏其中，水印的存在不能破坏原数据的欣赏价值和使用价值。②鲁棒性，在经过有损压缩、录制、打印、扫描、旋转、平移等常规处理操作后仍能检测到水印的能力。③安全性，抵御攻击者进行未经授权的删除、嵌入和检测等攻击的能力，主要用于信息的完整性认证。

根据应用领域可以分为：①鲁棒水印，通常用于数字化图像、视频、音频或电子文档的版权保护。将代表版权人身份的特定信息，如一段文字、标识、序列号等按某种方式嵌入在数字产品中，在发生版权纠纷时，通过相应的算法提取出数字水印，从而验证版权的归属，确保著作权人的合法利益，避免盗版的威胁。②易损水印，通常用于数据完整性保护。当数据内容发生改变时，易损水印会发生相应的改变，从而可以鉴定数据是否完整。③标注水印，通常用于标示数据内容。

【任务报告】

根据任务实施步骤，认真完成任务报告（表 4-5-1）。

表 4-5-1　文字、图形和水印处理

姓名：	班级：	学号：
1. 给农产品图片添加文字，你一般设置为哪些字体，喜欢如何进行排版？		
2. 比较几种水印与图片融合模式的使用效果。		
个人总结：		

【任务评价】

对任务实施过程、任务报告完成情况和学习态度进行考核评价(表 4-5-2)。

表 4-5-2　文字、图形和水印处理考核评价细则

姓名:		班级:		学号:		教师签字:
自评:□合格　□不合格		互评:□合格　□不合格		师评:□合格　□不合格		
日期:		日期:		日期:		
考核评分细则						
序号	考核项目	考核标准	考核方式	分值	评分要求	得分
1	添加文字	□ 1. 准确输入文字 □ 2. 准确设置字体样式	现场识别考核或者问答考核	20	未完成一项扣 10 分,累计扣分不得超过 20 分	
2	添加图形	□准确使用画笔工具		10	未完成扣 10 分,累计扣分不得超过 10 分	
3	添加水印	□ 1. 恰当添加水印文字 □ 2. 准确选择水印模式 □ 3. 恰当设置水印参数		30	未完成一项扣 10 分,累计扣分不得超过 30 分	
4	任务报告	□ 1. 完成认真 □ 2. 术语规范	评阅考核	10	未完成一项扣 5 分,累计扣分不得超过 10 分	
5	学习态度	□ 1. 具有钻研精神 □ 2. 具备科学严谨的态度 □ 3. 操作认真,互动积极	自评、互评和师评相结合	30	未完成一项扣 10 分,累计扣分不得超过 30 分	
总分						

【任务拓展】

图 4-5-4 是某农产品电子商务平台销售过程中展现的一张猕猴桃海报。请参照该图片,模仿设计一张包含猕猴桃文字、图片和水印效果的海报。排版过程也可以参照该示例图排版的效果完成。

图 4-5-4　猕猴桃海报成品示例

实训任务 6　边框和拼图处理

【任务目标】

通过实训,掌握光影魔术手边框和拼图处理功能。

【任务准备】

了解光影魔术手的基础应用。

【任务实施】

从美学上而言,给产品图片加一个边框体现的大概是“三分画七分裱”这样的道理。一般优质的产品图片如同艺术作品,都不会是简约的几何形,而是有内在的构图元素。加一个外框框住,会增加画面的美感,使画面更清晰美丽,整个造型更有棱角甚至层次感,整体上给电商平台消费者更好的感觉。在此基础上,对多张图片进行拼接处理,产生的整体艺术效果同样受到电商平台消费者的瞩目。

步骤一　添加艺术边框。选择工具栏—边框,可以看见这里有艺术轻松边框、花样边框、撕边边框、多图边框、自定义边框等多个选项。以添加多图边框为例,只需要指定图片在边框中的显示区域并置入已选择的背景素材,最后保存即可(图 4-6-1)。

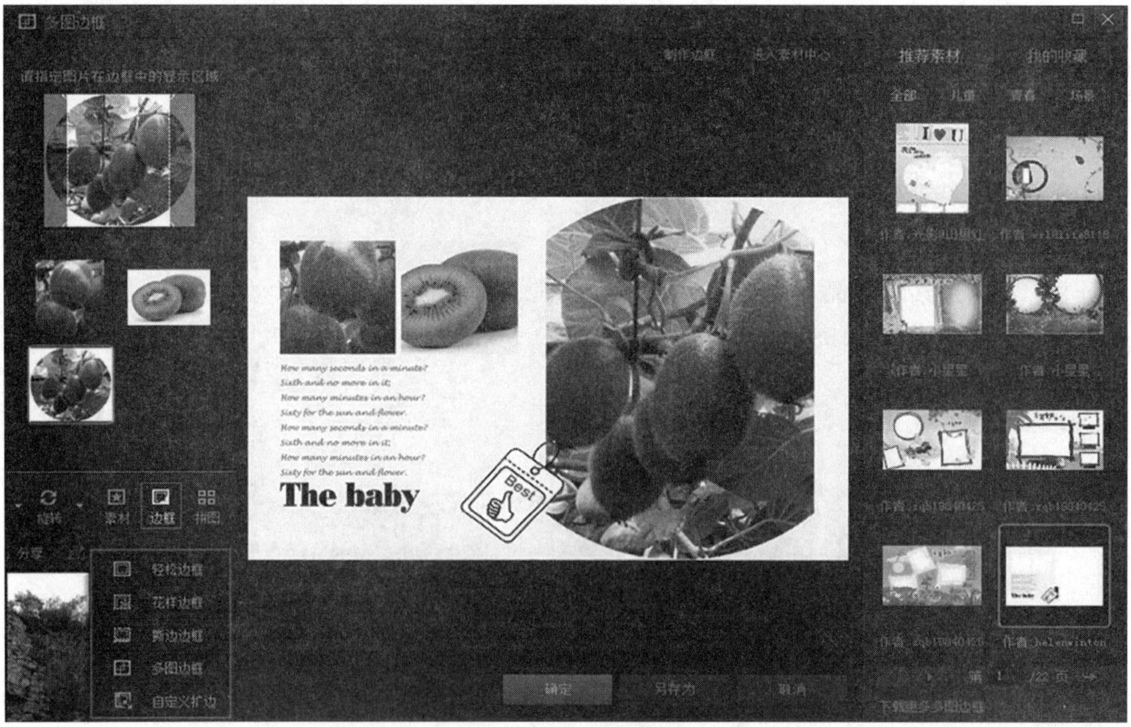

图 4-6-1　添加多图边框

步骤二 添加艺术拼图。选择工具栏—拼图，可以看见这里有自由拼图、模板拼图、图片拼接三种选项。以模板拼图为例，首先选择一类模板拼图界面，然后添加多张图片素材并设置图片底纹，最后保存即可（图 4-6-2）。

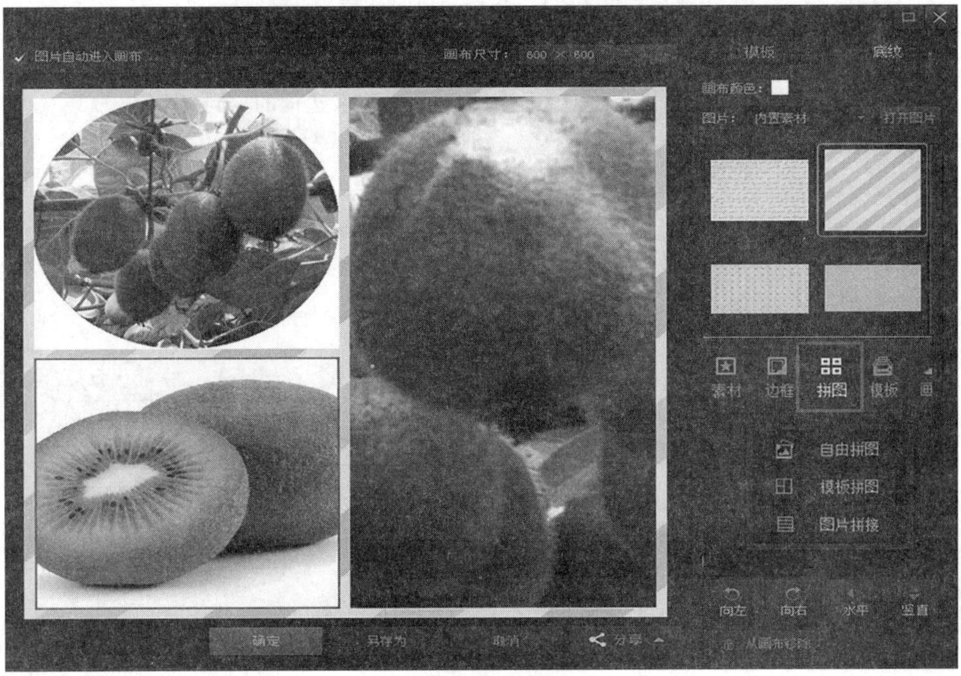

图 4-6-2　添加模板拼图

小贴士

淘宝详情页拼接图片的构成

淘宝详情页设计是后期通过电商平台集中展示产品售卖信息的重要载体。一张农产品详情页设计，往往是在确定好规定的尺寸之后，再通过批量拼接农产品效果图的方式完成。拼接所用到的效果图往往由农产品细节展示、产品优势、物流配送等信息组成：①细节展示，引导买家了解农产品，比如农产品品牌名称、原产地、保质期、储存条件、配料、生产工艺等方面。②产品优势，买家对农产品的第一印象，尽可能地将农产品的卖点表现出来。③物流配送，包括农产品的包装信息、打包和发货等方面。

【任务报告】

根据任务实施步骤,认真完成任务报告(表 4-6-1)。

表 4-6-1 边框和拼图处理

姓名:	班级:	学号:
1. 总结一下艺术轻松边框、花样边框、撕边边框、多图边框、自定义边框的异同点。		
2. 总结一下自由拼图、模板拼图、图片拼接的异同点。		
个人总结:		

【任务评价】

对任务实施过程、任务报告完成情况和学习态度进行考核评价(表 4-6-2)。

表 4-6-2　边框和拼图处理考核评价细则

姓名:			班级:		学号:	教师签字:
自评:□合格　□不合格			互评:□合格　□不合格		师评:□合格　□不合格	
日期:			日期:		日期:	
考核评分细则						
序号	考核项目	考核标准	考核方式	分值	评分要求	得分
1	添加艺术边框	□ 1. 恰当选用艺术轻松边框效果 □ 2. 恰当选用花样边框效果 □ 3. 恰当选用多图边框效果	现场识别考核或者问答考核	30	未完成一项扣 10 分,累计扣分不得超过 30 分	
2	添加艺术拼图	□ 1. 恰当选用自由拼图效果 □ 2. 恰当选用模板拼图效果 □ 3. 恰当选用图片拼接效果		30	未完成一项扣 10 分,累计扣分不得超过 30 分	
3	任务报告	□ 1. 完成认真 □ 2. 术语规范	评阅考核	10	未完成一项扣 5 分,累计扣分不得超过 10 分	
4	学习态度	□ 1. 具有钻研精神 □ 2. 具备科学严谨的态度 □ 3. 操作认真,互动积极	自评、互评和师评相结合	30	未完成一项扣 10 分,累计扣分不得超过 30 分	
总分						

【任务拓展】

从边框和拼图处理的角度分析描述以下关于北京同仁堂大别山葛根块的图片设计理念(图 4-6-3、图 4-6-4)。

图 4-6-3　葛根块

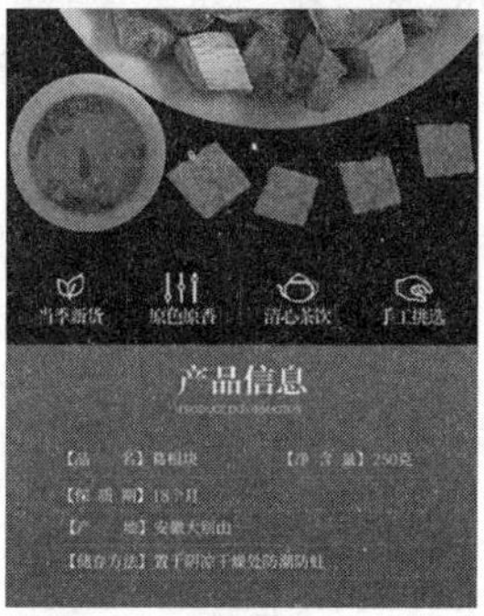

图 4-6-4　葛根块产品信息

实训任务 7　图片批量处理

【任务目标】

通过实训，掌握光影魔术手图片批量处理功能。

【任务准备】

了解光影魔术手的基础应用。

【任务实施】

在日常网店经营过程中，需要大量处理产品图片，例如需要添加文字、水印，调整图片尺寸等。如果一张一张去编辑，会耗时费力，影响工作效率。批量处理图片就显得非常有必要。

步骤一　批量添加照片。选择工具栏—批处理，打开批处理窗口，点击“添加”（添加文件或者文件夹），批量导入待处理的图片素材（图 4-7-1），然后点击“下一步”。

步骤二　进入动作设置界面，这里可以看到包括调整尺寸、一键动作、添加文字、添加水印、添加边框、裁剪、插入模板、扩边八个选项（图 4-7-2）。

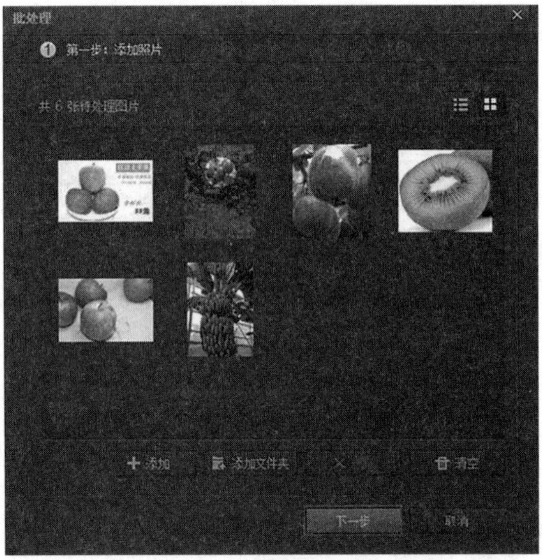

图 4-7-1　批量添加图片

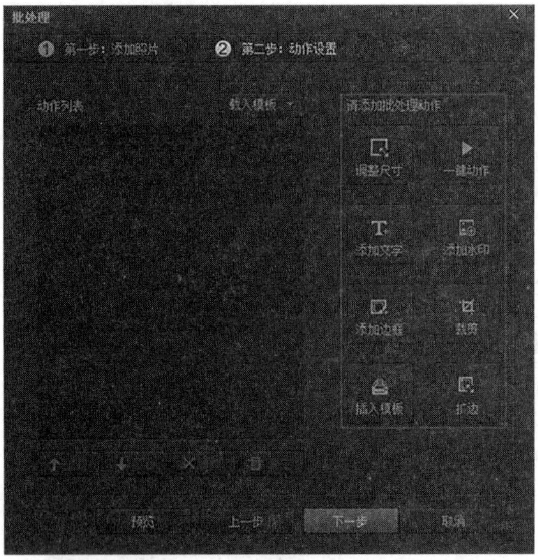

图 4-7-2　动作设置界面列表

步骤三　继续选择添加水印和添加边框动作，水印名称统一为红富士苹果专卖，对融合模式、透明度、旋转角度、大小等水印参数同步设置（图 4-7-3）。边框则可以从内置素材中选择。完成后，点击“下一步”。

步骤四　设置输出参数。包括输出路径、输出文件名、输出格式、文件质量选择等，最后点击“开始批处理”，等待批处理完成即可（图 4-7-4）。

图 4-7-3　添加水印

图 4-7-4　批处理完成后

小贴士

图片批量处理软件

许多从事电商行业的小伙伴，在日常工作中都会遇到需要处理成百上千张图片素材的情况，即便只是简单地对图片进行裁剪、改尺寸、旋转或重命名等操作，都会因为图片数量太多而导致工作堆积和任务繁重。这个时候熟练地运用图片处理软件帮助批量地进行图片处理，工作效率会提升很多。这类软件也有很多，大部分软件都可以通过网络渠道免费下载和使用，诸如 Photoshop、光影魔术手、美图秀秀、迅捷图片转换器、图片编辑助手等，它们一般都具备批量添加模板、批量裁剪 / 旋转、批量修改图片尺寸、批量添加文字、批量添加边框、批量添加素材、批量添加水印、批量智能抠图等各种常见的批量处理功能，熟练掌握好其中一款并用于实践即可。

【任务报告】

根据任务实施步骤,认真完成任务报告(表 4-7-1)。

表 4-7-1　图片批量处理

姓名:	班级:	学号:
1. 为什么要对图片进行批量处理?		
2. 阐述在光影魔术手中批量处理图片的步骤。		
个人总结:		

【任务评价】

对任务实施过程、任务报告完成情况和学习态度进行考核评价(表4-7-2)。

表4-7-2 图片批量处理考核评价细则

姓名:	班级:	学号:	教师签字:
自评:□合格 □不合格	互评:□合格 □不合格	师评:□合格 □不合格	
日期:	日期:	日期:	

考核评分细则

序号	考核项目	考核标准	考核方式	分值	评分要求	得分
1	图片批量处理	□1. 完成照片批量添加 □2. 完成动作设置 □3. 完成参数输出设置	现场识别考核或者问答考核	60	未完成标准1扣10分;未完成标准2扣30分;未完成标准3扣20分。累计扣分不得超过60分	
2	任务报告	□1. 完成认真 □2. 术语规范	评阅考核	10	未完成一项扣5分,累计扣分不得超过10分	
3	学习态度	□1. 具有钻研精神 □2. 具备科学严谨的态度 □3. 操作认真,互动积极	自评、互评和师评相结合	30	未完成一项扣10分,累计扣分不得超过30分	
总分						

【任务拓展】

1. 使用光影魔术手软件进行农产品图片批量处理

(1)准备图片。从网上下载10张农产品图片,包括水果、蔬菜、肉类、禽蛋等。

(2)调整图片大小。将每张图片的大小调整为宽度600像素,高度450像素。

(3)添加水印。使用光影魔术手软件,在每张图片上添加一个透明水印“农家乐”,并设置水印大小为20像素,间距为10像素。

(4)调整亮度。将所有图片的亮度提高10%,使图片更加明亮。

(5)调整对比度。将所有图片的对比度提高10%,使图片更加鲜明。

(6)添加边框。使用光影魔术手软件,为每张图片添加一个宽度为30像素的白色边框,并将边框颜色设置为绿色。

(7)添加标签。在每张图片上标注农产品名称、价格等信息,以增加图片的实用性。

(8)保存图片。将处理后的图片保存为JPEG格式,并设置保存质量为80%。

注意事项:①处理图片时,应注意图片的尺寸、格式和属性等。②在处理图片时,应注意保护图片版权和隐私等。③在处理图片时，应注意软件的常规使用和安全等。

2. 从上述处理后的图片中挑选一张完成宣传海报制作

海报设计制作需要包括商品图片、文字、水印、边框、拼图等效果处理，保证图片画面无瑕疵。

(1) 打开光影魔术手软件。

(2) 点击“图片浏览”按钮，打开需要的商品图片。

(3) 进行图片色彩校正，修复斑点、瑕疵，通过抠图动作获取需要的图像区域。

(4) 添加海报的宣传文字、水印、边框、拼图等效果处理。

工作模块五

农村淘宝网店开设和运营

案例导入

满园香家庭农场位于闻名遐迩的全国一村一品特色村——江苏省句容市茅山镇丁庄村,2013 年 10 月完成工商注册,家庭农场成员 5 个,农场经营面积 60 余亩,固定资产投入达 200 多万元,以葡萄种植为主,有金手指、阳光玫瑰、红罗莎等 20 多个品种。近年来,农场通过提高产业设施化水平,提升葡萄品质,开发农场休闲观光功能,实施互联网订单销售和生产资料采购等,成功探索了适合自身发展的运营模式。2015 年获得江苏省示范家庭农场称号。

1. 调整品种结构,提升设施化水平

2010 年起,农场不断调整品种结构,改变以巨峰为主打品种的格局,先后引进 20 多个新品种。新品种销售火爆,销售价格达每千克 30 元以上,是巨峰的 3 倍。2012 年起,农场对传统的露天水平网架进行改造,全部采用钢架大棚避雨栽培,每亩投入资金达 2 万元以上,抗风险能力显著增强的同时,减少了农药的使用,提高了葡萄品质和食用安全性。2015 年,罕见的低温灾害,造成露天栽培的葡萄授粉不良,大面积出现无籽果,而满园香农场的葡萄没有受到影响。

2. 完善休闲设施,向休闲农业转型

2015 年,投入 30 多万元建设占地面积 800 平方米的葡萄休闲吧以及钢架全封闭停车场 400 平方米,并把建筑面积 400 平方米的别墅改造成农家乐餐饮。葡萄成熟的季节,葡萄园游人如织,产品供不应求。同时,农场为茅山葡萄产业从高效农业向休闲农业转型做出了典范,让一批观望的种植户坚定了转型信心,对推动茅山镇政府提出的把休闲农业和乡村旅游产业打造成茅山经济的支柱产业具有积极的意义。

3. 发展电子商务,延伸产业链条

茅山镇丁庄葡萄产业已经步入互联网 + 农业时代,在淘宝开设网店,和顺丰快递合作，实现长三角城市当日达。满园香家庭农场是首批发展电子商务业务的家庭农场，一半以上的游客通过淘宝平台提交订单。2015 年，家庭农场实现销售收入 200 万元，净利润 80 万元，通过淘宝平台销售的葡萄达 500 多箱。

工作要求

(1)掌握淘宝个人网店申请流程。
(2)在淘宝店铺中完成宝贝上架流程。
(3)能够设置优惠券等促销手段。
(4)完成客户订单审核和发货处理。

动画：淘宝村的启示

实训任务 1　个人淘宝店铺申请

【任务目标】

通过实训，掌握淘宝网店的申请流程。

【任务准备】

手机、身份证、银行卡。

【任务实施】

目前，淘宝开店类型可以分为普通商家、达人商家、品牌商家三种。“达人商家”是专为直播主、UP 主、小红书博主、抖音红人等设置的入驻流程，如在外站平台已积累了一定的粉丝量，可通过“达人商家”开店流程一次性完成达人身份认证、开设淘宝店铺、开通淘宝直播权限三个流程，快速在淘宝成长起来。“品牌商家”是专为持有品牌授权书、商标注册证的成熟的知名品牌或新兴品牌设置的专属入驻流程。如果已是知名品牌，推荐直接开通天猫店铺；如果已是新创品牌，推荐开淘宝店并进行品牌认证。对于达人 / 品牌商外的其他商家，推荐“普通商家”开店流程。申请开店可以在移动端和电脑端完成，只需要二选一即可，推荐在移动端完成更方便快捷。下面以移动端个人淘宝店铺申请为例。

步骤一　移动端下载安装“千牛”APP（图 5-1-1）。

步骤二　下载安装“千牛”APP，然后登录。登录账号就是个人的淘宝账号（图 5-1-2）。

图 5-1-1　下载安装“千牛”APP

图 5-1-2　登录“千牛”

步骤三 进入“千牛”工作台页面，在工作台最上方的搜索栏里搜索“无线开店”（图 5-1-3）添加进去。

步骤四 点击“无线开店”，进去后取一个店铺名（图 5-1-4），并且写一句店铺描述。设置完成后，点击“立即开通”。（如果店铺名称与其他已有店铺雷同，会无法保存。建议先随便取一个店铺名，店铺创建以后更改。）

图 5-1-3 搜索“无线开店”

图 5-1-4 点击“无线开店”

步骤五 点击“立即开通”后，会进入一个认证页面。这里需要进行身份验证，有 3 个渠道的验证，只需完成 2 个即可。推荐完成“扫脸验证”和“银行卡验证”（图 5-1-5）。

步骤六 点击“扫脸验证”，按里面的要求完成一系列动作。接着给自己的身份证正反面拍照上传，以及填写个人地址（图 5-1-6）。

步骤七 接着点击“银行卡验证”，只需按里面的要求填写即可（图 5-1-7）。

步骤八 验证完成后，会弹出提示“身份信息已完善”，然后点击右上角“完成”。

步骤九 进行最后一个认证：阿里实人认证。点击“开始认证”，按里面的要求操作即可完成（图 5-1-8）。

步骤十 “阿里实人认证”完成后，会弹出提示“认证成功”（图 5-1-9）。然后点击“返回”。

步骤十一 接着会弹出确认开店协议，全部勾选同意协议，最后点击创建店铺（图 5-1-10）。

图 5-1-5　进入认证页面

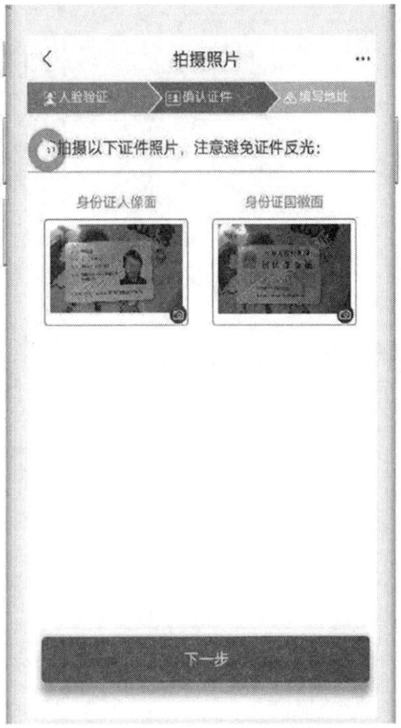

图 5-1-6　点击“扫脸验证”

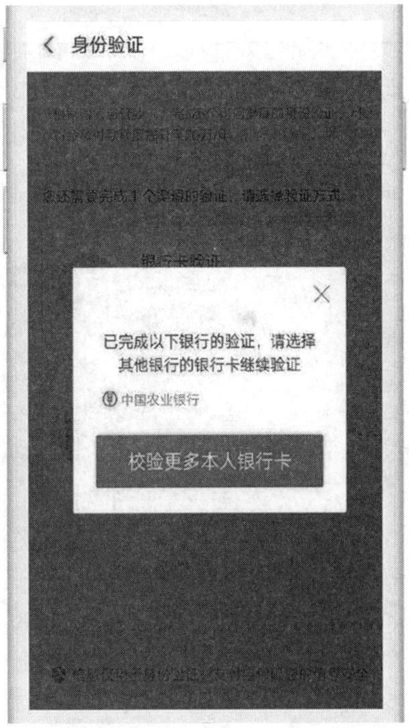

图 5-1-7　点击“银行卡验证”

图 5-1-8　阿里实人认证

图 5-1-9　提示“认证成功”

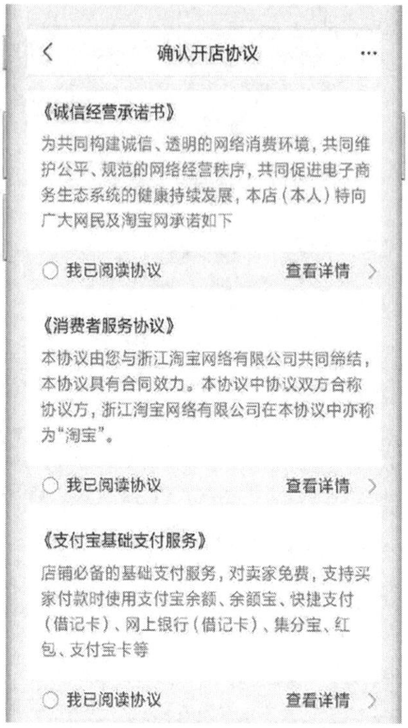

图 5-1-10　确认开店协议

小贴士

个人淘宝网店申请条件

(1)身份证。在淘宝开店时需要用到身份证，需年满十八周岁，且同一身份证只能开通一家网店。开店时需要进行支付宝实名认证，实名认证时需要提供开店人本人的身份证正面反面照片以及开店本人手持身份证照片。

(2)银行卡。一张开店人本人的身份证开户的银行卡。淘宝上进行的交易属于网络交易，无论是付款还是收款都需要用到银行卡，支付宝需要绑定银行卡使用，而这张银行卡需要开通网银。

(3)手机号。注册淘宝店铺时需要手机验证，而且支付宝也需要绑定手机号码。

总的说来，个人店铺申请需要完成两个步骤，一个是支付宝认证，还有一个是开店认证。提交的资料必须清晰，否则容易被退回。开店后，要注意货源的选择。

【任务报告】

根据任务实施步骤,认真完成任务报告(表 5-1-1)。

表 5-1-1　个人淘宝店铺申请

姓名:	班级:	学号:
1. 申请企业淘宝店铺与申请个人淘宝网店的操作步骤有什么异同点?事前需要准备哪些资料?		
2. 为什么要进行支付宝实名认证?		
个人总结:		

【任务评价】

对任务实施过程、任务报告完成情况和学习态度进行考核评价(表 5-1-2)。

表 5-1-2　个人淘宝店铺申请考核评价细则

姓名：		班级：		学号：		教师签字：
自评：□合格　□不合格		互评：□合格　□不合格		师评：□合格　□不合格		
日期：		日期：		日期：		
考核评分细则						
序号	考核项目	考核标准	考核方式	分值	评分要求	得分
1	千牛软件安装和使用	□ 1. 正确安装千牛软件 □ 2. 准确使用千牛软件		20	未完成一项扣 10 分，累计扣分不得超过 20 分	
2	无线开店	□店铺取名规范	现场识别考核或者问答考核	10	店铺名称与其他已有店铺雷同扣 5 分；未完成扣 10 分，累计扣分不得超过 10 分	
3	身份验证	□ 1. 完成扫脸验证 □ 2. 完成银行卡验证 □ 3. 完成阿里实人认证		30	未完成一项扣 10 分，累计扣分不得超过 30 分	
4	任务报告	□ 1. 完成认真 □ 2. 术语规范	评阅考核	10	未完成一项扣 5 分，累计扣分不得超过 10 分	
5	学习态度	□ 1. 具有钻研精神 □ 2. 具备科学严谨的态度 □ 3. 操作认真，互动积极	自评、互评和师评相结合	30	未完成一项扣 10 分，累计扣分不得超过 30 分	
总分						

【任务拓展】

准备好相关资料和证件，尝试在 PC 端完成淘宝个人店铺申请流程，并提供开设成功后的店铺后台首页截图，具体可以参考以下步骤。

(1) 打开淘宝网，注册淘宝账号，并完成实名认证。

(2) 在淘宝首页，点击“免费开店”按钮，选择“个人店铺”类型。

(3)根据提示填写店铺名称、店铺分类、店铺简介等基本信息,并上传身份证件进行认证。

(4)等待审核通过后,登录淘宝账号,进入“卖家中心”页面,完善店铺信息,如设置店铺Logo、店铺公告、联系方式等。

(5)在“卖家中心”页面,点击“宝贝管理”按钮,上传至少5个待售商品,并填写商品名称、价格、描述等信息。

(6)审核通过后,在“卖家中心”页面,选择“营销中心”下面的“我要推广”,设置店铺营销活动。

(7)在“卖家中心”页面,选择“客户服务”下面的“订单管理”,设置快递模板、发货通知等订单管理功能。

(8)在“卖家中心”页面,选择“经营数据”下面的“销售数据”,查看店铺经营数据,如销售额、访客数等。

实训任务2　淘宝店铺商品上架

【任务目标】

通过实训,在淘宝店铺中完成宝贝上架流程。

【任务准备】

熟悉淘宝店铺后台功能,准备商品图文信息。

【任务实施】

步骤一　打开淘宝网站,登录自己注册成功的淘宝店铺(图5-2-1)。

图5-2-1　登录淘宝店铺

步骤二　点击进入卖家中心(图5-2-2)。

图5-2-2　进入卖家中心

步骤三　商品管理—发布商品(图5-2-3)。

图5-2-3　发布商品

步骤四 以大蒜为例，搜索对应产品的类目（图 5-2-4）。

图 5-2-4　搜索对应产品类目

步骤五 选择第一个，然后点击“我已阅读以上承诺书，立即签署 发布商品后协议生效”（图 5-2-5）。

图 5-2-5　点击“我已阅读以上承诺书，立即签署 发布商品后协议生效”

步骤六 填写标题和商品属性，包装方式选择食用农产品（图 5-2-6）。

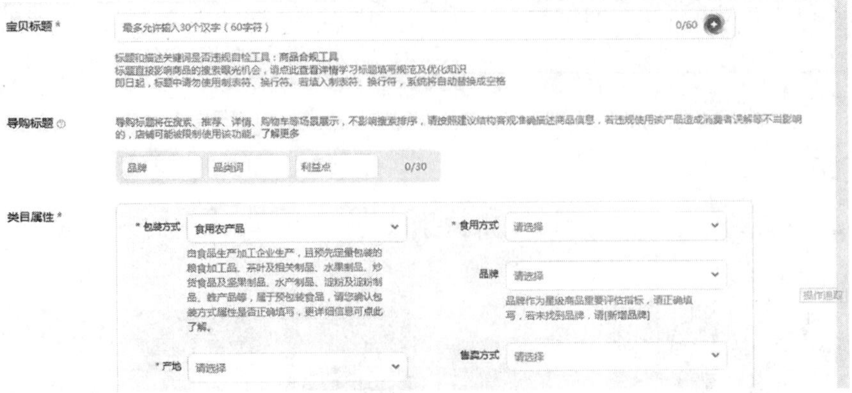

图 5-2-6　填写商品详细信息

步骤七　上传主图，选择商品图片，点击确认上传即可（图 5-2-7）。

图 5-2-7　上传主图

步骤八　价格和商品总数设置（图 5-2-8）。

图 5-2-8　价格和商品总数设置

步骤九　设置运费模板（图 5-2-9）。

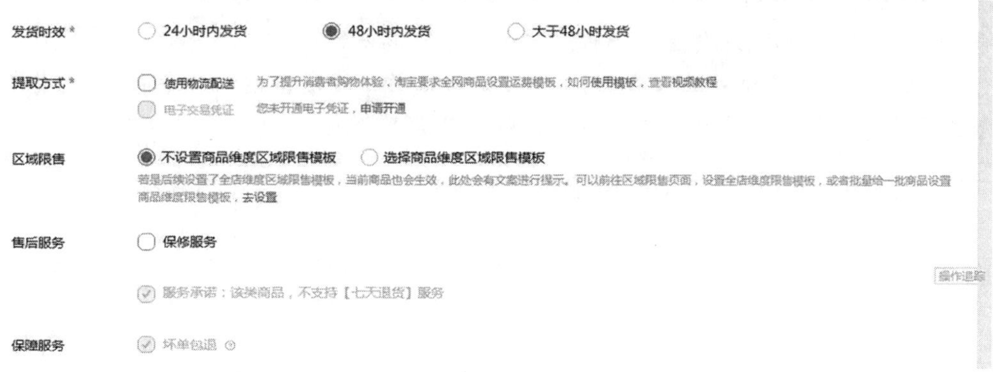

图 5-2-9　设置运费模板

步骤十　点击提交宝贝信息(图 5-2-10)。

图 5-2-10　提交宝贝信息

小贴士

淘宝卖农产品需要许可证吗?

不同的农产品类型，淘宝平台要求不同，卖家要根据平台要求进行相应资质的审核和上传。

(1)若为出售国内生产的初级未加工的农产品，其中包含但不限于农业种植活动中的动植物以及其他商品等，但不包含已经对农产品进行加工的产品。对于这类的农产品不需要提供食品资质和备案就可以进行发布，在发布宝贝时，在编辑宝贝页面中的“外包装类型”须选择“食用农产品”。

(2)若为进口初级农产品，需要提供相应的进口食品经营资质许可证用于备案，在此之前可以完成预包装和散装或者乳制品备案以后再进行发布。其中进口初级商品的类型包含：生产地为国外、现货且在国内进行发货的商品类型。

(3)若为农户自己制作的农产品，则需要完成小作坊资质备案以后才能发布，若商品包装上有生产许可证编号则需要申请预包装散装食品备案。

【任务报告】

根据任务实施步骤,认真完成任务报告(表 5-2-1)。

表 5-2-1　淘宝店铺商品上架

姓名:	班级:	学号:
1. 你选择了哪类农产品进行上架？产品标题和属性描述一下。		
2. 宝贝最佳上架时间是哪些时段?		
个人总结:		

【任务评价】

对任务实施过程、任务报告完成情况和学习态度进行考核评价(表 5-2-2)。

表 5-2-2 淘宝店铺商品上架考核评价细则

<table>
<tr><td colspan="2">姓名:</td><td colspan="2">班级:</td><td colspan="2">学号:</td><td rowspan="3">教师签字:</td></tr>
<tr><td colspan="2">自评:□合格 □不合格</td><td colspan="2">互评:□合格 □不合格</td><td colspan="2">师评:□合格 □不合格</td></tr>
<tr><td colspan="2">日期:</td><td colspan="2">日期:</td><td colspan="2">日期:</td></tr>
<tr><td colspan="7">考核评分细则</td></tr>
<tr><td>序号</td><td>考核项目</td><td>考核标准</td><td>考核方式</td><td>分值</td><td>评分要求</td><td>得分</td></tr>
<tr><td>1</td><td>产品上传</td><td>□ 1. 完成产品类目选择
□ 2. 完成标题和产品属性填写
□ 3. 完成产品图片上传</td><td rowspan="2">现场识别考核或者问答考核</td><td>30</td><td>未完成一项扣 10 分,累计扣分不得超过 30 分</td><td></td></tr>
<tr><td>2</td><td>运费模板设置</td><td>□ 1. 完成运费模板描述
□ 2. 包邮地区设置
□ 3. 不包邮地区设置</td><td>30</td><td>未完成一项扣 10 分,累计扣分不得超过 30 分</td><td></td></tr>
<tr><td>3</td><td>任务报告</td><td>□ 1. 完成认真
□ 2. 术语规范</td><td>评阅考核</td><td>10</td><td>未完成一项扣 5 分,累计扣分不得超过 10 分</td><td></td></tr>
<tr><td>4</td><td>学习态度</td><td>□ 1. 具有钻研精神
□ 2. 具备科学严谨的态度
□ 3. 操作认真,互动积极</td><td>自评、互评和师评相结合</td><td>30</td><td>未完成一项扣 10 分,累计扣分不得超过 30 分</td><td></td></tr>
<tr><td colspan="6">总分</td><td></td></tr>
</table>

【任务拓展】

松茸,又名松口蘑,是名贵食用菌。新鲜松茸形若伞状,色泽鲜明,菌盖呈褐色,菌柄为白色,均有纤维状茸毛鳞片,菌肉白嫩肥厚,质地细密,有浓郁的特殊香气。据过去的许多文献记载,松茸具有强身、益肠胃、止痛、理气化痰、驱虫等功效。

要求:收集松茸有关信息并加以编辑,发布到淘宝店铺。

实训任务 3　店铺优惠券促销设置

【任务目标】

通过实训，能够根据店铺农产品的实际情况，选择和设置合适的优惠券类型。

【任务准备】

了解淘宝优惠券概念、类型和适用情况。

【任务实施】

步骤一　登录淘宝网首页，点击右上角千牛卖家中心，进入店铺后台管理中心。

步骤二　在千牛卖家中心左侧栏找到店铺服务—我订购的应用。

步骤三　点击优惠券，进入优惠券设置页面，这里有店铺优惠券、商品优惠券、裂变优惠券等，其中最常用到的是店铺优惠券和商品优惠券。其他优惠券类型还有满减优惠券、无门槛优惠券、店铺收藏券等，不同的优惠券类型实现的营销效果会有所不同，需要综合考虑各种情况后，确定和选择合适的店铺优惠券类型(表 5-3-1)。

表 5-3-1　优惠券选择分析表

优惠券类型	选择的理由
满减优惠券	
无门槛优惠券	
裂变优惠券	
店铺收藏券	

步骤四　点击创建店铺优惠券，即可进入店铺优惠券创建页面，将里面的推广渠道、基本信息、优惠面额一一填写完，即可创建优惠券。

步骤五　点击创建商品优惠券，即可进入商品优惠券创建页面，里面的设置和店铺优惠券设置都是一样，把优惠券的信息填写完整，即可成功创建。

小贴士

淘宝优惠券

淘宝优惠券是大促营销和店铺活动营销的常规做法，可以激起买家的购买欲望，是提升店铺销量和单品转化率的有效手段。使用优惠券促销需要留意：店内热销商品的价格区间、店内低价商品价格区间、利润把控、店内近 3 个月客单价、店内近 3 个月人均成交件数。

【任务报告】

根据任务实施步骤,认真完成任务报告(表 5-3-2)。

表 5-3-2 店铺优惠券促销设置

姓名:	班级:	学号:
1. 什么是裂变优惠券？和其他优惠券比起来,有什么不同?		
2. 简单分析一下买家购买时的心理情况。		
个人总结:		

【任务评价】

对任务实施过程、任务报告完成情况和学习态度进行考核评价(表 5-3-3)。

表 5-3-3　店铺优惠券促销设置考核评价细则

姓名:			班级:		学号:		教师签字:
自评:□合格　□不合格			互评:□合格　□不合格		师评:□合格　□不合格		
日期:			日期:		日期:		
考核评分细则							
序号	考核项目	考核标准		考核方式	分值	评分要求	得分
1	优惠券选择	□ 1. 明确产品成本、定价和买家消费心理 □ 2. 明确给定时间段的客单价 □ 3. 明确产品人均成交数		现场识别考核或者问答考核	30	未完成一项扣 10 分,累计扣分不得超过 30 分	
2	优惠券创建	□ 1. 创建好店铺优惠券 □ 2. 创建好商品优惠券		现场识别考核或者问答考核	30	未完成一项扣 15 分,累计扣分不得超过 30 分	
3	任务报告	□ 1. 完成认真 □ 2. 术语规范		评阅考核	10	未完成一项扣 5 分,累计扣分不得超过 10 分	
4	学习态度	□ 1. 具有钻研精神 □ 2. 具备科学严谨的态度 □ 3. 操作认真,互动积极		自评、互评和师评相结合	30	未完成一项扣 10 分,累计扣分不得超过 30 分	
总分							

【任务拓展】

淘宝官方支持的优惠券,面额有 3 元、5 元、10 元、20 元、30 元、50 元、100 元等。调查给定农产品在行业类 Top5 店铺中近一年的销售信息和优惠券设置情况,填写优惠券设置额度(表 5-3-4)。

表 5-3-4　不同面额优惠券设置表

商品名称	成本	价格	销量	优惠券面额
茅山长青茶				
五常大米				
褚橙				
丁庄葡萄				
阳澄湖大闸蟹				

实训任务 4　关键词竞价推广

【任务目标】

通过实训,掌握使用直通车推广农产品的流程。

【任务准备】

开通直通车。

【任务实施】

“茅山长青”是一家以售卖茶叶及茶周边商品为主的淘宝网店,经过一段时间的经营,已经成功地稳定了其流量来源,并且客户进店率也持续上升。随着茶叶上新季节的到来,为了进一步提高进店客户量和转化率,网店运营人员决定采取一系列策略来优化店铺营销效果。首先,他们决定着手设置店内新品折扣及优惠券,以吸引更多的潜在客户进入店铺购买商品。通过提供诱人的优惠活动,可以激发客户的购买欲望,从而提高店铺的销售额。同时,定期更新和调整折扣政策也是保持客户兴趣的关键因素之一。其次,为了扩大店铺的曝光度和影响力,网店运营人员决定通过报名平台活动、参与直通车推广等多种营销方式对店铺茶叶进行推广。这些营销手段可以帮助他们更好地触达目标客户群体,并提高店铺在搜索结果中的排名。例如,通过参加淘宝的大促活动或与其他品牌合作举办联合促销活动,可以吸引更多的潜在客户关注店铺。同时,投放直通车广告也可以有效地提高店铺的点击率和转化率。

步骤一　推广位置确认。直通车推广作为关键词竞价推广的重要方式,能帮助网店实现精准化推广,给网店带来大量流量的同时使成交量也得到提高。在开始直通车推广设置之前,请分别确认直通车在 PC 端和移动端的推广位置。

步骤二　直通车推广设置。完成直通车开通以后,在直通车首页新建或是选择已有的计划,进入直通车推广设置页面,包括推广方式选择、投放设置、单元设置及创意预览四方面的内容。推广方式包括智能推广和标准推广两种方式。在投放设置页面可对计划名称、日限额、投放方式、投放平台、地域及时间进行个性化设置。在单元设置页面点击“添加宝贝”,根据推广计划选择需要推广的产品。

步骤三　直通车推广方案设置。①关键词和出价设置。进入关键词和出价设置,系统根据宝贝匹配相关的关键词,卖家可以选择系统推荐的或是通过其他方式筛选的关键词。②推广人群设置。根据产品属性选择推荐的人群,设置人群溢价。系统对人群进行了分类,可根据产品属性选择合适的人群给予溢价。

步骤四　创意编辑。返回活动推广界面,点击创建完成的推广单元,进行创意添加和编辑。编辑创意包括设置创意素材、创意标题、投放平台三个方面,可以创建多个计划来进行创意素材以及创意标题的测试,以达到最佳效果。①直通车创意素材设计。根据产品特点完成创意主图的设计,检查主图细节、字体、文案以及图片排版是否合理,无误后保存。②创意标题撰写。创意标题要围绕着核心词来设计。③投放平台。根据目标受众对创建完成的投放平台计划做调整。

【任务报告】

根据任务实施步骤，认真完成任务报告(表 5-4-1)。

表 5-4-1　关键词竞价推广

姓名：	班级：	学号：
1. 你将如何选定推广关键词？		
2. 评价一下你完成竞价推广的实际效果。		
个人总结：		

【任务评价】

对任务实施过程、任务报告完成情况和学习态度进行考核评价(表 5-4-2)。

表 5-4-2 关键词竞价推广考核评价细则

姓名:	班级:	学号:	教师签字:
自评:□合格 □不合格	互评:□合格 □不合格	师评:□合格 □不合格	
日期:	日期:	日期:	

考核评分细则

序号	考核项目	考核标准	考核方式	分值	评分要求	得分
1	关键词竞价推广	□ 1. 推广位置确认 □ 2. 推广设置 □ 3. 推广方案设置 □ 4. 创意编辑	现场识别考核或者问答考核	60	未完成一项扣 15 分,累计扣分不得超过 60 分	
2	任务报告	□ 1. 完成认真 □ 2. 术语规范	评阅考核	10	未完成一项扣 5 分,累计扣分不得超过 10 分	
3	学习态度	□ 1. 具有钻研精神 □ 2. 具备科学严谨的态度 □ 3. 操作认真,互动积极	自评、互评和师评相结合	30	未完成一项扣 10 分,累计扣分不得超过 30 分	
总分						

【任务拓展】

假设你是一家猕猴桃生产厂商的市场营销经理,需要通过百度平台进行猕猴桃关键词竞价推广。请参考以下步骤完成。

(1)打开百度推广平台,并登录账号。

(2)在左侧导航栏中选择“新建计划”。

(3)输入推广名称、投放地域、预算等基本信息。

(4)在“搜索词”栏中输入与猕猴桃相关的关键词,例如“猕猴桃果汁”“猕猴桃营养”“猕猴桃减肥”等。

(5)根据关键词的竞争程度和预算情况,设置合理的出价。

(6)将关键词分为不同的组别,例如品牌词、长尾词、广泛词等。

(7)根据不同组别的关键词特点,制定相应的广告创意和落地页。例如,对于品牌词,可以制作一张精美的品牌宣传图,并加上品牌名称和口号;对于长尾词,可以制作一份详细的产品介绍页面,包括产品特点、使用方法等;对于广泛词,可以制作一份简单的产品介绍页面,重点突出产品的优势和特点。

(8)点击“提交审核”,等待审核通过后即可开始推广。

(9)在推广期间，监控数据并不断调整出价和优化策略，以提高转化率和投资回报率(ROI)。例如，可以通过调整出价来提高广告排名，或者通过修改广告文案和落地页来提高点击率和转化率。同时，定期评估推广效果，并根据实际情况进行调整和优化。

实训任务 5　客户订单审核和发货处理

【任务目标】

通过实训,能够完成订单审核,处理网上发货诉求。

【任务准备】

熟悉淘宝店铺后台功能,熟悉千牛工具的使用。

【任务实施】

步骤一　登录淘宝店铺后台,查看订单状态,查找已付款未发货的订单信息(表 5-5-1),确认打单具体内容,查询库存。对于没有特殊要求的订单,一般采用常规线上发货。如果买家对物流提出个性化需求时,尽量使用与店铺有紧密合作关系的物流公司完成发货。需要冷链运输的农副产品,按照产品属性和运输管理规定,严格落实。

表 5-5-1　订单审核分析表

订单号	审核记录		审核处理结果
	订单状态	□待付款　□已付款　□已发货	
	订单合并	同一地址多个订单?□是　□否	
	订单冻结	订单存在异常?□是　□否	
	订单打印	是否打印?□是　□否	
	联系快递公司	□ EMS　□顺丰　□韵达　□申通　□中通 □圆通　□百世　□极兔　□优速　□德邦	

步骤二　从订单产生到收货确认,存在时间差。如果不能如期送达货物,容易导致卖家不满。对于农产品而言,及时配送非常重要。如果因不可抗力导致延迟收货,需要及时向卖家说明。

步骤三　对于买家退换货的要求,需要加以甄别(表 5-5-2)。退换货次数太多,会影响店铺的评分。处理优先级为:不退不换—退改换—退货。

步骤四　买家收货后,及时引导买家进行评价,这是增进互动、提升店铺信誉的重要环节,通常通过客服留言、短信提示等方式引导。

表 5-5-2　退换货处理分析表

订单号	商品名称	退换货原因	处理方法

【任务报告】

根据任务实施步骤，认真完成任务报告（表 5-5-3）。

表 5-5-3　客户订单审核和发货处理

姓名：	班级：	学号：
1. 订单状态分为哪几种？		
2. 对存在异常的订单，如何处理？		
个人总结：		

【任务评价】

对任务实施过程、任务报告完成情况和学习态度进行考核评价(表 5-5-4)。

表 5-5-4　客户订单审核和发货处理考核评价细则

姓名:	班级:	学号:	教师签字:
自评:□合格　□不合格	互评:□合格　□不合格	师评:□合格　□不合格	
日期:	日期:	日期:	

考核评分细则

序号	考核项目	考核标准	考核方式	分值	评分要求	得分
1	订单审核	□ 1. 准确分析订单状态 □ 2. 正确处理异常订单 □ 3. 妥善处理延期订单	现场识别考核或者问答考核	30	未完成一项扣 10 分，累计扣分不得超过 30 分	
2	发货处理	□ 1. 及时联系快递公司 □ 2. 及时处理退换货 □ 3. 引导买家给予好评		30	未完成一项扣 10 分，累计扣分不得超过 30 分	
3	任务报告	□ 1. 完成认真 □ 2. 术语规范	评阅考核	10	未完成一项扣 5 分，累计扣分不得超过 10 分	
4	学习态度	□ 1. 具有钻研精神 □ 2. 具备科学严谨的态度 □ 3. 操作认真,互动积极	自评、互评和师评相结合	30	未完成一项扣 10 分，累计扣分不得超过 30 分	
总分						

【任务拓展】

假设你的淘宝店铺已经收到了一笔农产品订单,请问需要如何审核和处理这笔订单？具体参考以下步骤(表 5-5-5),在 PC 端完成处理实操。

表 5-5-5　订单详细信息

订单号	1234567890
商品名称	新鲜有机猕猴桃
数量	5 千克
价格	200 元
收货地址	广东省深圳市南山区高新南一道 9 号科技园 A 栋 3 楼

处理一笔新鲜有机猕猴桃订单的流程如下(供参考)。

(1)确认库存。确认店铺是否有足够的新鲜有机猕猴桃库存,以满足订单需求。如果库存不足,需要联系供应商或者种植户补充库存。

(2)确认订单信息。确认买家预留的收货地址、收货人姓名和电话等信息是否正确。如果信息有误,需要及时联系买家进行更正。

(3)打包商品。根据买家预留的收货地址和联系方式,将猕猴桃打包好,并粘贴快递单。打包时需要确保猕猴桃没有损坏或变质,保持新鲜度。

(4)发货。将打包好的猕猴桃快递发出,并跟踪快递单号,确保货物及时送达。在淘宝店铺上更新发货状态和快递单号,以便买家可以实时追踪物流信息。

(5)确认收货。在快递到达买家预留的收货地址后,需要及时通知买家确认收货。同时,保留好相关的发货凭证和交易记录,以便日后查证。

(6)评价与售后服务。在交易完成后,需要及时对买家进行评价,并关注售后服务。如果买家对商品或服务有任何问题,需要积极回应并提供解决方案。

实训任务 6　淘宝客服日常沟通

【任务目标】

通过实训,完成对客户的画像分析和促销工作。

【任务准备】

熟悉淘宝交易基础规则。

视频:客服沟通能力分析

【任务实施】

步骤一　阅读一份背景资料,熟悉店铺的基本情况。背景资料如下。

一、公司简介

江苏茅宝葛业有限公司成立于 2007 年 06 月 07 日,注册地位于句容市茅山镇城盖村邱家。经营范围包括葛根、苗木、花卉、中草药、茶叶、蔬菜、水果、薯类、豆类、油料、谷物、食用菌种植;农副产品初级加工;食品加工;食品销售(限《食品经营许可证》载明的主体业态和经营项目);水产、畜禽养殖;生态农业园观光服务;农耕文化、葛文化、茶文化展示;农业新技术研究、推广、转让、培训及咨询服务;餐饮服务;化妆品销售;自营和代理各类商品及技术的进出口业务(国家限定企业经营或禁止进出口的商品和技术除外)。

二、商品信息

1. 葛根茶

产品参数			
品牌	茅宝	配料表	葛根
保质期	720 天	食品添加剂	无
产地	中国大陆	城市	江苏省镇江市
规格	360 克	生产日期	2022 年 01 月 01 日至 2022 年 01 月 06 日
是否为有机食品	是	储藏方法	干燥、防潮(不宜放冰箱)
适用对象	全部	生产许可证编号	SC10732118300301

商品卖点:

(1)茅山天然野生葛根,绿色无污染。

(2)冬季采挖,葛根根部存储了大量的淀粉,异黄酮含量更高,营养充沛、泡水浓郁,口感细腻清香。

(3)先后获评“江苏省名牌产品”“江苏省著名商标”并通过有机产品认证。

商品促销			
促销活动	满 300 元减 20 元		
是否正品	正品保障	运费险	赠运费险
是否退换	七天无理由退换	其他	极速退款

2. 葛根粉

产品参数			
品牌	茅峰	配料表	葛根淀粉
保质期	720 天	食品添加剂	无
产地	中国大陆	城市	江苏省镇江市
规格	800 g	生产日期	2022 年 01 月 01 日至 2022 年 01 月 06 日
是否为有机食品	是	储藏方法	干燥、防潮(不宜放冰箱)
适用对象	全部	生产许可证编号	SC10732118300301

商品卖点:
(1)茅山天然野生葛根,绿色无污染。
(2)冬季采挖,葛根根部存储了大量的淀粉,异黄酮含量更高,营养充沛、泡水浓郁,口感细腻清香。
(3)先后获评“江苏省名牌产品”“江苏省著名商标”并通过有机产品认证。

商品促销			
促销活动	淘金币最高可抵商品价 3%		
是否正品	正品保障	运费险	赠运费险
是否退换	七天无理由退换	其他	极速退款

三、店铺服务

1. 关于商品

专卖店自创立以来,我们力求为您提供每一个细节都满意的葛根系列食品,从选材、加工制作到包装设计,都经过层筛选和淘汰。用心的态度,生产放心的产品。产品上架前均由专业摄影师和美工设计师编辑好产品主图和详情页,全方位给客户展示我们的葛根食品,了解得更详细,消费得更放心。

2. 关于发票

本店支持电子发票,在付款时选择开发票,填写发票抬头即可,收到后可在税务机关电子发票服务平台进行查验。如开错发票,请联系客服。

3. 关于快递

商品是从江苏镇江发出,价格优惠,免运费,默认圆通、中通快递,部分偏远地区需增加邮费，请仔细查看店铺首页说明。本店有专业质检团队对产品进行严格检查，原材料质检、产品出入库全检、努力确保您消费的产品没有问题。本店承诺24小时内发货。

4. 关于退换

本店履行商品如实描述义务、7天无理由退货义务、消费者保障义务等。买家可享受无忧退货、坏单包赔、破损补寄/包退、运费险等。

步骤二 根据以上资料，围绕葛根粉销售，拟定了一份与客户沟通的脚本，并已录入客服系统中。围绕这份脚本内容，请在客服系统中完成打字速度测试，每分钟不少于70字，正确率98%以上。

话术内容

买家：在吗？

客服：您好，在的，亲。有什么可以帮您的？

买家：我外婆年纪大了，想买些葛根粉养生。

客服：亲，可以的哦。葛根粉作为中老年人养生补品，可以科学地添加作为辅食呢。

买家：你们家的葛根粉有什么特点吗？

客服：亲，主要有三点，您了解一下。①茅山天然野生葛根，绿色无污染；②冬季采挖，葛根根部存储了大量的淀粉，异黄酮含量更高，营养充沛、泡水浓郁，口感细腻清香；③先后获评“江苏省名牌产品”“江苏省著名商标”并通过有机产品认证。

买家：好的，那我买两盒吧。

客服：好的，亲。现在下单，淘金币最高可抵商品价3%哦。

买家：这个优惠不错。另外，你们发什么快递？多久发货？

客服：本店商品是从江苏镇江发出，免运费，默认圆通、中通快递，部分偏远地区需增加邮费，请仔细查看店铺首页说明哦。本店承诺24小时内发货。

买家：好的，我去下单了。

客服：好的，亲！

步骤三 根据某时间段句容茅宝店铺购买葛根粉的客户画像数据图（图5-6-1），分析店铺客户的属性特征、交易行为特征，并针对客户运营方面给出建议。

步骤四 订单催付。在客户提交订单并未及时支付货款时，发送催付信息，提醒买家及时支付货款。

步骤五 发货关怀。在宝贝发货时及时发送发货提醒信息到买家手机上，提醒买家宝贝已发货。

步骤六 签收关怀。当买家签收货物后，发送签收信息到买家手机上，提醒买家确认订单已收货。

步骤七 当买家完成交易后，发送信息到买家手机上，提醒买家对本次交易给予评价。

步骤八　退款关怀。对于买家产生的退款行为(申请退款)给予安抚。

步骤九　客户购买之后的一段时间,商家发送信息邀请客户进行回头购买。

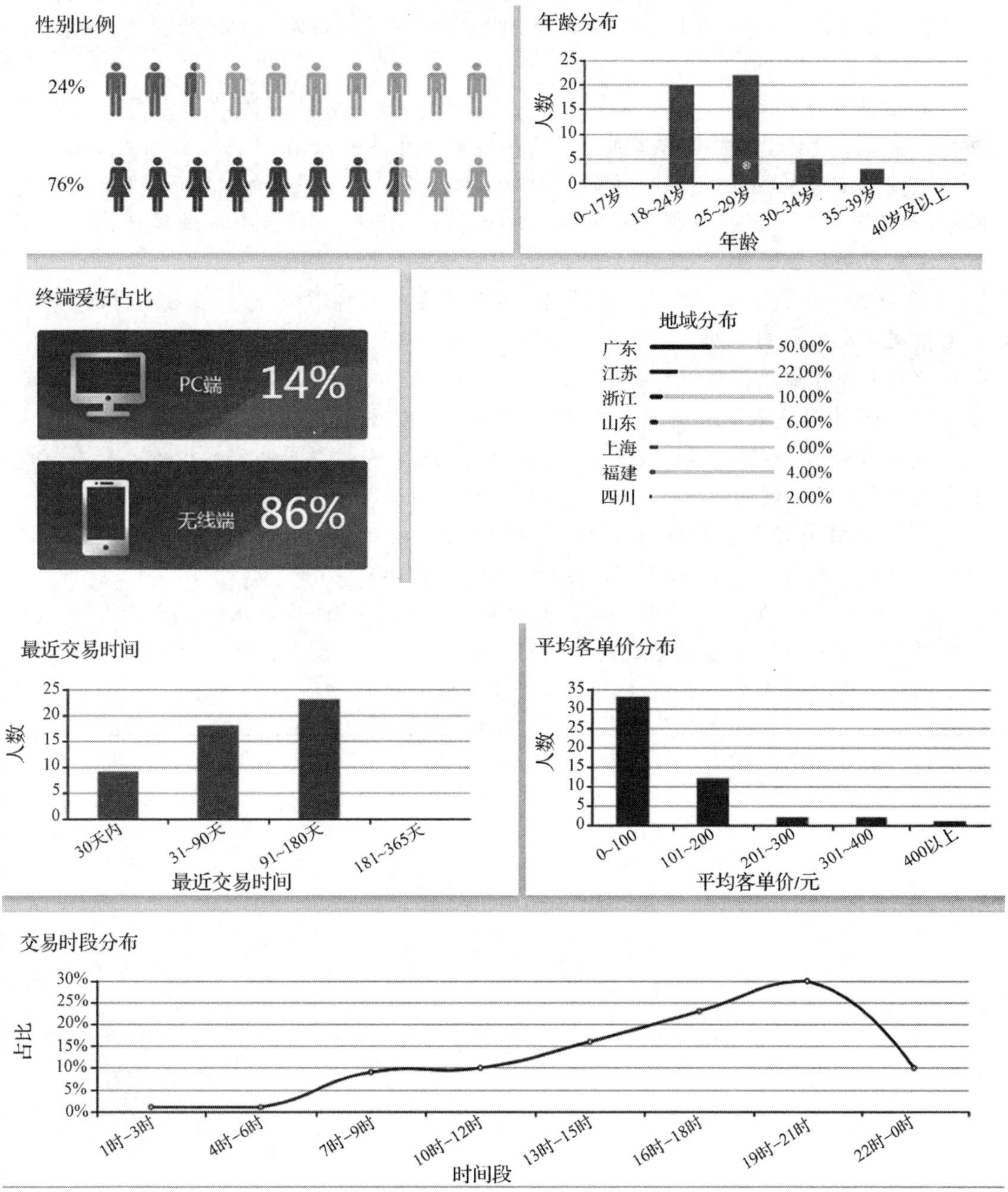

图 5-6-1　客户画像数据图

小贴士

淘宝金牌客服养成记

在淘宝平台,每天有数以亿计的顾客在挑选着商品。不过其中只有很少的一部分人会光顾我们的店铺，因此必须要把握住这些稀有的客户流量。留住这些稀有客户，抛开产品质量、店铺装修不说，最关键的因素就是客服了。仅仅是客服一句简单的话，客户可能就会选择下单，也可能会选择离开，这就要看客服与潜在客户沟通的能力了。金牌客服必备以下条件。

(1) 专业准备要充分。如果客户问问题时，自己再去翻详情页，根本来不及回复。还有就是自己是否都用过店铺的宝贝？没有用过就没有感受，也不可能跟客户说得清楚。

(2) 售前要如实描述，否则售后的问题会很大。在自己拿不准的情况下，可以先去问同事，而不是用“大约”“大概”这类词汇去搪塞潜在客户。否则，会导致客户流失甚至客户在收到包裹后退货。

(3) 回复一定要细心。淘宝客服跟实体店销售是不一样的，一个是直接面对面，一个是网络文字交流。实体店中，客户可以感受到你的热情，但是淘宝客服是看不到人的，如何让聊天过程出现温暖呢？心态决定一切，调整好心态，用最真最诚的语言去做好产品介绍，并适当运用表情和图来交流，效果可能堪比直通车。

(4) 对于议价，不能一口回复买家不能议价，也不能一口答应买家的议价。最恰当的方式是说因为产品利润微薄不能议价，同时强调宝贝的品质，或者送一些小礼品。

(5) 学会赞美客户。在与顾客交谈的时候，要学会赞美，让彼此有个好心情。比如说：亲，您的眼光真好。这样一句话，可能就会带来订单。

客服作为店铺的窗口，心态好坏直接影响着沟通的成效，磨炼抗压能力是关键。很多日销售达到几十万的金冠店铺的老板，也偶尔会去体验客服工作，了解客户心理，以便全面地把握市场诉求。做好淘宝，离不开金牌客户的助力。

【任务报告】

根据任务实施步骤,认真完成任务报告(表 5-6-1)。

表 5-6-1　淘宝客服日常沟通

姓名:	班级:	学号:
1. 客服如何进行催单?		
2. 成为一名合格的淘宝客服,基本素养有哪些?		
个人总结:		

【任务评价】

对任务实施过程、任务报告完成情况和学习态度进行考核评价(表 5-6-2)。

表 5-6-2 淘宝客服日常沟通考核评价细则

姓名:	班级:	学号:	教师签字:
自评:□合格 □不合格	互评:□合格 □不合格	师评:□合格 □不合格	
日期:	日期:	日期:	

考核评分细则

序号	考核项目	考核标准	考核方式	分值	评分要求	得分
1	打字速度	□ 1. 每分钟不少于 70 字 □ 2. 准备率在 98% 以上	现场识别考核或者问答考核	20	一项不达标扣 10 分，累计扣分不得超过 20 分	
2	客户画像分析	□ 1. 客户属性特征描述 □ 2. 交易行为特征描述 □ 3. 给出客户运营的建议		30	未完成一项扣 10 分，累计扣分不得超过 30 分	
3	订单催付等管理	□编辑合适的脚本,引导交易完成		10	未完成一项扣 10 分，累计扣分不得超过 10 分	
4	任务报告	□ 1. 完成认真 □ 2. 术语规范	评阅考核	10	未完成一项扣 5 分，累计扣分不得超过 10 分	
5	学习态度	□ 1. 具有钻研精神 □ 2. 具备科学严谨的态度 □ 3. 操作认真,互动积极	自评、互评和师评相结合	30	未完成一项扣 10 分，累计扣分不得超过 30 分	
总分						

动画:农产品网店客服管理

【任务拓展】

根据以上店铺背景资料,观看一段动画,围绕葛根茶销售,拟定一段与客户沟通的脚本,并运用到淘宝店铺交易实际中,成功引导和完成一次交易过程。提交与客户的聊天记录截图进行证明。内容可以参考以下简易模板。

脚本1

买家:你好,请问你们这里有卖葛根茶吗?

客服:您好,我们这里有很多种茶,包括葛根茶。您想要了解哪一种呢?

买家:我想了解一下葛根茶的功效和价格。

客服:葛根茶是一种非常好的保健饮品,它可以清热解毒、降血压、润肺止咳。我们的葛根茶价格非常实惠,一盒只需要20元。

买家:好的,那我要买一盒试试看。

脚本2

买家:你们的葛根茶口感怎么样?

客服:我们的葛根茶采用新鲜的葛根制作而成,口感非常醇厚,而且带有一点甜味,非常适合喜欢甜味的人。

买家:听起来不错,那我要买两盒。

脚本3

买家:你们的葛根茶有没有添加其他的成分?

客服:我们的葛根茶是纯天然的,没有添加任何其他成分。您可以放心购买和饮用。

买家:好的,那我要买三盒作为送礼之用。

脚本4

买家:你们的葛根茶有没有什么特别的包装?

客服:是的,我们的葛根茶有精美的礼盒包装,非常适合作为礼物送给亲朋好友。如果您需要购买礼盒装的话,我们也有提供哦。

买家:好的,那我就买五盒礼盒装的吧。

脚本5

买家:你们的葛根茶有没有保质期?

客服:我们的葛根茶保质期为一年,但是建议您在开封后的一个月内饮用完毕,这样可以保证品质和口感的最佳状态。

买家:好的,我知道了,那我就下单购买了。谢谢你们的耐心解答。

工作模块六

农村淘宝网店数据分析

案例导入

小张是返乡创业的一名大学生。日前，在参加完当地合作社组织的农村淘宝网店开办培训之后，开设了一家淘宝网店并销售自家特色产品。为了提高店铺的销售量和客户满意度，他将按照以下步骤对店铺的数据进行分析和优化。

(1)数据采集。收集店铺的各项数据，包括访客数量、浏览量、购买量、订单金额、评价数量等。

(2)数据清洗。对收集到的数据进行清洗和整理，去除重复数据和异常值，确保数据的准确性和完整性。

(3)数据分析。利用统计学方法对数据进行分析，比如计算平均值、中位数、众数等基本指标；绘制柱状图、折线图等，直观地展示数据变化趋势；进行回归分析等高级分析方法，深入挖掘数据背后的规律和关系。

(4)报表制作。将分析结果以报告的形式呈现给店主，包括各项指标的具体数值和解释说明，以及图表展示和建议措施等。同时，根据店主的需求和实际情况，可以设计一些可视化的效果图或动态演示来更好地展示分析结果。

(5)优化方案。根据数据分析结果，对产品描述、图片质量、客户服务、物流配送等方面进行改进。同时，也针对不同的营销渠道进行测试和优化。

工作要求

通过数据分析，了解店铺的流量来源、转化率、客户画像等信息，以便制定相应的营销策略和优化方案。

实训任务 1　市场规模数据采集

【任务目标】

通过实训，能够迅速掌握市场的变化情况，制定出更为合适的营销策略。

【任务准备】

提前注册一家淘宝店铺，并经营 30 天以上。

【任务实施】

在运营过程中，企业需要及时掌握行业的整体趋势，以便迅速理解市场变化，更有效地规划产品采购和生产加工，从而制定出最合适的营销策略。一家专门销售零食坚果类商品的淘宝网店，其市场采购部门决定近期扩大产品线，希望在杏仁、开心果、松子三款热门商品中进行选择。这个决定主要是基于这三款商品过去一年的用户关注度高、目标用户群体基数大等因素。因此，数据分析人员被要求为这个需求设计数据采集方案，并对相关数据进行收集。

对三类商品进行分析，以用户关注度和目标用户群体基数为依据，可以使用淘宝搜索人气和搜索热度作为用户关注度的指标，并通过“生意参谋”工具获取访客数，作为目标用户群体基数的数据指标。

步骤一　数据分析目标制定。根据市场采购部门的需求，可以确定为：分析杏仁、开心果、松子三类商品的用户基数及用户关注度。

步骤二　确定数据指标。在数据分析中用户关注度和用户基数不属于一个实际的数据指标，需要将其转化为可采集的数据指标，搜索人气和搜索热度可以反映用户对于该类商品的关注度，而该类商品的访客数可以反映该类商品的用户基数。可确定数据采集指标为搜索人气、搜索热度、访客数。

步骤三　确定数据来源与确定数据采集工具。淘宝卖家可以通过“生意参谋”获取三类商品的搜索人气、搜索热度、访客数。对“生意参谋”功能进行查看后，在市场栏目—市场大盘—行业趋势板块可以获取到三项数据指标的数据。

步骤四　根据前述步骤撰写市场规模数据采集方案（表 6-1-1）。

表 6-1-1　市场规模数据采集方案

背景介绍	
分析目标	
数据分析指标	
数据来源	
采集工具	

步骤五　提交分析结果。

小贴士

生意参谋

“生意参谋”是阿里巴巴集团旗下的阿里云推出的一款全面的商业智能工具，旨在帮助企业主和经理们更好地理解他们的业务运营情况，从而做出更明智的决策。这个工具集成了各种数据源，包括销售、库存、财务等，通过数据分析和可视化展示，帮助用户深入了解业务状况。“生意参谋”主要功能包括：

(1)数据收集与整合。“生意参谋”可以从多个数据源收集信息，如POS系统、电子商务平台、财务系统等，然后将这些数据整合到一个统一的视图中。这使得用户可以一目了然地看到他们业务的关键指标。

(2)数据分析与报告。“生意参谋”提供了丰富的数据分析工具和报告生成功能。用户可以根据自己的需求定制报告，分析销售额、利润率、库存周转率等各种业务指标。

(3)实时监控与预警。“生意参谋”可以实时监控业务运营情况，并在出现异常时发出预警。

(4)决策支持。通过深入的数据分析和可视化展示，“生意参谋”可以帮助用户做出更好的决策。

【任务报告】

根据任务实施步骤,认真完成任务报告(表 6-1-2)。

表 6-1-2　市场规模数据采集

姓名：	班级：	学号：
1. 通过“生意参谋”可以查看到哪些数据？列举 5~8 类。		
2. 除了“生意参谋”,你还知道哪些数据采集工具？列举 2~3 个。		
个人总结：		

【任务评价】

对任务实施过程、任务报告完成情况和学习态度进行考核评价(表 6-1-3)。

表 6-1-3　市场规模数据采集考核评价细则

<table>
<tr><td colspan="2">姓名:</td><td colspan="2">班级:</td><td colspan="2">学号:</td><td rowspan="3">教师签字:</td></tr>
<tr><td colspan="2">自评:□合格　□不合格</td><td colspan="2">互评:□合格　□不合格</td><td colspan="2">师评:□合格　□不合格</td></tr>
<tr><td colspan="2">日期:</td><td colspan="2">日期:</td><td colspan="2">日期:</td></tr>
<tr><td colspan="7">考核评分细则</td></tr>
<tr><td>序号</td><td>考核项目</td><td>考核标准</td><td>考核方式</td><td>分值</td><td>评分要求</td><td>得分</td></tr>
<tr><td>1</td><td>市场规模数据采集</td><td>□ 1. 明确数据分析目标
□ 2. 明确数据指标
□ 3. 完成数据采集</td><td>现场识别考核或者问答考核</td><td>60</td><td>未完成一项扣 20 分，累计扣分不得超过 60 分</td><td></td></tr>
<tr><td>2</td><td>任务报告</td><td>□ 1. 完成认真
□ 2. 术语规范</td><td>评阅考核</td><td>10</td><td>未完成一项扣 5 分，累计扣分不得超过 10 分</td><td></td></tr>
<tr><td>3</td><td>学习态度</td><td>□ 1. 具有钻研精神
□ 2. 具备科学严谨的态度
□ 3. 操作认真,互动积极</td><td>自评、互评和师评相结合</td><td>30</td><td>未完成一项扣 10 分，累计扣分不得超过 30 分</td><td></td></tr>
<tr><td colspan="6">总分</td><td></td></tr>
</table>

【任务拓展】

为了更好地了解市场情况,某电商平台正在进行市场调研,需要收集关于 ×× 店铺的市场份额、销售额等信息。你将负责设计并实施一个数据采集方案。要求:

(1)根据所选平台(例如阿里巴巴、腾讯、京东等),设计一个数据采集方案。

(2)尝试使用 Python 编程语言实现数据采集功能。

(3)对采集到的数据进行整理和清洗,确保数据的准确性和完整性。

提示:在选择平台时,请考虑其在行业中的地位以及产品或服务的相关性。可以从公开渠道(如公司年报、新闻报道、市场研究报告等)获取所需数据。此外,还可以使用网络爬虫技术从相关网站抓取数据。在分析数据时,请关注市场份额、销售额、用户数量、活跃用户数等指标。这些指标可以帮助了解产品的市场表现以及可能存在的竞争优势和劣势。

实训任务 2　客户交易数据采集

【任务目标】

通过实训，收集和整理与客户交易相关的信息和数据，以便更好地了解客户的购买行为、偏好和需求。

【任务准备】

提前注册一家淘宝店铺，并经营 30 天以上。

【任务实施】

客户数据采集是根据各业务部门对客户数据需求的驱动，通过可靠的数据源和适当的采集方法，获取客户的操作行为、属性特征、偏好等关键信息。这些数据有助于后续进行深入的客户信息分析，为决策提供有力支持。某淘宝网店在近期销售额下滑的情况下，决定采用老客户再营销策略以提升店铺销售额。具体做法是：对于近 30 天内未在本店消费的老客户（即一个自然年内在本店消费两次以上的客户），基于其过去的消费习惯发放优惠券。

在这个任务中，要求采集的数据是近 30 天内未消费的老客户数据。而且，明确了采集数据的范围——“一个自然年内在本店消费 2 次以上且近 30 天未在店铺消费”的老客户。因此，采集日期范围应为“前推一个自然年”，并且需要包含交易时间信息。此外，客单价是一个计算值，所以还需要收集客户的单次消费金额以及消费次数，并根据该自然年的购买次数进行计算。

步骤一　确定数据来源。在淘宝店铺后台通常可以通过交易记录进行采集（图 6-2-1）。

订单信息　收货和物流信息

买家信息

昵称：[redacted] 和我联系

所在地区：　联系电话：15022****71

邮件：*** 发送站内信　支付宝：1*** 付款给买家

订单信息

订单编号 [redacted]　支付宝交易号：20190904[redacted]　创建时间：2019-09-04 21:14:37

付款时间：2019-09-04 21:14:44

宝贝	宝贝属性	状态	服务	单价	数量	优惠	商品总价
创意个性陶瓷杯复古手绘马克杯简约家用早餐杯咖啡杯水杯带勺带盖 保障卡	颜色分类：米色带勺不带盖	退款成功		14.98	1		14.24（快递：0.00）

实收款：14.24 元

图 6-2-1　淘宝某店铺交易记录

步骤二 确定采集指标。根据任务要求及步骤一中所提供的数据来源类型，可以确定需要采集的数据指标有客户昵称、订单编号、交易商品、付款时间、数量、实收款、交易状态。

步骤三 制作数据采集表。根据步骤二确定的采集指标制作客户交易数据采集表。如表6-2-1所示。

表6-2-1 客户交易数据采集表

序号	订单编号	客户昵称	付款时间	商品名称	数量	实收款	交易状态

步骤四 确定采集范围。根据任务要求，可以确定采集范围为采集日期往前一年的数据。

步骤五 数据采集。将所采集的数据填入数据采集表。

步骤六 提交客户交易数据采集表。

【任务报告】

根据任务实施步骤,认真完成任务报告(表 6-2-2)。

表 6-2-2　客户交易数据采集

姓名:	班级:	学号:
1. 通过淘宝后台交易记录可以查阅到客户哪些交易数据?		
2. 什么是客单价?		
个人总结:		

【任务评价】

对任务实施过程、任务报告完成情况和学习态度进行考核评价(表 6-2-3)。

表 6-2-3　客户交易数据采集考核评价细则

姓名:	班级:	学号:	教师签字:
自评:□合格　□不合格	互评:□合格　□不合格	师评:□合格　□不合格	
日期:	日期:	日期:	

考核评分细则

序号	考核项目	考核标准	考核方式	分值	评分要求	得分
1	客户交易数据采集	□ 1. 明确数据指标 □ 2. 制作出数据采集表 □ 3. 完成数据采集	现场识别考核或者问答考核	60	未完成一项扣 20 分，累计扣分不得超过 60 分	
2	任务报告	□ 1. 完成认真 □ 2. 术语规范	评阅考核	10	未完成一项扣 5 分，累计扣分不得超过 10 分	
3	学习态度	□ 1. 具有钻研精神 □ 2. 具备科学严谨的态度 □ 3. 操作认真,互动积极	自评、互评和师评相结合	30	未完成一项扣 10 分，累计扣分不得超过 30 分	
总分						

【任务拓展】

假设你是一家淘宝网店的店主,想了解店铺在过去一年中的客户成交情况,以便制定更有针对性的营销策略。请按照以下步骤进行操作。

(1)登录淘宝店铺卖家后台,进入“数据中心”页面。

(2)在“数据中心”页面中,选择“交易管理”选项卡。

(3)在“交易管理”页面中,选择“订单统计”选项卡。

(4)在“订单统计”页面中,选择“时间范围”为过去一年,选择需要查询的时间段。

(5)点击“查询”按钮,系统将显示出你的店铺在指定时间范围内的订单数据。

(6)根据订单数据,你可以分析客户的购买行为、偏好和需求,从而制定更精准的营销策略,例如推出符合客户需求的产品、优化商品描述和图片、提高客户服务质量等。

需要注意的是,以上步骤仅适用于淘宝卖家后台的数据采集功能。如果想采集其他网站或应用程序的数据,可能需要使用不同的工具和技术。同时,在采集和使用数据时,需要遵守相关法律法规和隐私政策,保护客户的个人信息和隐私权益。

实训任务3　推广效果数据采集

【任务目标】

通过实训,对推广效果进行监控并随时调整推广策略。

【任务准备】

提前对淘宝店铺进行直通车推广,并持续30天以上。

【任务实施】

某淘宝网店在经历了一段时间的直通车推广后,发现其订单量增长并未达到预期。因此,为了找出可能影响订单量增长的因素,有必要对过去一个月每天的直通车推广数据进行全面、深入的收集与分析。这些数据将包括点击量、展现量、收藏宝贝数、收藏店铺数、总成交金额、总收藏数、直接购物车数、间接购物车数以及间接成交笔数等多个指标。这些指标能够全面反映出直通车推广效果在不同方面的优劣,从而为网店提供有针对性的优化建议和策略。

步骤一　确定数据来源。每个电子商务平台都有不同的推广工具,每个网店也有不同的推广渠道。以直通车为例,推广数据可在直通车后台“报表”板块中进行采集(图6-3-1)。

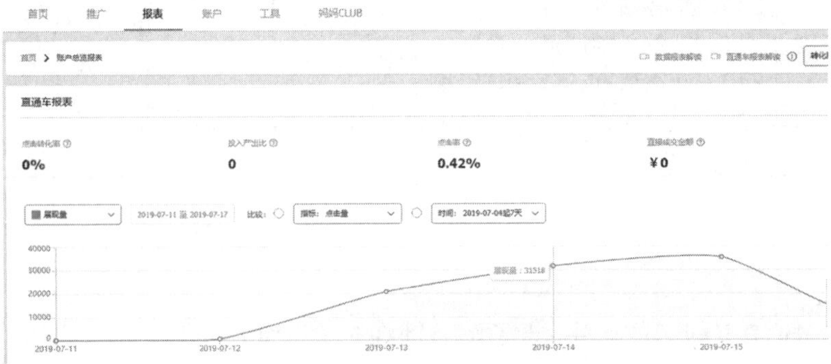

图6-3-1　直通车报表

步骤二　确定采集指标。根据任务需求分析可以确定,采集的指标有点击量、展现量、收藏宝贝数、收藏店铺数、总成交金额、总收藏数、直接购物车数、间接购物车数、间接成交笔数。

步骤三　确定采集范围。根据任务分析可以确定采集范围为近一个月的数据。

步骤四　制作直通车推广数据采集表(表6-3-1)。

表6-3-1　直通车推广数据采集表

日期	点击量	展现量	收藏宝贝数	收藏店铺数	总收藏数	直接购物车数	间接购物车数	间接成交笔数	总成交金额

步骤五　数据采集。根据采集平台、采集数据指标将所采集的数据填入数据采集表。

步骤六　提交推广效果数据采集表。

【任务报告】

根据任务实施步骤,认真完成任务报告(表 6-3-2)。

表 6-3-2　推广效果数据采集

姓名:	班级:	学号:
1. 简单评价一下你使用直通车推广的效果。		
2. 除了直通车推广,你还知道哪些推广方式?列出 2~3 个。		
个人总结:		

【任务评价】

对任务实施过程、任务报告完成情况和学习态度进行考核评价(表 6-3-3)。

表 6-3-3 推广效果数据采集考核评价细则

姓名:	班级:	学号:	教师签字:
自评:□合格 □不合格	互评:□合格 □不合格	师评:□合格 □不合格	
日期:	日期:	日期:	

考核评分细则

序号	考核项目	考核标准	考核方式	分值	评分要求	得分
1	推广效果数据采集	□ 1. 明确数据指标 □ 2. 制作出数据采集表 □ 3. 完成数据采集	现场识别考核或者问答考核	60	未完成一项扣 20 分,累计扣分不得超过 60 分	
2	任务报告	□ 1. 完成认真 □ 2. 术语规范	评阅考核	10	未完成一项扣 5 分,累计扣分不得超过 10 分	
3	学习态度	□ 1. 具有钻研精神 □ 2. 具备科学严谨的态度 □ 3. 操作认真,互动积极	自评、互评和师评相结合	30	未完成一项扣 10 分,累计扣分不得超过 30 分	
总分						

【任务拓展】

淘宝定向推广是一种精准的推广方式,可以根据买家的购买行为、搜索习惯、收藏加购等信息,将广告投放给目标用户。淘宝定向推广可以帮助店铺提高曝光率和销售额,增加流量和转化率。假设你是一家农村淘宝店铺的店主,想通过定向推广提高店铺曝光率和销售额,请参照以下步骤完成定向推广操作。

(1)登录淘宝联盟账号,进入“我的推广”页面。

(2)在“我的推广”页面中,选择“定向推广”。

(3)在“定向推广”页面中,选择“访客定向”。

(4)在“访客定向”页面中,选择“地域定向”。

(5)在“地域定向”页面中,选择“省份”和“城市”,并设置相应的城市级别。例如,如果你想在山东省济南市进行推广,可以选择“山东省”和“济南市”,并将城市级别设置为“市”。

(6)点击“保存”按钮,完成地域定向设置。

(7)在“定向推广”页面中,选择“相似宝贝定向”。

(8)在“相似宝贝定向”页面中,输入你想要推广的商品名称或关键词,并设置相应的相关度。例如,如果你想推广一款名为“智能手表”的商品,可以输入“智能手表”,并将相关度设置为“非常相关”。

(9)点击“保存”按钮,完成相似宝贝定向设置。

(10)在“定向推广”页面中,选择“购物意图定向”。

(11)在“购物意图定向”页面中,选择你想要推广的购物意图类型。例如,如果你想推广购买手机的行为,可以选择“手机数码”。

(12)点击“保存”按钮,完成购物意图定向设置。

实训任务 4　用户画像分析处理

【任务目标】

通过实训，了解目标客户群体的特征和需求，从而制定更加精准的营销策略。

【任务准备】

提前采集一份会员数据。

【任务实施】

随着电商市场的日益竞争激烈，越来越多的商家开始思考如何吸引精准流量。他们需要深入了解自己的顾客是谁，他们的消费偏好是什么，商品定价应该在哪个范围内，以及什么样的促销活动最能吸引他们。用户画像作为一种数据分析方法，为网店提供了丰富的信息资源，得到了广泛应用。用户画像实际上是对用户信息进行标签化处理的过程，通过对消费者的社会属性、生活习惯和消费行为等主要数据进行收集和分析，抽象出一个用户的商业全貌。用户画像可以帮助商家迅速识别目标用户群体和需求，从而实现精准的广告投放，提高转化率和客单价。2023 年的年中大促即将到来，某电子商务企业的部门经理为了避免决策过程中的主观因素影响，安排小刘对店铺访客的各项数据进行处理，以绘制网店访客的用户画像。这将为即将到来的促销活动提供选品、推广、促销和仓储安排方面的参考依据。基于用户在网店的访问数据，小刘将对包括性别、年龄、地域、职业、婚姻状况等在内的用户基础数据进行分析处理。

步骤一　数据选择。这里以一份会员数据为例，如图 6-4-1 所示。

	A	B	C	D	E	F
1	会员编号	用户名	年龄	性别	常住地区	职业
2	NO1002119	A	33	女	河南	
3	NO1002015	B	40	女	河南	医务人员
4	NO1002100	C	29	男	天津	
5	NO1002023	D	41	女	浙江	工人
6	NO1002028	E	24	女	浙江	公务员
7	NO1002024	F	40	女	四川	工人
8	NO1002071	G	27	女	天津	医务人员
9	NO1002109	H	30		河南	工人
10	NO1002077	I	30	女	天津	医务人员

图 6-4-1　部分会员数据展示

步骤二 数据清洗。为提升数据质量，确保数据的准确性、完整性和一致性，小刘使用数据清洗方法对数据表进行去重和纠错等操作。重复数据清洗后的效果如图 6-4-2 所示。

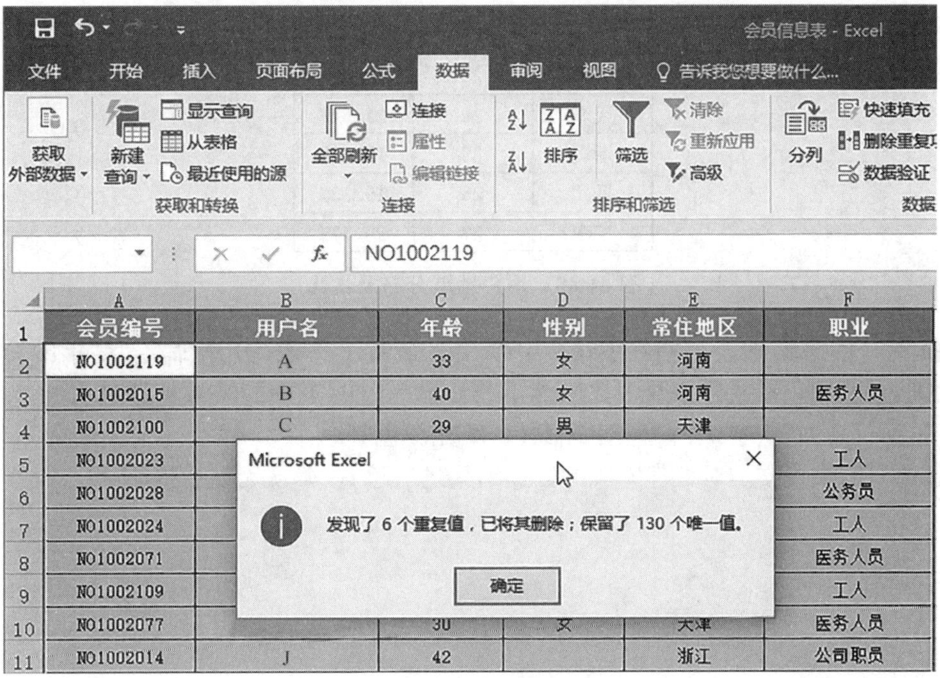

图 6-4-2 重复数据清洗

步骤三 用户年龄分布统计及占比计算。利用筛选工具统计出不同年龄段的用户数，然后利用公式分别计算出各自的占比（图 6-4-3）。

年龄段	用户数	占比
18岁以下	8	6.15%
18～25岁	32	24.62%
26～30岁	57	43.85%
31～35岁	12	9.23%
36～40岁	10	7.69%
41～50岁	7	5.38%
51岁及以上	4	3.08%

图 6-4-3 用户年龄分布及占比

步骤四 用户性别分类统计及占比计算。利用合并计算方法对用户按性别进行人数统计，然后利用公式进行占比计算（图 6-4-4）。

性别	用户数	占比
男	41	31.54%
女	66	50.77%
未知	23	17.69%

图 6-4-4 用户性别占比

步骤五 用户地域分布统计及占比计算。利用合并计算方法统计出各地区的用户数，然后利用公式分别计算出各自的占比(图 6-4-5)。

地域	用户数	占比
河南	25	19.23%
天津	28	21.54%
浙江	25	19.23%
四川	25	19.23%
广东	27	20.77%

图 6-4-5 用户地域分布及占比

步骤六 数据整理。小刘在 Excel 中新建 3 个新工作表，分别命名为“年龄分布及占比”“性别占比”和“地域分布及占比”，然后将步骤三、四、五中的结果粘贴进去，并对表格进行美化，包括行高列宽、字体、边框、字体颜色、填充颜色等。

步骤七 结果提交。对处理完成的数据结果进行检查，确认无误后提交。

【任务报告】

根据任务实施步骤,认真完成任务报告(表 6-4-1)。

表 6-4-1　用户画像分析处理

姓名:	班级:	学号:
1. 用户画像是什么?		
2. 除了用户的性别、年龄、地域、职业、婚姻状况等,你觉得分析用户画像的时候,还可以涉及哪些类别的信息?		
个人总结:		

【任务评价】

对任务实施过程、任务报告完成情况和学习态度进行考核评价(表 6-4-2)。

表 6-4-2 用户画像分析处理考核评价细则

姓名:		班级:		学号:		教师签字:
自评:□合格 □不合格		互评:□合格 □不合格		师评:□合格 □不合格		
日期:		日期:		日期:		
考核评分细则						
序号	考核项目	考核标准	考核方式	分值	评分要求	得分
1	用户画像分析处理	□ 1. 完成数据清洗 □ 2. 完成数据计算 □ 3. 完成数据整理	现场识别考核或者问答考核	60	未完成一项扣 20 分,累计扣分不得超过 60 分	
2	任务报告	□ 1. 完成认真 □ 2. 术语规范	评阅考核	10	未完成一项扣 5 分,累计扣分不得超过 10 分	
3	学习态度	□ 1. 具有钻研精神 □ 2. 具备科学严谨的态度 □ 3. 操作认真,互动积极	自评、互评和师评相结合	30	未完成一项扣 10 分,累计扣分不得超过 30 分	
总分						

【任务拓展】

假设你是一家电商企业的数据分析师,你需要对公司网店用户进行分析,以进一步挖掘用户行为特征。要求:数据分类明确,包括用户基础信息、用户行为信息、用户订单信息、用户评价信息等;数据处理步骤清晰,包括数据清洗、数据整合、数据统计和分析等;结果表述清晰,包括数据可视化、数据分析和结论等。操作过程可以参考以下步骤。

(1)获取网店用户动态信息数据,包括用户基础信息(如姓名、性别、年龄、地区等)、用户行为信息(如浏览、收藏、购买等)、用户订单信息(如订单号、购买商品、购买时间等)、用户评价信息(如评价星级、评价内容、评价时间等)。

(2)数据清洗,包括去除重复数据、填充缺失值、处理异常值等。

(3)数据整合,将用户基础信息、用户行为信息、用户订单信息、用户评价信息进行整合,形成一个完整的数据集。

(4)数据统计和分析,包括用户性别比例、用户年龄分布、用户行为占比、订单量、订单金额、商品销售量、评价星级分布等。

(5)数据可视化,使用表格、图表等方式将数据展现出来,如使用柱状图展示用户行为占比，使用折线图展示订单量，使用散点图展示评价星级分布等。

（6）数据分析结论，根据数据统计和分析结果，得出结论，如“男性用户比女性用户更喜欢购买我们的商品”“20~30 岁年龄段的用户是我们的主要消费群体”“我们的商品销售量呈上升趋势，但评价星级分布较低，需要改进产品质量”等。

实训任务 5　产品搜索指数分析处理

【任务目标】

通过实训，深度挖掘舆情信息、市场需求等数据特征，以便更好地了解用户需求和行为。

【任务准备】

提前注册百度账号。

【任务实施】

产品搜索指数是衡量用户对特定产品关键词关注度和兴趣度的重要指标。通过分析搜索指数，可以了解产品的热点趋势、需求图谱、竞品分析等信息，帮助商家及时调整产品类目、优化标题、调整运营策略以及进行精准推广投放等。

以某农产品电商平台推出的旅拍产品为例，为了实现精准运营，部门经理指派数据分析专员小王进行趋势研究和目标人群分析，以理解市场需求变化和消费者特征。小王首先选择了“旅拍”和“旅行拍摄”这两个关键词，然后以用户数量为基准，选定百度指数作为数据分析平台，根据该平台提供的数据进行关键词搜索指数分析。通过分析搜索指数，小王发现“旅拍”这个关键词的搜索量呈现逐年上升的趋势，说明人们对旅拍产品的需求不断增加。而“旅行拍摄”这个关键词的搜索量则呈现出波动性较大的特点，可能与季节、旅游目的地等因素有关。基于这些数据，小王可以得出该产品的发展趋势和需求图谱，从而制定相应的运营策略。除了了解关键词的搜索量外，小王还可以通过分析用户的地域分布、年龄段、性别等信息，得出该产品的用户画像。

步骤一　了解百度指数。登录百度指数首页，通过网站提供的“帮助中心”，初步了解其使用方法、技巧及模块构成，并理解相应的名词，为之后数据分析的顺利进行打好基础(表 6-5-1)。

表 6-5-1　百度指数认知

搜索指数的数据来源	
资讯指数是什么	
媒体指数是什么	
如何进行关键词比较检索	
搜索指数的最大时间段	
数据是否可以下载	
关键词未被收录怎么处理	

步骤二　搜索关键词。在百度指数搜索框中输入“旅拍”和“旅行拍摄”两个关键词，中间用逗号隔开，进行两个关键词的比较检索，观察其收录情况。

步骤三　趋势研究。根据图 6-5-1 和图 6-5-2 所示，可以对关键词的搜索指数进行观察和分析。这些数据可以从“近 30 天”“全部”和“自定义近一年”的时间维度中获取。此外，在资讯关注模块中，还可以查看近 30 天的资讯指数和媒体指数，并通过点击媒体指数曲线波峰的字母来查看当天最优新闻以及对其成因进行解读，从而得出分析结论。

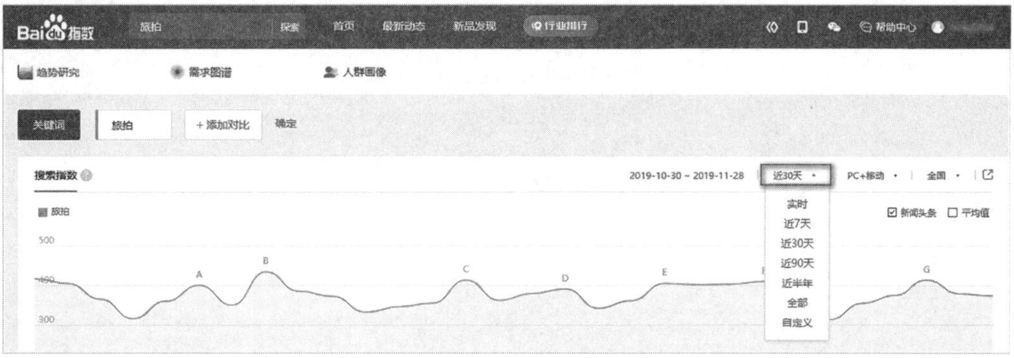

图 6-5-1　时间段选择

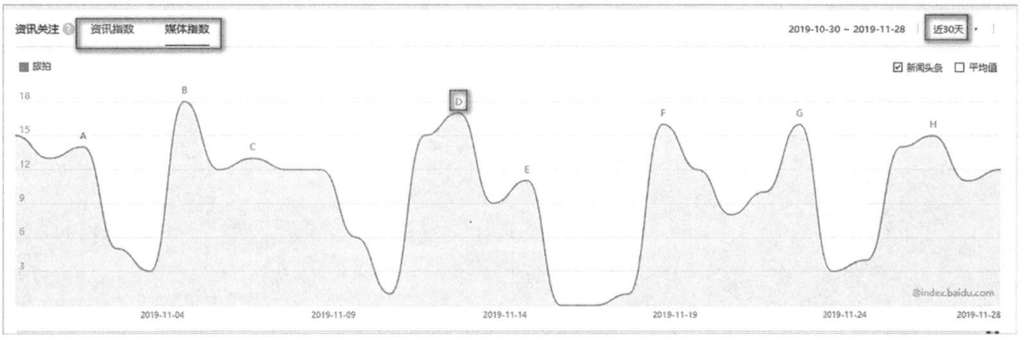

图 6-5-2　资讯关注

步骤四　需求图谱。点击“需求图谱”，将能够观察到用户在搜索特定词汇前后的搜索行为变化，从而洞察他们所表现出的相关检索词需求。在需求图谱中，相关词汇与中心检索词之间的距离代表了它们之间的关联强度。同时，相关词汇自身所显示的大小则反映了它们的搜索指数大小，红色表示搜索指数上升，绿色则表示搜索指数下降。此外，还可以通过拖动时间轴上的小滑块来查看其他时间段的需求变化情况。这些信息将帮助得出相应的结论。

步骤五　人群画像。点击“人群画像”，从地域分布、人群属性和兴趣分布三个方面来刻画目标人群画像，然后得出分析结论（表 6-5-2）。

表 6-5-2　人群画像结论分析

地域分布	截图	
	结论	
人群属性	截图	
	结论	
兴趣分布	截图	
	结论	

步骤六 结果提交。为了将以上数据分析结果整合到一个文档中，需要遵循规范的图片命名方式、确保结论的合理性，并在必要时提供详细的分析过程。在完成检查后，提交整合后的分析结果。

【任务报告】

根据任务实施步骤,认真完成任务报告(表6-5-3)。

表6-5-3 产品搜索指数分析处理

姓名:	班级:	学号:
1. 百度指数可以做哪些搜索指数分析?		
2. 在百度指数中,除了地域分布、人群属性和兴趣分布以外,还有哪些指标可以刻画人群画像?		
个人总结:		

【任务评价】

对任务实施过程、任务报告完成情况和学习态度进行考核评价(表 6-5-4)。

表 6-5-4　产品搜索指数分析处理考核评价细则

<table>
<tr><td colspan="2">姓名:</td><td>班级:</td><td colspan="2">学号:</td><td colspan="2" rowspan="3">教师签字:</td></tr>
<tr><td colspan="2">自评:□合格　□不合格</td><td>互评:□合格　□不合格</td><td colspan="2">师评:□合格　□不合格</td></tr>
<tr><td colspan="2">日期:</td><td>日期:</td><td colspan="2">日期:</td></tr>
<tr><td colspan="7">考核评分细则</td></tr>
<tr><td>序号</td><td>考核项目</td><td>考核标准</td><td>考核方式</td><td>分值</td><td>评分要求</td><td>得分</td></tr>
<tr><td>1</td><td>产品搜索指数分析处理</td><td>□ 1. 完成表 6-5-1 填写
□ 2. 完成表 6-5-2 填写
□ 3. 提交分析结果</td><td>现场识别考核或者问答考核</td><td>60</td><td>未完成一项扣 20 分，累计扣分不得超过 60 分</td><td></td></tr>
<tr><td>2</td><td>任务报告</td><td>□ 1. 完成认真
□ 2. 术语规范</td><td>评阅考核</td><td>10</td><td>未完成一项扣 5 分，累计扣分不得超过 10 分</td><td></td></tr>
<tr><td>3</td><td>学习态度</td><td>□ 1. 具有钻研精神
□ 2. 具备科学严谨的态度
□ 3. 操作认真，互动积极</td><td>自评、互评和师评相结合</td><td>30</td><td>未完成一项扣 10 分，累计扣分不得超过 30 分</td><td></td></tr>
<tr><td colspan="6">总分</td><td></td></tr>
</table>

【任务拓展】

五常大米是中国黑龙江省五常市出产的一种优质稻米，因其颗粒饱满、口感细腻、香气浓郁而闻名于世。五常大米是中国国家地理标志产品，被誉为“中国十大名米”之一。五常大米的种植历史悠久，可以追溯到清朝乾隆年间。由于其生长环境优越，加之农民精心耕种和管理，使得五常大米的品质一直保持在较高水平。目前，五常大米已经成为国内外知名的品牌之一，深受消费者喜爱。五常大米的特点主要有以下几方面：①品种优良。五常大米选用的是当地特有的优质水稻品种，这些品种适应了当地的气候和土壤条件，具有高产、耐旱、抗病虫害等特点。②种植环境优越。五常市位于中国东北地区，属于温带大陆性季风气候区，年平均气温为 4~5℃，降水充沛，土地肥沃，这些都为五常大米的生长提供了良好的条件。③营养丰富。五常大米富含蛋白质、碳水化合物、维生素 B_1、维生素 B_2 等多种营养成分，对人体健康有很多好处。随着人们对健康饮食的重视和对高品质食品的需求不断增加，相信五常大米的市场前景将会越来越广阔。

要求：

(1)以五常大米为例，选择一个时间段(例如过去一周、一个月或一年)进行分析。

(2)使用百度指数工具，输入“五常大米”作为关键词，选择所选时间段。

(3)分析关键词的搜索量、媒体关注度、地域分布等指标(不少于对5个指标进行分析)，并结合实际情况进行解读。

(4)撰写一篇不少于200字的报告，总结分析结果，提出相应的建议。

实训任务6　行业选品分析与优化

【任务目标】

通过实训,对产品进行综合分析,从而优化选品策略,提高产品的市场竞争力。

【任务准备】

寻找一家销售各类休闲食品的网店并与之合作,并获取店铺近一年来的销售源数据。

【任务实施】

某零食网店专注于销售面包、甜点、蛋糕等各类休闲食品。近三年来,其整体销售额和客户群体已经相对稳定。为了持续发展并吸引更多的新客户,网店定期进行市场调研和分析,以开发新的产品线来提高销售额。最近,网店计划推出一批新品,需要对市场趋势、运营情况以及产品数据进行深入的综合分析,从产品的特性、价格定位到目标消费群体等方面,都需要提出相应的新品开发建议。由于新品的研发和上市过程将耗费大量的人力、物力和财力,因此在开始研发之前,必须考虑行业市场状况、网店自身经营状况、已有资源支持等各种因素。在进行多种因素分析时,网店会采用不同的分析模型,以获取准确的分析结果。通过市场、运营和产品数据的深度分析,针对即将推出的新品给出专业建议。

步骤一　市场数据分析。

(1)数据处理。获取该网店的市场数据,如表6-6-1所示。

表6-6-1　某零食网店近期的市场数据

序号	关键词	搜索人数/人	点击人数/人	点击率/%	支付转化率/%
1	面包	289 901	14 110	4.87	8.06
2	汉堡面包	2 206	126	5.71	9.47
3	面包糕点	27 318	798	2.92	4.76
4	饼干面包类零食	20	1	5.00	0
5	粗粮面包	9 939	658	6.62	9.11
6	进口面包	71	2	2.82	0
7	卡尔顿面包	839	26	3.10	0
8	老面包	5 167	290	5.61	6.21
9	热狗面包	1 165	77	6.61	2.57
10	乳酸菌面包	3 409	248	7.27	9.27

(2)选择分析模型。综合考虑分析目标,要明确市场大环境中客户喜好的种类、产品属性等,选择SWOT模型比较合适。

(3)搭建模型。结合背景资料和市场数据,通过以下提示搭建完整的SWOT模型。

S(优势):分析数据表中各关键词的各项指标数据,结合网店自身的运营和产品数据,说明网店的优势。

W(劣势):分析数据表中关键词的搜索人气占比、支付转化率,结合网店的运营和产品数据,说明网店的劣势。

O(机会):从数据表中点击率和点击转化率方面考虑面包市场的机会。

T(威胁):面包市场最大的威胁和风险是产品保质期短,这就要求产品的流通速度要快,保质期长的面包产品不够新鲜,口感相对较差;同时对物流和运送过程中的存储都有很高的要求,这样也会造成物流成本较高。

步骤二 运营数据分析。

(1)数据处理。获取该网店的运营数据,如表 6-6-2 所示。

表 6-6-2 某零食网店近期的运营数据

统计日期	访客数 / 人	支付金额 / 元	老买家支付金额 / 元	支付买家数 / 人	下单买家数 / 人	支付转化率 /%
2022.06	3 648	11 680.42	2 937.70	295	500	8.09%
2022.07	3 719	9 082.12	2 789.20	207	365	5.57%
2022.08	4 902	11 697.11	3 872.19	228	416	4.65%
2022.09	6 446	19 175.55	6 270.43	366	815	5.68%
2022.10	7 417	21 149.01	8 907.94	384	970	5.18%
2022.11	6 235	22 738.16	9 417.78	405	953	6.50%

(2)选择分析模型。客户在购买过程中,浏览了产品之后,要经过下单和支付两个步骤完成购买。要对客户的转化率情况进行分析,选择漏斗模型可以清晰地分析客户的购买行为。

(3)搭建模型。使用处理后的数据,搭建漏斗模型,其中漏斗的事件包含“访客数—下单买家数—支付买家数”,并计算每一步的转化率。

步骤三 产品数据分析。

(1)数据处理。获取该网店的运营数据,诸如访客数、加购件数、支付金额、支付件数、客单价、支付转化率。

(2)选择分析模型。对产品数据进行分析,需要明确网店历史客户的人群画像、购买时间、地域及购买的产品。可以使用常用的 5W2H 模型进行产品数据分析(表 6-6-3)。

(3)搭建模型分析。

表 6-6-3 5W2H 模型

Who	网店的客户主要是 25 岁左右的女性,以上班族为主
What	支付金额最高的是哪款产品?支付件数最高的又是哪款产品?
Why	年轻一代上班族的女性,早晨的时间很紧张,面包这种简单的早餐是很好的选择
When	客户购买时间段主要有 2 个,第一个是上午 10—12 时,第二个是晚上 20—23 时
Where	客户主要集中在北上广深等一线城市
How	主要通过平台的关键词搜索购买;产品中支付转化率最高的是哪款产品?
How much	产品的整体客单价是多少?单款产品的客单价最高和最低是多少?

步骤四 得出结论。综合分析,对要开发新品的属性、定价、人群等提出建议。

【任务报告】

根据任务实施步骤,认真完成任务报告(表 6-6-4)。

表 6-6-4　行业选品分析与优化

姓名:	班级:	学号:
1. 简述 SWOT 模型分析。		
2. 简述 5W2H 模型分析。		
个人总结:		

【任务评价】

对任务实施过程、任务报告完成情况和学习态度进行考核评价(表 6-6-5)。

表 6-6-5　行业选品分析与优化考核评价细则

<table>
<tr><td>姓名:</td><td>班级:</td><td>学号:</td><td rowspan="3">教师签字:</td></tr>
<tr><td>自评:□合格　□不合格</td><td>互评:□合格　□不合格</td><td>师评:□合格　□不合格</td></tr>
<tr><td>日期:</td><td>日期:</td><td>日期:</td></tr>
<tr><td colspan="4">考核评分细则</td></tr>
</table>

序号	考核项目	考核标准	考核方式	分值	评分要求	得分
1	行业选品分析与优化	□ 1. 数据获取 □ 2. 完成 SWOT 模型分析 □ 3. 完成漏斗模型分析 □ 4. 完成 5W2H 模型分析	现场识别考核或者问答考核	60	未完成一项扣 15 分，累计扣分不得超过 60 分	
2	任务报告	□ 1. 完成认真 □ 2. 术语规范	评阅考核	10	未完成一项扣 5 分，累计扣分不得超过 10 分	
3	学习态度	□ 1. 具有钻研精神 □ 2. 具备科学严谨的态度 □ 3. 操作认真,互动积极	自评、互评和师评相结合	30	未完成一项扣 10 分，累计扣分不得超过 30 分	
总分						

【任务拓展】

某农产品电商平台需要对一款名为“绿色有机苹果”的产品进行选品分析,以确定其在平台上的市场表现和潜在竞争力。请从以下几方面对该产品进行分析。

(1)产品特点。描述“绿色有机苹果”的主要特点,如产地、品种、口感、营养价值等。

(2)目标市场。分析该产品的目标消费群体是谁,他们的需求和购买习惯是什么。例如,年轻人更注重健康,可能会更愿意购买有机食品。

(3)竞品分析。列出与“绿色有机苹果”相似的其他农产品,并比较它们的价格、品质、包装、营销策略等方面。这有助于了解市场上的竞争态势。

(4)SWOT 分析。对“绿色有机苹果”进行 SWOT 分析(即优势、劣势、机会和威胁)。例如,该产品的优势可能在于其有机认证和健康属性;劣势可能是价格较高;机会可能在于消费者对健康食品的需求不断增加;威胁可能来自其他竞争对手的价格策略等。

(5)销售策略。根据以上分析结果,提出一些建议性的销售策略,如定价策略、促销活动、广告宣传等,以提高产品的市场占有率和销售额。

实训任务7　运营数据日报表制作

【任务目标】

通过实训,掌握运营数据日报表制作流程,为日常经营分析提供参考。

【任务准备】

采集店铺日常推广、销售、客户、供应链等运营源数据。

【任务实施】

为了更好地了解经营状况,为运营人员提供参考数据,需要及时统计相关运营数据,并制作日报表。这些报表可以帮助管理层全面及时了解企业的经营状况,同时也可以协助运营人员进行日常经营分析。作为新入职的运营人员,需要重点关注店铺每日数据变化并制作报表。在创建数据报表前,必须明确需求并确定报告的主要结构。电商运营每天都会产生大量的数据,将所有数据都直接呈现在报表中并不现实,必须有目的地选择并呈现最重要的数据,完成日常运营数据报表的制作。

步骤一　整理源数据。打开并熟悉店铺日常推广、销售、客户、供应链等运营源数据。

步骤二　思考报表大纲并选择数据指标。在设计报表大纲并选择数据指标时,应该考虑到提升整体营运水平的目标。因此,除了关注访客数、浏览量、浏览深度、停留时间、转化率、客单价等推广和销售指标之外,还应该包括客户回购率、客户留存率、库存天数等客户和供应链指标。这些指标可以帮助企业更好地了解客户需求和供应链状况,从而优化运营策略,提高效率和盈利能力。

步骤三　搭建报表框架。在确定了需要在报表中展示的数据指标之后,下一步就是构建报表的框架。对于日常报告,推荐使用列表式的布局。这种方式将各类数据指标按照表头的顺序平铺式地展示出来,这样可以更方便地进行查阅和理解。

步骤四　数据采集与处理。需要进入店铺所在平台的淘宝卖家后台,采集实时数据。

步骤五　填写数据。依次将各类数据填充至报表中(表6-7-1)。

表6-7-1　运营数据日报表

日期	推广				销售					客户		供应链			
	访客数	浏览量	跳失率	支付转化率	客单价	销售量	销售额	ROI	退货金额	客户复购率	客户留存率	库存数量	库存金额	订单满足率	平均送货时间

步骤六　美化报表。为了最大化日报表的效果,需要进一步优化和丰富报表的内容,并

通过美化的方式提高其可读性和吸引力。首先,可以添加详细的使用说明,包括报表的时间范围、适用的职位以及数据来源。此外,还可以通过图表、图形和其他可视化工具来展示数据,增加可视化元素,使日报表更具吸引力和易读性,并定期对报表进行审查和更新。

小贴士

电商数据报表

电子商务数据报表是指对电子商务交易、用户行为、市场趋势等进行统计和分析的报告,是企业管理的重要工具之一,分为日报表、周报表、年报表三种类型。这些报告可以帮助企业了解自己的业务状况,帮助企业进行风险控制和制定更好的营销策略。通常包括以下内容:①交易数据,包括订单量、销售额、转化率、客单价等指标。②用户行为数据,包括访问量、浏览量、点击量、购买量等指标。③市场趋势数据,包括竞争对手情况、行业发展趋势等指标。④营销效果数据,包括广告投放效果、促销活动效果等指标。

【任务报告】

根据任务实施步骤,认真完成任务报告(表 6-7-2)。

表 6-7-2　运营数据日报表制作

姓名:	班级:	学号:
1. 制作报表需要选择哪些数据指标?		
2. 谈谈你是如何美化报表的。		
个人总结:		

【任务评价】

对任务实施过程、任务报告完成情况和学习态度进行考核评价(表 6-7-3)。

表 6-7-3　运营数据日报表制作考核评价细则

<table>
<tr><td colspan="2">姓名:</td><td>班级:</td><td colspan="3">学号:</td><td rowspan="3">教师签字:</td></tr>
<tr><td colspan="2">自评:□合格　□不合格</td><td>互评:□合格　□不合格</td><td colspan="3">师评:□合格　□不合格</td></tr>
<tr><td colspan="2">日期:</td><td>日期:</td><td colspan="3">日期:</td></tr>
<tr><td colspan="7">考核评分细则</td></tr>
<tr><td>序号</td><td>考核项目</td><td>考核标准</td><td>考核方式</td><td>分值</td><td>评分要求</td><td>得分</td></tr>
<tr><td>1</td><td>运营数据日报表制作</td><td>□ 1. 选择合适的数据指标
□ 2. 搭建报表框架
□ 3. 采集与处理数据
□ 4. 美化报表</td><td>现场识别考核或者问答考核</td><td>60</td><td>未完成一项扣 15 分,累计扣分不得超过 60 分</td><td></td></tr>
<tr><td>2</td><td>任务报告</td><td>□ 1. 完成认真
□ 2. 术语规范</td><td>评阅考核</td><td>10</td><td>未完成一项扣 5 分,累计扣分不得超过 10 分</td><td></td></tr>
<tr><td>3</td><td>学习态度</td><td>□ 1. 具有钻研精神
□ 2. 具备科学严谨的态度
□ 3. 操作认真,互动积极</td><td>自评、互评和师评相结合</td><td>30</td><td>未完成一项扣 10 分,累计扣分不得超过 30 分</td><td></td></tr>
<tr><td colspan="6">总分</td><td></td></tr>
</table>

【任务拓展】

假设你是一家坚果类商品的淘宝店主,想要制作一份每日的运营数据报告,以便于监控和优化店铺销售活动。请根据以下要求完成数据日报表的制作。

(1)确定需要收集的数据指标。在制作日报表之前,需要先确定需要收集哪些数据指标。对于坚果售卖淘宝网店来说,可能需要收集的数据指标包括:访问量、新客户数、订单数、销售额、平均订单价值、退货率等。

(2)选择合适的工具或平台。根据收集到的数据指标,选择合适的工具或平台来制作日报表。常用的工具包括 Excel、Google Sheets 等电子表格软件,也可以选择一些专门用于数据分析和可视化的在线工具,例如 Tableau、Power BI 等。

(3)创建报表模板。根据收集到的数据指标,创建一个报表模板。这个模板应该包含所有需要展示的数据字段,并且应该按照一定的格式进行排列。例如,可以使用表格的形式来展示数据,每一列代表一个数据指标,每一行代表一天的数据。

(4)填充数据并进行分析。将每天收集到的数据填充到报表模板中,并进行分析。可以根据不同的数据指标进行分析,例如,通过计算销售额和订单数的比例来评估销售情况;通过计算退货率来评估产品质量等。

(5)生成可视化图表。根据分析结果,生成可视化图表来展示数据。可视化图表可以帮助更好地理解数据,并且可以更直观地展示数据趋势和变化。常用的可视化图表包括折线图、柱状图、饼图等。

(6)定期更新和维护报表。为了保持报表的有效性和准确性,需要定期更新和维护报表。可以将报表保存为模板,以便于后续的更新和使用。同时,也需要及时纠正错误和调整策略,以提高销售业绩。

工作模块七

县域农产品品牌营销

案例导入

2014年，在农业品牌化的发展背景下，建设农产品区域公用品牌成为了地方农产品走向品牌化的重头戏，比如丽水山耕、青岛农品、天赋河套、寒地黑土。2022年中央一号文件中明确提出开展农业品种培优、品质提升、品牌打造和标准化生产提升行动。其中，品牌打造成为农产品打开市场的关键一环。

丽水山耕是浙江丽水的农产品区域公用品牌，成立于2016年，品牌位列《2021年中国区域农业品牌影响力排行榜》第四位。

(1)品牌命名。结合区域名称、区域地貌、农耕文化，浙江丽水将“丽水山耕”作为品牌名，定位为丽水生态精品农业，主打天然、品质为卖点。

(2)品牌诉求。丽水九山半水半分田，在“好山好水好空气”环境下，以传统生态生产方式耕作生产农产品。通过“法自然·享淳真”品牌口号，对外传递品牌价值。

(3)产业方面。基于区域资源优势，丽水打造“8+3”产业模式，其中“8”指的是食用菌、茶叶、水干果、高山蔬菜、中药材、畜牧业、笋竹、油茶八大基础产业，“3”包括两个特色产业和一个战略产业。其中，以基础产业为基础，加快培育特色产业，稳固发展战略产业。

(4)渠道方面。销售渠道重点打造“三商融合”，分别上线了网商、微商渠道，上线丽水山耕生活馆微信公众号和微信小程序。线下渠道包括丽水旅游景区售货点、超市销售点、社区智能售货点、城市品牌加盟店等。通过开展双线营销、商超营销、社区营销等，完成“丽水山耕”线下营销网点布局200余个。其中特别值得提及的是通过建立丽水山耕旅游地商品体验中心，一站式实现展销一体化。

(5)品牌传播方面。在全媒体传播方面，丽水山耕以自有媒体为基础，充分利用新闻媒体、视频网站等，持续推出系列宣传片、品牌推介活动、美食评选活动，持续放大品牌影响力。丽水山耕公用品牌案例值得大部分地方政府借鉴。因地制宜往往是最大化区域资源价值的最好方式。要想打造农产品公用品牌,不能只是简单地推出产品,需要从战略高度思考,如何产业化、如何借助传播放大公用品牌的独特卖点。

农产品的未来一方面要标准化,另一方面要品牌化。标准化从源头、过程强化产品品质,而品牌化需要在顾客端打造自身的差异化,创造更多的“指名购买”。

工作要求

识别农产品“三品一标”标志,熟悉农产品包装设计、农产品短视频和直播脚本设计。

实训任务 1　农产品品牌认知

视频：句容农产品品牌介绍

【任务目标】

通过实训，培养农产品品牌认知的思维。

【任务准备】

了解农产品品牌的概念和类型。如果需要实地调研，做好安全保障措施。

【任务实施】

李四是一名大学生驻村干部，他深知带领当地百姓富裕起来的重要性。为了实现这个目标，他决定进行农产品的商标注册，为后续的农产品品牌营销打好基础。然而，由于对农产品品牌还不是很了解，他需要先了解一下农产品品牌的类型，再确定之后的品牌工作方向。

步骤一　实地调研。李四走访当地知名品牌供应商、商超以及入户交流。他了解到农产品品牌可以分为两种类型：一种是地域性品牌，另一种是企业自主品牌。地域性品牌是指以产地为基础的品牌，如“阳江荔枝”“山东苹果”等；而企业自主品牌则是指由企业自行设计、注册、推广的品牌，如“三只松鼠”“五谷磨房”等。经过对比，他发现应该优先发展地域性品牌。首先，地域性品牌可以更好地体现当地的特色和文化，吸引更多的消费者；其次，地域性品牌可以提高产品的附加值和知名度，增加农民的收入；最后，地域性品牌可以促进当地农业产业的发展，推动农村经济的繁荣。除了以上两种类型的品牌之外，李四还了解到了一些其他类型的农产品品牌。例如，有机农产品品牌、绿色农产品品牌、功能性农产品品牌等。这些品牌都有其独特的特点和优势，可以根据不同的市场需求和消费者需求进行选择和发展。

步骤二　网络调研。以小米农产品为例，李四通过网络搜索得到很多结果。经过筛选，找到了以下四种小米农产品品牌：

(1) 三只松鼠。这是一家以休闲食品为主打产品的公司，其产品线包括坚果、炒货、蜜饯等，也推出了一些小米系列产品，如小米锅巴、小米脆片等。

(2) 五谷磨房。这是一家以健康食品为主打产品的公司，其产品线包括有机杂粮、豆制品、果蔬汁等，也推出了一些小米系列产品，如小米粥、小米糊等。

(3) 金龙鱼。这是一家以食用油为主打产品的公司，其产品线包括花生油、菜籽油、调和油等，也推出了一些小米系列产品，如小米油等。

(4) 农夫山泉。这是一家以饮用水为主打产品的公司，其产品线包括矿泉水、果汁饮料等，也推出了一些小米系列产品，如小米水等。

步骤三　品牌效益更大化分析。李四基于上述四种产品进行整合发展分析。具体来说，将它们分为两个部分：一是健康食品类品牌；二是食用油类品牌。然后针对不同需求的消费者推出不同的产品组合。对于健康食品类品牌（三只松鼠和五谷磨房），可以将它们的小米系列产品与其他健康食品进行搭配销售。比如可以将五谷磨房的小米粥与三只松鼠的小米脆片搭配在一起销售，这样既能满足消费者对小米的需求，又能提供更丰富的营养选择。同时，还可以将这些产品打包成礼盒进行销售,增加产品的附加值和吸引力。对于食用油类品牌(金龙鱼和农夫山泉),可以将它们的小米系列产品与其他食用油进行搭配销售。比如可以将农夫山泉的小米水与金龙鱼的小米油搭配在一起销售。

【任务报告】

根据任务实施步骤,认真完成任务报告(表 7-1-1)。

表 7-1-1　农产品品牌认知

姓名:	班级:	学号:
1. 地域性品牌有哪些?举 2~3 个例子进行分析。		
2. 谈谈你对品牌整合发展分析的理解。		
个人总结:		

【任务评价】

对任务实施过程、任务报告完成情况和学习态度进行考核评价(表7-1-2)。

表7-1-2　农产品品牌认知考核评价细则

姓名:		班级:		学号:		教师签字:
自评:□合格　□不合格		互评:□合格　□不合格		师评:□合格　□不合格		
日期:		日期:		日期:		

考核评分细则

序号	考核项目	考核标准	考核方式	分值	评分要求	得分
1	认识农产品品牌	□1. 获取实地调研信息 □2. 获取网络调研信息 □3. 给出品牌效益更大化分析结论	现场识别考核或者问答考核	60	未完成一项扣20分，累计扣分不得超过60分	
2	任务报告	□1. 完成认真 □2. 术语规范	评阅考核	10	未完成一项扣5分，累计扣分不得超过10分	
3	学习态度	□1. 具有钻研精神 □2. 具备科学严谨的态度 □3. 操作认真,互动积极	自评、互评和师评相结合	30	未完成一项扣10分，累计扣分不得超过30分	
总分						

【任务拓展】

阳澄湖大闸蟹是中国四大名蟹之一,以肉质鲜美、膏黄丰满、营养丰富而闻名于世。阳澄湖大闸蟹的产地主要在江苏省苏州市常熟市、昆山市和太仓市,历史可以追溯到唐代,当时就有人将阳澄湖大闸蟹作为贡品进献给皇帝。阳澄湖大闸蟹的养殖技术非常讲究。例如,水质要保持清洁,水温要控制在20℃左右,饲料要选择优质的原料等。阳澄湖大闸蟹的食用方法也非常多样化,可以将螃蟹煮熟后直接拆开后取出肉来食用,也可以将螃蟹制成各种美食,例如蟹粉豆腐、蟹黄包子等。由于阳澄湖大闸蟹的品质优良,因此价格也相对较高。

假设你是一家大闸蟹品牌的市场调研经理,现在需要对常熟阳澄湖大闸蟹品牌进行调研,分析其市场表现、消费者需求和竞争情况,提出提升品牌知名度和市场占有率的建议。请参考以下步骤进行调研。

(1)确定调研目的和范围。了解常熟阳澄湖大闸蟹品牌在市场上的表现,分析消费者对其的认知和需求,以及竞争对手的情况。

(2)收集资料。通过网络搜索、问卷调查、实地走访等方式,收集与调研主题相关的资料,包括常熟阳澄湖大闸蟹品牌历史、产品特点、销售渠道、价格策略、广告宣传等方面的信息。

(3)分析数据。对收集到的数据进行整理和分析,比较不同渠道的销售情况、消费者对品牌的认知程度和满意度、竞争对手的产品特点和营销策略等。

(4)提出建议。根据数据分析结果,提出提升常熟阳澄湖大闸蟹品牌知名度和市场占有率的建议,包括改进产品质量、加强品牌宣传、拓展销售渠道等方面的具体措施。

(5)撰写报告。将调研结果和提出的建议整理成报告形式,包括调研背景、目的、方法、数据分析和结论等内容。

实训任务2 “三品一标”标志应用

【任务目标】

通过实训，能正确地使用“三品一标”标志。学会在日常工作中正确地辨析不同标志所代表的农产品质量水平。

【任务准备】

了解“三品一标”的相关含义。

【任务实施】

2019年10月，小李经别人介绍，认识了小刘。小刘别的地方都不挑剔，就是对吃饭特别讲究。2019年12月的一个周六，好久没见到小刘的小李，为了表达自己对小刘的爱慕之意，决定自己下厨给恋人做一顿大餐，于是一大早就上街买菜买米。忙了一上午，大餐终于做好了，心里甜滋滋的小李就等着小刘来享用。小刘来后，小李心里特别激动，就等着小刘表扬自己。哪知道小刘看到标着“LB-13-1312XXXXXXA 中国绿色食品发展中心”的米袋后就一脸不高兴，弄得小李一头雾水。

根据以上案例，分析小刘看到米袋后不高兴的原因。

步骤一 请熟记图7-2-1中“三品一标”图案并凭记忆画出。

图7-2-1 农产品“三品一标”标志

步骤二 描述“三品一标”的使用规范和要求。“三品一标”是无公害农产品、绿色食品、有机产品、农产品地理标志的统称。“三品一标”标志有规定的使用规范和要求，不得超越范围和逾期使用，不得买卖和转让。获得无公害农产品认证证书的单位和个人，可以在证书规定的产品或者其包装上加施无公害农产品标志，用以证明产品符合无公害农产品标准。比如农产品地理标志，使用人可以在产品及其包装上使用农产品地理标志，也可以使用登记的农产品地理标志进行宣传和参加展览、展示及展销。

步骤三 分析小刘不高兴的原因。在使用期限上，无公害农产品、绿色食品标志许可使用有效期为3年，有机产品许可使用有效期为1年。上例“LB-13-1312XXXXXXA 中国绿色食品发展中心”中，“LB”是绿色食品标志代码，“13”表示绿色食品的类别，“1312”表示标志使用的起始年月，前面2位“XX”表示产品所在地区代码，后面4位“XXXX”表示产品序号代码，“A”表示产品级别，“中国绿色食品发展中心”指绿色食品认证机构。根据《绿色食品标志管理办法》中规定，绿色食品标志使用权自批准之日起3年内有效。要求继续使用绿色食品标志的，须在有效期满前90天内重新申报，未重新申报的，视为自动放弃其使用权。上述案例中的绿色食品标志使用权，如果没有重新申报则在2016年年底失效。现实中比较可行的做法是查看产品包装上的生产日期，并与批准时间比较，若两者相差3年以上则可断定该产品为假冒产品。所以，小刘不高兴的原因是米袋上的绿色食品标志在2016年年底就已经失效。

小贴士

“三品一标”与绿色食品

“三品一标”是政府主导的安全优质农产品公共品牌，是当前和今后一个时期农产品生产消费的主导产品。纵观“三品一标”发展历程，虽有其各自产生的背景和发展基础，但都是农业发展进入新阶段的战略选择，是传统农业向现代农业转变的重要标志。

A级绿色食品，指在生态环境质量符合规定标准的产地，生产过程中允许限量使用限定的化学合成物质，按特定的生产操作规程生产、加工，产品质量及包装经检测、检查符合特定标准，并经专门机构认定，许可使用A级绿色食品标志的产品。A级绿色食品在生产过程中允许限量使用限定的化学合成物质。AA级绿色食品(等同有机食品)，指在生态环境质量符合规定标准的产地，生产过程中不使用任何有害化学合成物质，按特定的生产操作规程生产、加工，产品质量及包装经检测、检查符合特定标准，并经专门机构认定，许可使用AA级绿色食品标志的产品。A级标志为绿底白字，AA级标志为白底绿字。该标志由中国绿色食品协会认证颁发。

【任务报告】

根据任务实施步骤,认真完成任务报告(表7-2-1)。

表7-2-1 “三品一标”标志应用

姓名:	班级:	学号:
1. 描述一下“LB-13-1312XXXXXXA 中国绿色食品发展中心”的含义。		
2. “三品一标”的含义和意义分别是什么?		
个人总结:		

【任务评价】

对任务实施过程、任务报告完成情况和学习态度进行考核评价(表 7-2-2)。

表 7-2-2 “三品一标”标志应用考核评价细则

姓名:	班级:	学号:	教师签字:
自评:□合格 □不合格	互评:□合格 □不合格	师评:□合格 □不合格	
日期:	日期:	日期:	

考核评分细则

序号	考核项目	考核标准	考核方式	分值	评分要求	得分
1	画出“三品一标”标志	□ 1. 绘制无公害农产品标志图案 □ 2. 绘制绿色食品标志图案 □ 3. 绘制中国有机产品标志图案 □ 4. 绘制中国农产品地理标志图案	现场识别考核或者问答考核	40	未完成一项扣 10 分,累计扣分不得超过 40 分	
2	描述“三品一标”使用规范	□准确描述规范和要求		20	描述不准确扣 20 分	
3	任务报告	□ 1. 完成认真 □ 2. 术语规范	评阅考核	10	未完成一项扣 5 分,累计扣分不得超过 10 分	
4	学习态度	□ 1. 具有钻研精神 □ 2. 具备科学严谨的态度 □ 3. 操作认真,互动积极	自评、互评和师评相结合	30	未完成一项扣 10 分,累计扣分不得超过 30 分	
总分						

【任务拓展】

石某近期从江苏购进一批草莓,在草莓的包装袋上,印有“LB-00-1811XXXXXXAA”字样,要求如下:①说明该标志的特征及“LB-00-1811XXXXXXAA”的含义;②画出标志的图案并说明标志的特征。

实训任务3　品牌农产品包装设计

【任务目标】

通过实训,理解农产品包装与标识的基本内容,在实际工作中正确设计农产品包装效果。

动画:农产品包装策略

【任务准备】

查阅和理解农产品包装与标识的相关要求。

【任务实施】

近年来,随着农业标准化技术的推广与普及,农产品的档次与效益得到了很大的提升。与此同时,部分农产品包装描述与农产品本身存在不符,甚至是没有任何标识的不合格包装,影响了品牌形象传播和价值提升。

步骤一　查阅资料,了解到有关农产品包装的一些文件规定。

一、《农产品质量安全法》的相关规定

《中华人民共和国农产品质量安全法》第38条规定:"农产品生产企业、农民专业合作社以及从事农产品收购的单位或者个人销售的农产品,按照规定应当包装或者附加承诺达标合格证等标识的,须经包装或者附加标识后方可销售。包装物或者标识上应当按照规定标明产品的品名、产地、生产者、生产日期、保质期、产品质量等级等内容;使用添加剂的,还应当按照规定标明添加剂的名称。具体办法由国务院农业农村主管部门制定。"

(1)农产品生产企业、农民专业合作经济组织以及从事农产品收购的单位或者个人,应当依法履行包装或者标识义务。对一家一户、农民自产自销的农产品,没有提出包装和标识要求。

(2)按照农业农村部规定需包装或者附加标识的农产品,只有经过包装或者附加标识后才可以上市销售;未经包装或者未附加标识的,不允许上市销售。

(3)销售的产品在包装物或者标识上必须标注品名、产地、生产者、生产日期、保质期、产品质量等级等内容。

(4)农产品在包装、保鲜、储藏、运输过程中使用过添加剂的,必须标明使用过的添加剂名称。

(5)农产品包装和标识十分复杂,推行农产品包装上市和标识标注是一个分类管理、循序渐进的过程,故本法对包装或者附加标识的行为主体和产品对象只做了一些原则性的规定。具体的包装和标识范围、对象和实施步骤,本法授权国务院农业农村主管部门另行制定办法进行规定。

二、《农产品包装和标识管理办法》的相关内容

为规范农产品生产经营行为，加强农产品包装和标识管理，建立健全农产品可追溯制度，保障农产品质量安全，依据《中华人民共和国农产品质量安全法》，制定《农产品包装和标识管理办法》（自2006年11月1日起施行）。

（一）农产品包装

1. 需要包装销售的农产品

《农产品包装和标识管理办法》第7条规定："农产品生产企业、农民专业合作经济组织以及从事农产品收购的单位或者个人，用于销售的下列农产品必须包装：(一)获得无公害农产品、绿色食品、有机农产品等认证的农产品，但鲜活畜、禽、水产品除外。(二)省级以上人民政府农业行政主管部门规定的其他需要包装销售的农产品。符合规定包装的农产品拆包后直接向消费者销售的，可以不再另行包装。"

2. 农产品包装要求

《农产品包装和标识管理办法》第8条规定："农产品包装应当符合农产品储藏、运输、销售及保障安全的要求，便于拆卸和搬运。"

3. 包装农产品的材料和使用的物质要求

《农产品包装和标识管理办法》第9条规定："包装农产品的材料和使用的保鲜剂、防腐剂、添加剂等物质必须符合国家强制性技术规范要求。包装农产品应当防止机械损伤和二次污染。"

（二）农产品标识

1. 农产品标识标注和标注的内容

《农产品包装和标识管理办法》第10条规定："农产品生产企业、农民专业合作经济组织以及从事农产品收购的单位或者个人包装销售的农产品，应当在包装物上标注或者附加标识标明品名、产地、生产者或者销售者名称、生产日期。有分级标准或者使用添加剂的，还应当标明产品质量等级或者添加剂名称。未包装的农产品，应当采取附加标签、标识牌、标识带、说明书等形式标明农产品的品名、生产地、生产者或者销售者名称等内容。"

2. 农产品标识所用文字

《农产品包装和标识管理办法》第11条规定："农产品标识所用文字应当使用规范的中文。标识标注的内容应当准确、清晰、显著。"

3. "三品"质量标志

农产品质量标志是指由国家有关部门制定并发布，加施于获得特定质量认证农产品的证明性标识。生产者可以申请使用的农产品质量标志包括无公害农产品、绿色食品、有机农产品等。《农产品包装和标识管理办法》第12条规定："销售获得无公害农产品、绿色食品、有机农产品等质量标志使用权的农产品，应当标注相应标志和发证机构。禁止冒用无公害农产品、绿色食品、有机农产品等质量标志。"

4. 农业转基因生物的农产品等标识

《农产品包装和标识管理办法》第13条规定："畜禽及其产品、属于农业转基因生物的农产品，还应当按照有关规定进行标识。"

三、农产品包装、保鲜、贮存、运输过程使用相关材料要求

《中华人民共和国农产品质量安全法》第35条规定:“农产品在包装、保鲜、储存、运输中所使用的保鲜剂、防腐剂、添加剂、包装材料等,应当符合国家有关强制性标准以及其他农产品质量安全规定。”保鲜剂是指保持农产品新鲜品质,减少流通损失,延长储存时间的人工合成化学物质或者天然物质。防腐剂是指防止农产品腐烂变质的人工合成化学物质或者天然物质。添加剂是指为改善农产品品质以及色、香、味以及加工性能而加入的人工合成化学物质或者天然物质。

步骤二 在研读以上包装与标识内容文件要求的基础上,结合所在区域农产品的生产经营情况,拟定一份产品包装和设计的方案。

步骤三 邀请专家和同行评议设计方案的可行性。

小贴士

农产品品牌包装的设计风格

1. 包装设计应“大道至简”

通过简化的方式来对包装进行设计,可以使产品Logo更为凸显出来,从而达到产品的宣传最大化。因为排除了花里胡哨的视觉元素,消费者可以清晰看见产品状况的外包装,重点信息标注清晰,有条理的标签最能赢得消费者的青睐与信任。除了黑白灰、原色这些低调的配色之外,极简包装的呈现方式还有非常少的图案、大块的留白、无衬线字体的简单标识。

2. 包装打造原生态形象

随着互联网时代的到来,消费者越来越追求亲近自然,尤其喜欢自由自在的原生态意境。很多农场宣传卖点也是天然、有机、自然的味道。为了凸显产品的味道是天然的,包裹产品的包装设计可以使用稻草、竹子、木头、厚纸板,或是由再生材料制成的纤维素等天然材料。当同类产品的价格与质量对等时,环保与可回收的包装还可以成为农产品的一大卖点。

3. 包装融合区域特色文化

地域文化是一种独特的文化,是一定的地域环境与地域特色融合后产生的。方言、饮食、信仰、建筑、移民等因素,都可以体现在各自的农产品上。将地域文化融入农产品包装设计中,能够实现品牌的自主创新,提升产品美誉度和企业的知名度,能让更多的人去了解不同的文化,接受文化的熏陶,从而推动地域特色文化的传播。

4. 包装风格要统一

统一风格首先要确定主图案是一致的。这种方法被采用得最为普遍,也是成本最低的。形成统一包装主形象后,再利用颜色、辅助形象进行视觉延伸,以此形成不同产品之间的串联,然后再用统一的包装材质。

【任务报告】

根据任务实施步骤，认真完成任务报告(表 7-3-1)。

表 7-3-1 品牌农产品包装设计

姓名：	班级：	学号：
1. 你认为农产品包装设计的作用在哪里？		
2. 在实际工作中，你将如何贯彻包装融合区域特色文化的理念？		
个人总结：		

【任务评价】

对任务实施过程、任务报告完成情况和学习态度进行考核评价(表 7-3-2)。

表 7-3-2　品牌农产品包装设计考核评价细则

姓名:	班级:	学号:	教师签字:
自评:□合格　□不合格	互评:□合格　□不合格	师评:□合格　□不合格	
日期:	日期:	日期:	

考核评分细则

序号	考核项目	考核标准	考核方式	分值	评分要求	得分
1	农产品包装方案设计	□ 1. 正确理解文件要求 □ 2. 拟出包装和设计方案 □ 3. 设计方案可行性	现场识别考核或者问答考核	60	未完成一项扣 20 分,累计扣分不得超过 60 分	
2	任务报告	□ 1. 完成认真 □ 2. 术语规范	评阅考核	10	未完成一项扣 5 分,累计扣分不得超过 10 分	
3	学习态度	□ 1. 具有钻研精神 □ 2. 具备科学严谨的态度 □ 3. 操作认真,互动积极	自评、互评和师评相结合	30	未完成一项扣 10 分,累计扣分不得超过 30 分	
总分						

【任务拓展】

阅读以下节选的材料,归纳一下如何规范使用农产品标识。

农产品生产企业、农民专业合作经济组织以及从事农产品收购的单位或者个人包装销售的农产品,应当在包装物上标注或者附加标识标明品名、产地、生产者或者销售者名称、生产日期。有分级标准或者使用添加剂的,还应当标明产品质量等级或者添加剂名称。未包装的农产品,应当采取附加标签、标识牌、标识带、说明书等形式标明农产品的品名、生产地、生产者或者销售者名称等内容。销售获得“三品”等质量标志使用权的农产品,应当标注相应标志和发证机构。畜禽及其产品、属于农业转基因生物的农产品,还应当按照有关规定进行标识。

实训任务 4　品牌农产品短视频营销脚本设计

【任务目标】

通过实训,会编写短视频脚本。

【任务准备】

了解短视频对促进农产品品牌销售的价值。

【任务实施】

步骤一　阅读一份资料。

短视频助力农产品实现“优质优价”

“短视频成为城乡居民不可或缺的‘精神食粮’,也成为新农人助力乡村振兴的‘新农具’。”2 月 26 日,中国农业科学院农业经济与发展研究所农产品电商课题组发布《短视频为新农人搭建平台,助推农业高质量发展》报告(以下简称《报告》)。《报告》称,以抖音为代表的“三农”短视频平台,为传统农业注入了新的发展理念、方式与动能,为优化农业生产体系和经营体系,促进农业高质量发展探索了一种可行路径。

农特小产品对接国内大市场

《报告》指出,当前有部分农村地区的信息不对称问题导致生产者难以科学、合理、及时地调整生产决策,导致农产品供求不匹配、产销有脱节。通过抖音兴趣推荐,农特产品的潜在目标用户可以接收到更多“三农”短视频的推送。特别是一些因为地理阻隔与流通问题而“养在深山人未知”的小众农产品,借助短视频对接到更大市场范围的长尾用户,从而打开了知名度与销量。这种兴趣电商模式既有助于生产经营者发现潜在的消费者和需求,也有助于消费者减少搜寻成本。

生活在“硒都”湖北恩施土家族苗族自治州巴东县的张周清,正是通过短视频这种“新农具”实现了扎根家乡,将家乡的含硒农特产品推荐给全国市场的梦想。张周清在外打拼多年后选择回乡创业,销售家乡的特产,却因打不开市场规模,并受不利的外部环境影响而负债 80 万元。在一筹莫展之际,张周清偶然拍摄的自家爷爷奶奶日常乡村生活在抖音上“出圈”,吸引了大量的关注者。欣赏乡村野趣之余,经常出镜的富硒土豆、名贵药材含硒天麻等特产也引起了关注者们的兴趣。通过短视频,张周清将全国各地的关注者转化为消费者,建立了稳定的推广销售渠道,还清了债务并帮助本地超过 500 户种植户实现了增收。

新农人借助短视频建立家乡新品牌

“我们云南的夏威夷果不输进口,从树上到消费者手里不到一周时间,品质还更新鲜。”在@云南小花的抖音短视频中，她展示了云南产夏威夷果从种植到装箱的全链条，还邀请热带农作物领域的专家共同解说每一个生产环节，向消费者为云南有多年种植历史的夏威夷果正名宣传。原本从事幼师工作的95后姑娘@云南小花，因无意间拍摄的一条云南特色美食“油炸玫瑰花”而走红抖音，开始云南各地特色农产品的“带货”之路并建立了自己的品牌。她专门组建了近30位专业人员的前期选品以及品控团队，并邀请专家指导种植技术，保证出售农产品品质的稳定与标准化。在抖音平台，@云南小花这样通过建立产销标准和区域特色品牌为地方农产品“正名”的新农人不在少数。短视频为优质农产品提供了更直观立体低成本的品牌形象展示平台，提升了优质农产品的获利空间和品牌价值。

《报告》发现，优质的农产品，加上软性的、可引起消费者共鸣的短视频内容，帮助部分区域的农产品品牌在短时间内提升了知名度，为原创的优秀品牌提供了低成本宣传推广的机会。抖音电商平台上农产品优质才能优价的正反馈机制以及农产品销量的持续上升，形成了规模效应，使新农人可在标准化、生产技术等方面进行更多投入，并形成技术溢出效应，带动当地农业生产标准化，逐渐实现从“田间”到“舌尖”的全程标准化管控，进一步丰富农产品附加值，树立优质农产品品牌形象。

（参考来源：中国农业科学院农产品电商课题组《短视频为新农人搭建平台，助推农业高质量发展》报告，2022年2月26日）

步骤二 总结案例成功的做法。

步骤三 选取本地某农产品，围绕产品属性和经营特征，参照脚本模板尝试设计一份该产品的短视频脚本，并邀请专家和同行修订（表7-4-1）。

表7-4-1 某品牌农产品短视频脚本设计

时间长度	分镜	画面描述		背景音乐描述		参考图片	备注
		镜头描述	讲解及字幕	配音	音乐		

步骤四 将完善之后的脚本交给第三方创作团队进行加工，拍摄成不少于20秒的短视频，为后期上传到抖音平台做好准备。

小贴士

短视频营销

短视频营销是内容营销的一种,短视频营销主要借助短视频,通过选择目标受众人群,并向他们传播有价值的内容,吸引用户了解企业品牌产品和服务,最终形成交易。做短视频营销,最重要的就是找到目标受众人群和创造有价值的内容。

短视频营销的优势:

(1)品牌更强。短视频可以轻松地植入或是向用户传递品牌形象,并且在视频之中,产品形态是多样化的,产品维度可以是人,也可以是画面、场景、情节等,用户的接受程度会更高,也会让用户对于广告本身进行二次传播。

(2)互动性强。短视频维度众多,短视频可以和用户产生互动,用户可以发送弹幕,也可以投稿,又或是模仿视频再拍摄等。

(3)渠道更广。短视频平台范围更广,每个用户都可以对视频点赞、转发、评论。

【任务报告】

根据任务实施步骤，认真完成任务报告（表 7-4-2）。

表 7-4-2　品牌农产品短视频营销脚本设计

姓名：	班级：	学号：
1. 你认为短视频传播对于农产品品牌营销的价值有哪些？		
2. 短视频脚本设计包含哪几部分？		
个人总结：		

【任务评价】

对任务实施过程、任务报告完成情况和学习态度进行考核评价(表 7-4-3)。

表 7-4-3　品牌农产品短视频营销脚本设计考核评价细则

<table>
<tr><td colspan="2">姓名：</td><td colspan="2">班级：</td><td colspan="2">学号：</td><td rowspan="3">教师签字：</td></tr>
<tr><td colspan="2">自评：□合格　□不合格</td><td colspan="2">互评：□合格　□不合格</td><td colspan="2">师评：□合格　□不合格</td></tr>
<tr><td colspan="2">日期：</td><td colspan="2">日期：</td><td colspan="2">日期：</td></tr>
<tr><td colspan="7">考核评分细则</td></tr>
<tr><td>序号</td><td>考核项目</td><td>考核标准</td><td>考核方式</td><td>分值</td><td>评分要求</td><td>得分</td></tr>
<tr><td>1</td><td>短视频脚本设计</td><td>□ 1. 镜头描述准确
□ 2. 讲解及字幕描述准确
□ 3. 背景音乐描述准确
□ 4. 分镜时间长度合理</td><td>现场识别考核或者问答考核</td><td>60</td><td>未完成一项扣 15 分，累计扣分不得超过 60 分</td><td></td></tr>
<tr><td>2</td><td>任务报告</td><td>□ 1. 完成认真
□ 2. 术语规范</td><td>评阅考核</td><td>10</td><td>未完成一项扣 5 分，累计扣分不得超过 10 分</td><td></td></tr>
<tr><td>3</td><td>学习态度</td><td>□ 1. 具有钻研精神
□ 2. 具备科学严谨的态度
□ 3. 操作认真，互动积极</td><td>自评、互评和师评相结合</td><td>30</td><td>未完成一项扣 10 分，累计扣分不得超过 30 分</td><td></td></tr>
<tr><td colspan="6">总分</td><td></td></tr>
</table>

【任务拓展】

阅读以下文字：

镜头 1　标题显示农产品包装策略(约 4 秒显示)。

镜头 2　农产品包装是指在农产品品牌定位的基础上，根据目标消费群的消费心理以及消费行为模式等相关因素，选用合适的包装材料，运用巧妙的工艺制作手段，为农产品进行结构造型和包装的美化装饰设计，目的是提高产品销量与品牌的推广(配合字幕讲解，将参考图片转制成动画效果依次出现，配音女 / 男，音乐舒缓音乐 / 动画声音，约 20 秒显示)。

镜头 3　农产品包装内容包括品牌标记、包装图案、包装材料、产地、商品名称、成分、品质、数量、使用方法、生产日期、有效期等。(配合字幕和讲解，可以将标记紫色的字幕以动画突出显示，配音女 / 男，舒缓音乐 / 动画声音，约 11 秒显示)。

镜头 4　通常，农产品包装策略包括以下四点(讲解配合字幕，配音女 / 男，舒缓音乐 / 动画声音，约 4 秒显示)。

镜头5 突出农产品形象的包装策略。在包装上通过多种表现方式突出该农产品是什么、有什么功能、内部成分、结构如何等，着重于展示农产品的直观形象（讲解配合字幕，配音女/男，舒缓音乐/动画声音，约11秒显示）。

镜头6 突出农产品用途和使用方法的包装策略。通过包装的文字、图形及其组合告诉消费者，该农产品是什么样的产品，有什么特别之处，在哪种场合使用，如何使用最佳，使用后的效果是什么（讲解配合字幕，配音女/男，舒缓音乐/动画声音，约15秒显示）。

镜头7 展示企业整体形象的包装策略。企业需要有比较深厚的文化积淀，在包装上呈现企业文化，并且能与销售的农产品有机地融合起来进行宣传（讲解配合字幕，配音女/男，舒缓音乐/动画声音，约11秒显示）。

（备注：①画面整体背景安排一下；②根据编辑理解，希望可以在某些环节对参考图片增加必要的动画效果，让画面生动一些；③也可以替换合适的图片。）

要求：根据以上文字信息，参照脚本编辑模板，以农产品包装策略为主题，编写一份短视频脚本。

实训任务 5　品牌农产品直播营销脚本设计

【任务目标】

通过实训,学会编写电商直播脚本。

【任务准备】

了解电商直播的概念以及对促进农产品品牌销售的价值。具备《中华人民共和国电子商务法》《中华人民共和国广告法》等法律法规意识。

微课:农产品直播销售

【任务实施】

步骤一　阅读一份资料。

发挥农林院校专业优势,助农葡萄销售再掀高潮

8 月骄阳似火,丁庄的直播现场更是热火朝天。江苏农林职业技术学院经济与人文学院"亚夫科技服务"团队走进句容市茅山镇丁庄葡萄合作联社、丁庄葡萄分拣中心、步步高葡萄园等地,通过新零售技术孵化,掀起了当地葡萄产业直播带货销售的高潮。

作为国家农产品地理标志,丁庄葡萄种植历史悠久。此次丁庄葡萄直播销售活动始于 8 月 14 日,为期半个月。由经文院选派电商、营销、物流、旅游专业精干师生力量组成科技服务团队,主动对接丁庄葡萄合作联社,通过拼多多、淘宝、微信小程序等多元化平台,每天为巨峰、夏黑、阳光玫瑰等主打品种完成 1~2 场在线直播销售活动。自活动开展以来,已累计完成田头直播 20 余场,在线观看人数超过 12 万人,促进葡萄销售增收 6 万余元,有力地帮扶了当地农户摆脱销售困境。

直播销售期间,学院党委书记巫建华、经济与人文学院院长丁鸿专门视察了团队直播活动的现场,并给予充分肯定。巫书记勉励大家:"要深入学习贯彻习近平同志在给全国涉农高校的书记校长和专家代表回信中的重要指示精神,全面推进新时代高等农林教育改革发展,以立德树人为根本,以强农兴农为己任,贡献更多科技服务力量,孵化更多科技成果,为全面推进乡村振兴和产业兴旺做出新的更大的贡献"。

(参考来源:江苏农林职业技术学院,2021-08-28)

步骤二　总结案例成功的做法。

步骤三　选取本地某农产品,围绕产品属性和经营特征,参照脚本模板尝试设计一份该产品的电商直播脚本,并邀请专家和同行修订(表 7-5-1)。

表 7-5-1　某品牌农产品电商直播脚本设计

<table>
<tr><td colspan="7">某品牌农产品直播脚本</td></tr>
<tr><td colspan="2">直播主题</td><td colspan="5"></td></tr>
<tr><td colspan="2">直播目标</td><td colspan="5"></td></tr>
<tr><td colspan="2">主播简介</td><td colspan="5"></td></tr>
<tr><td>产品名称</td><td>产品图片</td><td>产品概况</td><td>产品利益点</td><td>适用场景</td><td>日常价格</td><td>直播间价格</td></tr>
<tr><td></td><td></td><td></td><td></td><td></td><td></td><td></td></tr>
<tr><td></td><td></td><td></td><td></td><td></td><td></td><td></td></tr>
<tr><td></td><td></td><td></td><td></td><td></td><td></td><td></td></tr>
<tr><td></td><td></td><td></td><td></td><td></td><td></td><td></td></tr>
<tr><td></td><td></td><td></td><td></td><td></td><td></td><td></td></tr>
<tr><td>序号</td><td>直播环节</td><td>直播时长</td><td colspan="4">主要内容</td></tr>
<tr><td>1</td><td>开场预热</td><td></td><td colspan="4"></td></tr>
<tr><td>2</td><td>引导关注</td><td></td><td colspan="4"></td></tr>
<tr><td>3</td><td>用户互动</td><td></td><td colspan="4"></td></tr>
<tr><td>4</td><td>优惠活动</td><td></td><td colspan="4"></td></tr>
<tr><td>5</td><td>直播总结</td><td></td><td colspan="4"></td></tr>
<tr><td>6</td><td>下一场直播预告</td><td></td><td colspan="4"></td></tr>
</table>

步骤四　将完善之后的脚本交给第三方创作团队进行加工，为后期开通抖音平台 / 淘宝平台直播做好准备。

小贴士

电商直播

中国电商直播起始于2016年，从最初以内容建设与流量变现为目的起步尝试，产业链逐步完整化多元化。2020年，直播电商在时代、政策等多重因素的刺激下爆发式发展，头部平台持续向直播倾斜资源，直播带货几乎成为各大平台的标配。

1. 什么是直播电商？

直播只是为店家带来流量的工具，直播电商本质上是私域流量，直播＋电商模式为一种新的推销手段，直播为工具，电商为基础，通过直播为电商带来流量，从而达到为电商销售的目的。

2. 传统电商与直播电商的比较

(1) 产品呈现形式。传统电商仅仅依靠图片和文字，且图片往往是经过修图处理的，与真实外观有一定的差距，而直播电商依靠直播带货软件的加持，基于视频让消费者能更全面地了解产品或服务，能更生动、形象且全方位地展示产品和性能，容易让消费者信服。

（2）时间成本。传统电商中，由于商家和消费者的信息不对称，后者往往需要花费更多时间收集产品信息并进行对比，然后才能做出消费决策，时间成本高。而直播电商中的主播一般会带有专业的选品能力，这有助于降低消费者购物决策的时间成本。

（3）社交属性。传统电商中，其购物社交属性较弱，消费者只能通过产品评论区或者客服两个渠道进行产品交流，但是交流的形式比较单一，反馈也不够及时。但在直播带货的情况下，购物社交属性较强，消费者和主播可以即时互动，消费者可以提出疑问，主播进行解答；消费者之间也能进行对产品的看法讨论，总的来说，这是一种多回路沟通方式。

（4）售卖逻辑。传统电商的售卖逻辑是人找货，而直播带货的售卖逻辑是货找人。

【任务报告】

根据任务实施步骤，认真完成任务报告（表 7-5-2）。

表 7-5-2　品牌农产品直播营销脚本设计

姓名：	班级：	学号：
1. 你认为电商直播对于农产品品牌营销的价值有哪些？		
2. 电商直播脚本设计包含哪几部分？		
个人总结：		

【任务评价】

对任务实施过程、任务报告完成情况和学习态度进行考核评价(表 7-5-3)。

表 7-5-3　品牌农产品直播营销脚本设计考核评价细则

姓名:			班级:		学号:		教师签字:
自评:□合格　□不合格			互评:□合格　□不合格		师评:□合格　□不合格		
日期:			日期:		日期:		
考核评分细则							
序号	考核项目	考核标准		考核方式	分值	评分要求	得分
1	电商直播脚本设计	□ 1. 直播主题、目标、主播简介描述准确 □ 2. 产品利益点、适用场合描述准确 □ 3. 直播各环节设计完整有效果		现场识别考核或者问答考核	60	未完成一项扣 20 分,累计扣分不得超过 60 分	
2	任务报告	□ 1. 完成认真 □ 2. 术语规范		评阅考核	10	未完成一项扣 5 分,累计扣分不得超过 10 分	
3	学习态度	□ 1. 具有钻研精神 □ 2. 具备科学严谨的态度 □ 3. 操作认真,互动积极		自评、互评和师评相结合	30	未完成一项扣 10 分,累计扣分不得超过 30 分	
总分							

【任务拓展】

阅读以下文字:

丁庄葡萄是中国国家地理标志产品,产自江苏省句容市茅山镇。茅山镇四季分明、无霜期长、冬无严寒、夏无酷暑、雨水充沛、光照充足,全年平均气温 15.2℃,年平均降水量为 1 018 毫米,常年风向以东南风为主,平均年降雪时间 8~9 天。茅山镇属典型的低山丘陵区,全镇呈低山、丘陵、岗地和河谷平原交错分布地貌,地势为北高南低、东高西低态势,土质大多属黄棕土壤,适宜种植葡萄。

丁庄葡萄巨峰品种穗粒整齐均匀,果粒椭圆形,紫色,皮易剥,肉厚汁多,甜而微酸;夏黑品种穗粒整齐均匀,果粒圆形,紫黑色,肉质紧脆,甜而微酸;阳光玫瑰品种穗粒整齐均匀,果粒椭圆形,黄绿色,皮薄肉脆,浓香味甜,有玫瑰香味;金手指品种穗粒整齐均匀,果粒形似手指,黄绿色,肉细汁多,甘甜爽口,有冰糖味。2017 年 11 月,原国家质检总局批准对“丁庄葡萄”实施地理标志产品保护。2019 年 11 月丁庄葡萄入选中国农业品牌目录 2019 农产品区域公用品牌,2021 年 9 月入选“2021 年江苏省特色农产品优势区名单”。

要求:根据以上产品描述,进一步进行必要的信息检索,整理并编写一份丁庄葡萄销售主题的直播脚本。

实训任务 6　品牌农产品直播预告

【任务目标】

通过实训,会做好直播之前的信息发布。

【任务准备】

选择农产品直播场景和合适的主播。

【任务实施】

茶产业是湖北恩施的支柱产业和特色产业,也是老百姓脱贫致富的主要收入来源,目前恩施市拥有茶园近 40 万亩。由于近两年受不利的外部环境影响,恩施的茶产业受到重创,春茶的生产、销售受到严重影响。当地政府将运用“政府 + 电商 + 社交平台”的新模式,为茶叶宣传提供了新的思路,积极快速地带动特色农产品的销售,帮助扶持农村经济发展、为农村持续增收脱贫,提供有效助力。

请根据以上背景,完成一场直播前的预告活动。

步骤一　制作直播预告封面。在制作封面时,明确的直播标题、直播内容、直播入口能够让用户快速了解直播信息。体现卖点时,可以抓取直播中最具吸引力的符号将其展示在封面上。比如,将知名主播的照片放置在封面核心位置,将农产品照片放置在封面核心位置。封面尽量使用一张图,忌用拼图,避免影响封面美观性。直播预告封面风格需要与直播主题保持一致,并能够彰显直播间或直播特色,便于用户在众多的直播预告中,快速将其识别出来。为了吸引用户,封面中可以出现名人照片,但需事先取得当事人肖像使用权,避免引起不必要的纠纷。

步骤二　撰写直播预告内容简介。在编辑直播简介时,可以用简短的文案概括直播的主题、时间、主要环节等。在撰写茶叶简介时,可以介绍产品的产地、味道、价格、重量、大小等,并着重介绍农产品的特色。比如在介绍茶叶时,可以将其特色描述为“清汤、醇香、色翠、形美”。

步骤三　以“淘宝主播”为例发布直播预告。下载并安装“淘宝主播”App,按照认证流程,完成认证。打开“淘宝主播”App,点击“发预告”按钮,上传或填写信息,包括上传封面图、预告片。选择直播类型,填写直播时间、标题、内容简介,完成内容填充后,点击“发布预告”按钮,等待后台审核,审核通过后,即完成预告发布。需要注意的是,在上传封面图和直播预告片时,需要了解平台对内容的要求。预告片最好不要有水印,尤其是打算推送到首页的预告内容,封面绝对不能出现水印。“淘宝主播”封面图的尺寸为 1 : 1 和 16 : 9,预告片的尺寸为 16 : 9,不能上传非规定尺寸的封面和预告片。

小贴士

直播前的准备工作

做农产品直播需要明确目的,做好前期宣传,并且要准备好相应的工具以及人员,如:主播一人、主播助理一人,手机还有直播架等相应的工具。只有准备好了人员以及工具,并且做好前期准备工作,才可以如期地开直播。

1. 直播前的准备工作

(1)明确做直播的目的。有的是以直播带货为目的,也有的就是宣传某一个活动又或者是某一件产品。所以,在做直播之前,必须要明确好自己做直播的目的。

(2)做好前期的宣传。在正式开直播之前,必须要做好前期的宣传工作。可以通过海报、今日头条、微信公众号等多种渠道进行宣传,从而为直播积累足够的人气。

2. 开直播需要的人员和工具

(1)人员配置。一个直播间标配为主播一人、主播助理一人,确保达到更好的直播氛围。

(2)直播工具。两部手机,其中一部用来直播,另外一部用来与粉丝互动。除了手机之外,还要提前准备好直播灯以及直播架。

(3)开播时间与时长。开播的时间也必须要提前明确,并且要守时准时开播。

(4)礼品赠送方式和时间。作为观看粉丝,是十分在意礼物的形式的。要想让人留在直播间,就要学会吸引人,定期给粉丝送一些小礼品,并且还要将礼品的种类以及送礼品的时间提前公布。

【任务报告】

根据任务实施步骤,认真完成任务报告(表 7-6-1)。

表 7-6-1　品牌农产品直播预告

姓名:	班级:	学号:
1. 制作直播预告封面有哪些注意事项?		
2. 淘宝主播规定的封面尺寸和预告片尺寸是多少?		
个人总结:		

【任务评价】

对任务实施过程、任务报告完成情况和学习态度进行考核评价(表 7-6-2)。

表 7-6-2　品牌农产品直播预告考核评价细则

<table>
<tr><td colspan="2">姓名:</td><td colspan="2">班级:</td><td colspan="2">学号:</td><td rowspan="3">教师签字:</td></tr>
<tr><td colspan="2">自评:□合格　□不合格</td><td colspan="2">互评:□合格　□不合格</td><td colspan="2">师评:□合格　□不合格</td></tr>
<tr><td colspan="2">日期:</td><td colspan="2">日期:</td><td colspan="2">日期:</td></tr>
<tr><td colspan="7">考核评分细则</td></tr>
<tr><td>序号</td><td>考核项目</td><td>考核标准</td><td>考核方式</td><td>分值</td><td>评分要求</td><td>得分</td></tr>
<tr><td>1</td><td>直播预告策划</td><td>□ 1. 恰当制作直播预告封面
□ 2. 恰当撰写直播预告内容简介
□ 3. 恰当设计“淘宝主播”封面图和预告片</td><td>现场识别考核或者问答考核</td><td>60</td><td>未完成一项扣 20 分，累计扣分不得超过 60 分</td><td></td></tr>
<tr><td>2</td><td>任务报告</td><td>□ 1. 完成认真
□ 2. 术语规范</td><td>评阅考核</td><td>10</td><td>未完成一项扣 5 分，累计扣分不得超过 10 分</td><td></td></tr>
<tr><td>3</td><td>学习态度</td><td>□ 1. 具有钻研精神
□ 2. 具备科学严谨的态度
□ 3. 操作认真,互动积极</td><td>自评、互评和师评相结合</td><td>30</td><td>未完成一项扣 10 分，累计扣分不得超过 30 分</td><td></td></tr>
<tr><td colspan="6">总分</td><td></td></tr>
</table>

【任务拓展】

陕西蒲城酥梨因果大核小、皮薄汁多、酥脆甘甜、黄亮美丽而闻名遐迩,更兼消渴生津、化痰润肺、止咳平喘、清热解毒之功效而享誉中外。生食可清六腑之热,热食可滋五脏之阴,因此具备医用价值,被历代医学家称为“果中甘露子,药中圣醍醐”,千百年来深受消费者的青睐。元、明、清时期被列为贡品,专供皇宫内院享用。由于当时数量少、质量好,平民百姓很难品尝到,当时流传一句民谣“吃上贡梨一口,胜过蟠桃会一游”,可见蒲城酥梨的珍贵之处。1985 年以来,蒲城酥梨多次荣获国际农业博览会金奖,1995 年以来通过中国绿色食品发展中心鉴定,获绿色食品标志,产品远销海外。

假定要对陕西蒲城酥梨进行一场直播营销,现在需要发布直播预告,预告中需要编辑直播标题。请你以运营人员的身份,完成 3 个标题的撰写。

实训任务 7　品牌农产品直播脚本编辑

【任务目标】

通过实训，理解品牌农产品直播脚本编辑的构成框架，并据此针对特定品牌农产品完成直播脚本的编辑。

【任务准备】

选择农产品道具，同时邀请合作主播进行交流。

【任务实施】

步骤一　阅读一份葡萄直播脚本的资料。

葡萄直播脚本

欢迎大家来到我们的直播间，今天我们要为大家介绍的是我们家乡的特色水果——葡萄。我们家的葡萄种植在阳光充足、土壤肥沃的地区，这使得我们的葡萄果实饱满、口感鲜美。这里的葡萄品种丰富，有黄蜜、红蜜、黑蜜等多种口感不同的品种，每一种都有着自己独特的风味。我们的葡萄不仅口感好，而且富含多种营养成分，例如维生素 C、葡萄糖、纤维素等，对身体健康有很多好处。现在正是葡萄上市的好时节，我们的果园已经开始采摘了，每一个果实都是新鲜采摘，保证口感和营养价值。为了让大家更好地品尝我们的葡萄，我们现在推出了限时优惠活动。只要在直播间下单购买，就可以享受到优惠价格，并有机会赢得神秘大奖哦！互动环节来啦！在直播间，我们会挑选一些幸运观众，送出小礼品哦！大家可以在直播间留言分享你们最喜欢的葡萄品种或者购买方式，我们会从中选出最有创意、最真诚的评论送出神秘大奖。快来互动吧！再次感谢大家的观看和支持。如果你对我们的葡萄感兴趣，可以在直播间下单购买，也可以关注我们的直播间，我们会不定期为大家带来更多优质的农产品和特色活动。祝大家购物愉快！

步骤二　查阅资料，并根据合作主播的反馈意见和实战经验做出总结，我们可以按照以下顺序得出给定葡萄直播话术的成分：引入话题—产品介绍—特色推荐—价格优惠—互动环节—总结和关注。

步骤三　分析结果如下，供参考。

*#引入话题#*欢迎大家来到我们的直播间，今天我们要为大家介绍的是我们家乡的特色水果—葡萄。

*#产品介绍#*我们家的葡萄种植在阳光充足、土壤肥沃的地区，这使得我们的葡萄果实饱满、口感鲜美。这里的葡萄品种丰富，有黄蜜、红蜜、黑蜜等多种口感不同的品种，每一种都有着自己独特的风味。

*#特色推荐#*我们的葡萄不仅口感好，而且富含多种营养成分，例如维生素C、葡萄糖、纤维素等，对身体健康有很多好处。现在正是葡萄上市的好时节，我们的果园已经开始采摘了，每一个果实都是新鲜采摘，保证口感和营养价值。

*#价格优惠#*为了让大家更好地品尝我们的葡萄，我们现在推出了限时优惠活动。只要在直播间下单购买，就可以享受到优惠价格，并有机会赢得神秘大奖哦！

*#互动环节#*互动环节来啦！在直播间，我们会挑选一些幸运观众，送出小礼品哦！大家可以在直播间留言分享你们最喜欢的葡萄品种或者购买方式，我们会从中选出最有创意、最真诚的评论送出神秘大奖。快来互动吧！

*#总结和关注#*再次感谢大家的观看和支持。如果你对我们的葡萄感兴趣，可以在直播间下单购买，也可以关注我们的直播间，我们会不定期为大家带来更多优质的农产品和特色活动。祝大家购物愉快！

小贴士

编辑农产品直播脚本的其他注意事项

(1)突出产品特色。在介绍农产品时，要突出产品的特色和优势，例如口感、营养成分、产地等。这样可以吸引更多的消费者关注和购买。

(2)讲述产品背后的故事。可以通过讲述农产品的背后故事来增加产品的吸引力和价值感，例如产品的种植、采摘、加工等过程，让消费者了解到产品的来之不易，从而更加珍惜和购买。

(3)价格合理。在推销农产品时，要合理定价，不要过分夸大产品的价值和优势。要根据市场行情和消费者的心理需求来定价，同时也要考虑到合理的利润和成本。

(4)注重互动和体验。在直播过程中，可以通过互动和体验来增加消费者的购买欲望和忠诚度。例如可以邀请消费者参与采摘、品尝等环节，让他们亲身感受到农产品的美味和特色。

(5)语言精练真诚。在介绍农产品时，语言要精练、真诚，不要过于夸张或虚假宣传。要以诚信为本，向消费者传递真实、可靠的信息，增加消费者的信任感和好感度。

(6)遵守平台规则。在进行农产品直播时，要遵守平台规则，避免涉及违法、低俗、诈骗等违规行为，影响个人声誉和平台形象。

(7)丰富内容。内容不必死板和单一，可以根据不同的场景和需求进行灵活变化。例如可以加入幽默、趣味性的元素，增加直播的趣味性和吸引力。

(8)不断学习和提升。作为主播，要不断学习和提升自己的专业知识和表达能力，掌握更多的语言技巧和互动方式，从而更好地服务消费者，提升销售业绩。

【任务报告】

根据任务实施步骤,认真完成任务报告(表 7-7-1)。

表 7-7-1　品牌农产品直播话术编辑

姓名:	班级:	学号:
1. 农产品直播脚本的构成框架包括哪几个部分?		
2. 在编辑农产品直播脚本的过程中,你认为如何突出产品特色?		
个人总结:		

【任务评价】

对任务实施过程、任务报告完成情况和学习态度进行考核评价(表 7-7-2)。

表 7-7-2　品牌农产品直播脚本编辑考核评价细则

姓名：	班级：	学号：	教师签字：
自评：□合格　□不合格	互评：□合格　□不合格	师评：□合格　□不合格	
日期：	日期：	日期：	

考核评分细则

序号	考核项目	考核标准	考核方式	分值	评分要求	得分
1	直播话术编辑	□ 1. 正确解读引入话题 □ 2. 正确解读产品介绍 □ 3. 正确解读特色推荐 □ 4. 正确解读价格优惠 □ 5. 正确解读互动环节 □ 6. 正确解读总结和关注	现场识别考核或者问答考核	60	未完成一项扣 10 分，累计扣分不得超过 60 分	
2	任务报告	□ 1. 完成认真 □ 2. 术语规范	评阅考核	10	未完成一项扣 5 分，累计扣分不得超过 10 分	
3	学习态度	□ 1. 具有钻研精神 □ 2. 具备科学严谨的态度 □ 3. 操作认真，互动积极	自评、互评和师评相结合	30	未完成一项扣 10 分，累计扣分不得超过 30 分	
总分						

【任务拓展】

阅读以下资料：

丁庄葡萄直播脚本

直播间的各位小伙伴们大家上午好啊，欢迎大家来到我们的丁庄葡萄直播间。我是江苏农林职业技术学院的一名大学生，为了振兴乡村，助农增收，我们学校开设了丁庄葡萄大学生直播基地，我们每天都会在丁庄为大家直播我们丁庄葡萄，也是想为家乡发展出一份力。

根据我们的直播间的 ID，大家可以看出我们推荐的是什么水果吗？知道的可以打在评论区。没错，我们这个直播间是专门给大家推荐葡萄的。大家都知道，葡萄都是夏季成熟的，现在也正是葡萄成熟上市的时候。先给大家介绍一下我们丁庄葡萄小镇。丁庄位于句容市茅山镇，茅山大家应该都略有耳闻，是中国道教名山，有“第一福地，第八洞天”的美誉，茅山是国家5A级风景区，风景美丽。句容是块福地哦，福山福水福地句容，购买我们的葡萄希望也能给您带去一份福气。

丁庄葡萄是国家地理标志产品，丁庄这个地方种植葡萄已经有30多年了，目前整个丁庄葡萄种植面积达到了5万亩，规模可以说是非常的大。当然不仅规模大，我们的品种也非常多样，比如巨峰、美人指、金手指、蓝宝石等。今天给大家推荐我们这品质最高的阳光玫瑰。我相信大家吃水果都喜欢健康绿色的，给家人购买健康绿色的水果，家里有小孩老人孕妇都可以吃。吃水果主要看中的就是品质、健康，如果你没有尝过我们丁庄葡萄，那你绝对要尝一下，如果你吃过我们的阳光玫瑰，一定会再想吃。丁庄葡萄已经进入南京许多商超，像盒马生鲜都有在卖，引起了南京市民的购买热潮。

阳光玫瑰为什么叫阳光玫瑰呢，大家知道吗？阳光玫瑰也叫晴王，皮薄肉厚，汁水超多，是无籽葡萄，一口下去充满了浓郁的玫瑰香味。葡萄富含丰富的维生素C，营养价值很高。直接吃是非常爽口的，大家还知道葡萄的其他吃法吗？可以打在评论区告诉主播哦，葡萄除了放冷藏保存，还可以放冷冻，冷冻一晚再吃比冰激凌还好吃，大家可以尝试一下。葡萄还可以打成葡萄汁，加入白凉粉，做成葡萄果冻，隔壁小孩都馋哭啦。如果家里有老人的，建议阳光玫瑰可以不放冰箱保存，我们的阳光玫瑰常温也可以保存一个星期的呢。

我们是订单发货，每天都是现采现发的，保证绝对新鲜。当天下午4点前下单，江浙沪皖的朋友第二天就可以收到了。而在水果店里买的水果，通常是放过仓库的，从采摘到卖出经过好几天。关键我们还是产地直发，价格有绝对的优势，水果店阳光玫瑰最起码40元一斤，我们是丁庄直接顺丰发货，价格美丽，才20多元一斤，品质有保证。顺丰到货非常快，江浙沪皖的朋友明天就可以吃到我们的丁庄葡萄啦。

关于葡萄售后，葡萄属于生鲜产品，到货后尽快开箱验货哦，我们的葡萄都是用充气气袋包裹，放入保温袋里，远点的地方还要放冰袋，最后用丁庄定制的纸箱包装，收到绝对保证新鲜和完好无损。如果出现坏果的情况，您可以拍照及时联系客服。我们承诺坏果包赔，一定给您一个满意的答复。

要求：假如你是一名大学生主播，计划在直播间介绍句容丁庄葡萄的产地、价格、新鲜程度、吃法、运输过程中的事项等内容。目前在丁庄葡萄的产地调研的过程中，搜集到了上述资料。请根据“引入话题—产品介绍—特色推荐—价格优惠—互动环节—总结和关注”的框架顺序重新梳理上述资料，并结合调研中获取的其他信息，拟定出一份更有针对性的脚本。

工作模块八

县域农产品物流运作

案例导入

2019年6月,农户张某委托一家快递公司运输一批价值5万元的农产品,并填写了托运单。其中约定:"托运人必须为所托运的货物办理保险或委托物流公司办理保险,托运人既未自行办理保险又未委托快递公司代办保险的,如有货物损坏或丢失,快递公司按本托运单收到的运费双倍赔偿。"由于对运单填写内容及注意事项不了解,并且这批农产品运输距离不远,出现问题的可能性极小,出于省钱的考虑,张某既未自行办理保险,也未委托快递公司代办保险。不料,托运的农产品却在运输途中丢失,快递公司只愿意赔偿双倍运费共1 000元,但这与张某的实际损失相差太远,张某便提起诉讼。2019年12月,法院做出了判决,判令快递公司依旧仅赔偿给张某双倍运费。通过这次教训,张某意识到熟悉农产品运输相关内容及注意事项的重要性,并促使其认真学习,掌握农产品运输相关内容。

工作要求

创新农产品流通方式,探索建立生产与消费有效衔接、灵活多样的农产品产销模式,减少流通环节,可以降低流通成本。因此,掌握农产品运费正确计算方法、熟练准确地填写运输单据、设计合理适用的农产品配送服务流程,以及具备申请银行贷款能力对有效开展工作起着十分重要的作用。

实训任务1　农产品供应链管理模式认知

【任务目标】

通过实训,熟悉农产品供应链模式和供应链策略,为后续工作奠定基础。

【任务准备】

提前联系所在区域的一家农产品经营企业。

【任务实施】

步骤一　阅读一份农产品供应链管理模式背景资料。

小赵是一名刚工作的大学生,他非常幸运地找到了一份在一家新成立的农产品经营企业的工作。这家企业的主营业务是销售各种优质的农产品,包括水果、蔬菜、肉类等。由于这是一个相对新兴的行业,企业经理希望小赵能够尽快熟悉农产品的供应链模式和供应链策略,为后续工作奠定基础。

首先,小赵需要了解农产品供应链的基本概念和流程。农产品供应链是指从农业生产到最终消费者手中的整个过程,包括生产、加工、储存、运输、销售等环节。在这个过程中,涉及多个参与方,如农民、批发商、零售商、物流公司等。为了确保农产品的质量和安全,需要对每个环节进行严格的管理和监督。其次,小赵需要熟悉农产品供应链中的各个环节及其特点。例如,农业生产是整个供应链的起点,农民需要选择适合当地气候和土壤条件的作物进行种植,并采用科学的种植技术和管理方法来提高产量和质量。接着,农民将产品交给批发商进行收购和储存,批发商需要对产品进行分类、包装和标注,以便于运输和销售。然后,物流公司负责将产品从批发商处运往零售商或直接运送到消费者手中。最后,零售商将产品陈列在商店中供消费者购买。此外,小赵还需要了解农产品供应链中的一些关键问题,例如如何保证产品的品质和安全、如何降低成本、如何提高效率等。这些问题需要通过合理的供应链策略来解决。例如,可以通过建立良好的合作关系来降低物流成本;通过采用先进的技术和设备来提高生产效率;通过加强质量控制来保证产品质量等。

为了更好地了解农产品供应链模式和供应链策略,小赵可以参加一些相关的培训课程和研讨会。这些课程可以帮助他了解行业的最新动态和技术发展趋势,同时也可以结识同行业的专业人士,拓展自己的人脉资源。此外,小赵还可以参考一些经典的案例和经验教训,从中汲取有益的经验和启示。

步骤二　请结合上述背景资料,观察给定的农产品供应链管理案例,主要观察对应的供应链模式和其优缺点。

步骤三　根据步骤二的观察结果,并结合所学,明确对应案例的供应链模式,明确各平台供应链模式的优缺点,并在表8-1-1中将相关信息补充完整。

表 8-1-1　农产品供应链模式认知

序号	案例名称	供应链模式	供应链模式优点	供应链模式缺点
1	盒马鲜生	新零售模式	降低运营成本	产品质量难以保证
			提升用户体验	线下发展受阻
2	淘宝电商			
3	中粮我买网			
4	永辉超市			

步骤四　根据表 8-1-2 中给定的供应链管理案例、农产品以及相应状态,分析该农产品所处的生命周期,并确定其供应链管理策略。

表 8-1-2　农产品供应链策略认知

序号	案例名称	对应农产品	农产品状态	生命周期阶段	供应链策略
1	盒马鲜生	散装玉米	临近过期		
2	淘宝电商	称斤芒果	产品滞销		
3	中粮我买网	袋装大米	新品上市		
4	永辉超市	红枣月饼	中秋节已过		

【任务报告】

根据任务实施步骤,认真完成任务报告(表 8-1-3)。

表 8-1-3　农产品供应链管理模式认知

姓名:	班级:	学号:
1. 农产品供应链是什么?		
2. 列举你所熟悉的农产品供应链策略。		
个人总结:		

【任务评价】

对任务实施过程、任务报告完成情况和学习态度进行考核评价(表 8-1-4)。

表 8-1-4　农产品供应链管理模式认知考核评价细则

姓名：	班级：	学号：	教师签字：
自评：□合格　□不合格	互评：□合格　□不合格	师评：□合格　□不合格	
日期：	日期：	日期：	

考核评分细则

序号	考核项目	考核标准	考核方式	分值	评分要求	得分
1	农产品供应链模式认知	□ 1. 准确填写表格中对应的供应链模式 □ 2. 准确填写表格中对应供应链模式的优点 □ 3. 准确填写表格中对应供应链模式的缺点	现场识别考核或者问答考核	30	未完成一项扣 10 分，累计扣分不得超过 30 分	
2	农产品供应链策略认知	□ 1. 准确填写表格中对应生命周期阶段 □ 2. 准确填写表格中对应供应链策略		30	未完成一项扣 15 分，累计扣分不得超过 30 分	
3	任务报告	□ 1. 完成认真 □ 2. 术语规范	评阅考核	10	未完成一项扣 5 分，累计扣分不得超过 10 分	
4	学习态度	□ 1. 具有钻研精神 □ 2. 具备科学严谨的态度 □ 3. 操作认真，互动积极	自评、互评和师评相结合	30	未完成一项扣 10 分，累计扣分不得超过 30 分	
总分						

【任务拓展】

假设你是小赵，你所在的农产品企业是一家以新鲜水果和蔬菜为主要产品线的企业。现在，经理要求你熟悉并设计一个优化的供应链策略。请你完成以下任务。

(1) 了解产品。首先，你需要深入理解你的产品。这包括了解产品的种类、来源、质量标准、保质期等。同时，也需要了解目标客户群的需求和偏好。

(2) 分析供应链。你需要对当前的供应链进行详细的分析，包括生产、存储、运输、销售等环节。找出其中的瓶颈和问题，以及可能存在的风险。

(3) 选择合适的供应链模式。基于对产品和供应链的分析，你需要选择一种最适合的供应链模式。这包括直接从农民或供应商采购、建立自有农场或养殖场，或者与其他企业建立合作关系等。

(4) 制定供应链策略。在选择合适的供应链模式之后，你需要制定具体的供应链策略。包括优化生产和采购流程、改进库存管理、提高运输效率、提升销售渠道等。

(5) 实施和监控。最后需要制订一套实施计划，并对供应链策略进行持续的监控和调整。这可能需要使用一些数据分析工具，以便及时发现问题并做出反应。

请在一周内完成这个任务，并向经理提交一份详细的报告，包括你选择的供应链模式、具体的供应链策略以及实施计划。

实训任务2　农产品出入库管理办法

【任务目标】

通过实训,能够制定和优化公司的仓库管理办法。

【任务准备】

提前了解公司仓库管理相关事务。

【任务实施】

步骤一　阅读一份农产品出入库管理背景资料。

西安得胜农产品电商公司主要经营苹果、梨、猕猴桃、石榴等需要冷藏储存的水果,以及油脂小米、扁豆、去皮豌豆等粗粮。小李是刚入职的仓库主管,主要负责仓库的日常管理,协调各部门与各职能部门之间的工作,分配并督促仓管员的日常工作。小李计划梳理公司仓库管理相关事务,重新制定仓库管理办法。

首先,小李对仓库进行了彻底的整理和清理。他检查了每个货位的存储情况,将过期或损坏的商品及时处理掉,并对剩余的商品进行了分类和标记。此外,他还优化了货位布局,使得不同种类的商品可以更好地区分和管理。其次,小李加强了与各部门之间的沟通和协调。他定期与采购部门、销售部门以及物流部门进行会议,了解他们的需求和要求,并及时调整仓库的工作计划。同时,他也积极与其他职能部门合作,如质量检测部门和售后服务部门等,确保公司的产品质量和服务水平得到保障。再者,小李提高了仓管员的工作质量和效率。他为每位仓管员制定了详细的工作任务和标准操作流程,并定期进行培训和考核。他还引入了一些先进的仓储管理系统和技术,如自动化货架、RFID标签等,以提高仓库的操作效率和准确性。最后,小李重新制定了公司的出库单制度。他根据公司的实际情况和客户的需求,设计了更加科学合理的出库单模板,并规定了出库单的填写要求和审核流程。这样不仅可以避免因出库单不规范导致的错误和纠纷,还可以提高客户的满意度和信任度。通过以上措施的实施,小李成功地改进了公司的仓库管理工作。他的努力不仅提高了仓库的效率和准确性,还为公司的业务发展奠定了坚实的基础。同时,他的经验也为其他企业的仓库管理提供了有益的借鉴。

步骤二　制作农产品出入库管理办法。仔细阅读背景内容,搭建仓库管理制度的主要框架。请从以下选项中选择正确的选项填入表8-2-1中。

A. 农产品入库流程　　B. 仓库管理规定　　C. 农产品库存安全管理
D. 退货管理　　E. 适用范围　　F. 农产品检验与信息核对
G. 签收并填写入库单　　H. 出库登记并核销库存量
I. 编配农产品包装　　J. 培训

表 8-2-1　仓库管理制度框架

一级分类	二级分类
总则	目的
	基本原则
	仓库规划
农产品库存管理流程	入库管理
	出库管理
	农产品初验
	农产品搬入仓库
	库存信息录入
农产品出库流程	接收并审核领料单
	交接发货
仓库日常管理	清扫
	检查
	盘点

步骤三　基于上述框架内容，补全表 8-2-2 中的内容。

表 8-2-2　某农产品电商公司仓库管理规定

章节名称	任务要求	章节已有内容	章节补充内容
第一章　总则	请填写第一章第二条规定内容	第一条　目的。为了加强公司农产品仓储管理，不断完善仓库出入库流程，特制定本规定。 第三条　基本原则 1. 所有出入库农产品必须进行登记，不得随意拿取仓库中货品。 2. 所有相关人员都要严格遵守本规定，相互监督、按流程办事。 第四条　仓库规划。规划仓库的布局、设施和资源。	

续表 8-2-2

章节名称	任务要求	章节已有内容	章节补充内容
第二章　分则	请填写第二章第六、第七、第八条规定内容	本章需要明确农产品入库流程、出库流程、存入仓库存放原则及处理退货的相关规定。 第五条　入库管理。公司采购的农产品到货后要按照入库流程执行并填写入库单。	
第三章　农产品入库流程	请填写第十条、第十一条、第十二条、第十三条规定内容	第九条　农产品初验。采购的农产品到货后,首先要检查农产品的运输外包装是否规范并完好,如果有破损或受潮等情况,收货人员可视情况拒绝收货,并上报。	
第四章　农产品出库流程	请填写第十五条、第十六条、第十七条相关规定	第十四条　接收并审核领料单。农产品出库必须出具部门相关领导签字的领料单,在收到领料单后要检查领料单中农产品的信息是否跟库存中农产品相匹配,如果领料单内容与库存中农产品内容不符,及时协调处理。另外,需要核对审批流程,原则上需要上级领导签字确认后方可进一步办理出库手续。 第十八条　交接发货。完成出库产品的交接和发货。	
第五章　仓库日常管理	请填写第二十二条相关规定	本章需要明确仓库日常的清扫、检查、盘点以及仓管人员的培训。 第十九条　清扫。定期清扫仓库,保持清洁。 第二十条　检查。定期检查仓库设施和农产品状态。 第二十一条　盘点。库管员要随时盘点仓库中的农产品,检查货品是否有腐烂等情况;每月月底进行一次盘点,核对库存的余缺、账物是否相符,严禁弄虚作假;每半年进行一次大规模盘点,由财务人员负责稽核。	

步骤四　制作出库单。分析出库单中必须明确的项目,请从以下内容中选出一项不必要的内容。

(1)基本信息(　　)。

A. 出库单号　B. 入库日期　C. 出库日期

(2)货品信息(　　)。

A. 编号　B. 农产品名称　C. 规格　D. 单位　E. 数量　F. 单价　G. 金额　H. 用途或原因　I. 包装方式

(3)签字审核(　　)。

A. 经办人　B. 仓库管理人员　C. 会计　D. 运输人员

根据出库单必须要明确的项目,模仿入库单,用 Word 表格工具制作出库单。

——XXXXX 公司仓库——

入库单

No.________

____年____月____日

编号	货物名称	单位	规格	数量	单价	金额	备注	一存根二财会三交货单位
合计								

交货单位： 保管员： 会计：

经 手 人： 地 址：

【任务报告】

根据任务实施步骤，认真完成任务报告(表 8-2-3)。

表 8-2-3　农产品出入库管理办法

姓名：	班级：	学号：
1. 农产品库存管理流程包括哪些环节？		
2. 出库单必须要明确的项目有哪些？		
个人总结：		

【任务评价】

对任务实施过程、任务报告完成情况和学习态度进行考核评价(表 8-2-4)。

表 8-2-4　农产品出入库管理办法考核评价细则

姓名:	班级:	学号:	教师签字:
自评:□合格　□不合格	互评:□合格　□不合格	师评:□合格　□不合格	
日期:	日期:	日期:	

考核评分细则

序号	考核项目	考核标准	考核方式	分值	评分要求	得分
1	仓库管理制度框架设计	□ 1. 正确对总则进行二级分类补充 □ 2. 正确对农产品库存管理流程进行二级分类补充 □ 3. 正确对农产品入库流程进行二级分类补充 □ 4. 正确对农产品出库流程进行二级分类补充 □ 5. 正确对仓库日常管理进行二级分类补充	现场识别考核或者问答考核	25	未完成一项扣 5 分,累计扣分不得超过 25 分	
2	仓库管理规定设计	□ 1. 完成对总则内容补充 □ 2. 完成对分则内容补充 □ 3. 完成对农产品入库流程内容补充 □ 4. 完成对农产品出库流程内容补充 □ 5. 完成对仓库日常管理内容补充		25	未完成一项扣 5 分,累计扣分不得超过 25 分	
3	出库单制作	根据出库单必须明确的项目,模仿入库单,完成出库单制作		10	未完成不得分	
4	任务报告	□ 1. 完成认真 □ 2. 术语规范	评阅考核	10	未完成一项扣 5 分,累计扣分不得超过 10 分	
5	学习态度	□ 1. 具有钻研精神 □ 2. 具备科学严谨的态度 □ 3. 操作认真,互动积极	自评、互评和师评相结合	30	未完成一项扣 10 分,累计扣分不得超过 30 分	
总分						

【任务拓展】

某农产品加工企业位于江苏省南京市，主要生产和销售大米、面粉等农产品。企业现有两个仓库分别用于存放原材料和成品。为确保原料和成品的安全、准确入库和出库，企业需要制定一套农产品出入库管理办法。参考步骤如下。

1. 制定管理办法的目的和原则

目的：明确农产品出入库的管理流程，确保原料和成品的安全、准确入库和出库，提高企业的生产效率和管理水平。

原则：公平、公正、公开，确保每个环节都符合相关法律法规的要求。

2. 管理办法的基本内容

入库管理：①原料采购人员应按照采购计划和合同约定，对供应商进行资质审查，确保原料的质量和安全。②仓库管理员对到货的原料进行验收，核对数量、质量等信息，填写入库单，并按照先进先出的原则分配库存位置。③原料入库后，应及时通知相关部门进行生产安排。

出库管理：①生产部门根据生产计划和订单，向仓库管理员提出出库申请。②仓库管理员对出库申请进行审核，核对库存数量、质量等信息，填写出库单，并通知配送部门进行发货。③出库完成后，仓库管理员应及时更新库存数量。

3. 管理办法的执行与监督

执行：本办法自发布之日起实施，各部门负责人应对本办法的执行负责。

监督：企业应设立专门的监督部门或岗位，对本办法的执行情况进行定期检查和评估，确保本办法的有效实施。同时，鼓励员工积极参与监督工作，及时反馈问题和建议。

4. 相关法律法规阅读

如《中华人民共和国食品安全法》《中华人民共和国合同法》等。

实训任务3　生鲜农产品运输情况调查分析

【任务目标】

通过实训，实地调研区域生鲜农产品运输过程中的痛点，为优化运输流程提供实战经验。

【任务准备】

提前联系所在区域种植大户和快递公司，为调研走访做好准备。

【任务实施】

步骤一　阅读并了解当前江苏生鲜电商发展情况。

阳山水蜜桃一天销出50多万元，“阳光玫瑰”一斤40元仍供不应求……夏日炎炎，正值各类水果的丰收季，搭上电商快车的时令鲜果销售分外火热。2022年一季度江苏全省农产品网络销售额304亿元，同比增长13.4%，所销农产品中，生鲜食品位居第一，水产、水果等时令农产品成倍增长。电商销售早已成为农民增收的一大亮点，大大小小的农业生产经营主体纷纷“触网”售卖生鲜农产品。其实，农产品“云”销售的火爆在年初就已初现端倪，越来越多的果实从田间地头跃上“云端”，但其背后也不无隐忧。

特色生鲜农产品电商销售量的提升，让越来越多的物流企业主动加入冷链运输。在句容市丁庄村葡萄分拣中心，顺丰小哥正在对农户刚采摘下的葡萄进行分装打包。一个个扎根农村的快递网点，成为农村电商发展的有力推手。江苏顺丰相关负责人告诉记者，目前丁庄村里设立了多个收寄点，同时投入大量的营运车辆驻场揽收，确保及时快速地将果品从田间地头发至消费者手中。每个环节都面临利润成本的平衡。尽管网上销售一片繁荣，但对于大大小小的生鲜电商来说，售卖生鲜要盈利，比售卖一般农产品多了不少难点。包装成本高、物流费用贵、价格上不去……近日曝出有生鲜电商“巨头”因始终未能盈利而关闭了主营业务。生鲜农产品普遍售价不高，但各电商平台入驻费用不低。丰县孙楼街道陈楼村书记说，“比如抖音平台管理费要每年4 000元，微信平台管理费在2 000~5 000元，且需要支付千分之六手续费，对于初创团队来说实际压力不小。”

当前，还没有针对农产品电商物流运输的奖补政策，较高的运费也或多或少影响了村民的销售和消费者的购买行为。“正因为水果不耐储存，物流运输需要格外注意包装、运输方式、运输时间等。”盐城市大丰区恒北村党委书记告诉记者，为了保证夏季梨果在运输过程中不变质腐坏，需要包装完整、防撞防压并全程通过冷链物流进行运输，“目前运输成本是按斤计算。我们和某快递公司经过了多番交流，最后每斤的运输价格仍在10元以上，较线下销售而言，附加成本较高。”

“单果重量未达到承诺大小”“水蜜桃发霉长毛”……在食品类消费的投诉中，网购生鲜是重灾区，树上没有两颗相同的果子，产品不能标准化，成为售后纠纷的一大隐患。

“农产品的商品化和标准化有多重要？拿我们销售的黄桃、苹果这些生鲜水果来说，如果达不到生产的标准化，在包装、定价、运输等后续环节都会产生各种问题。”江苏楚汉雄风电子商务有限公司负责人杨绍金说。从2015年起，杨绍金开始经营特色农产品品牌，并利用自己的成功经验，帮助家乡沛县的农户打造区域性农产品品牌，经过七八年的时间，杨绍金的团队已经成功孵化出了诸如水产品牌“阳小蟹”“渔耕物作”、精品桃品牌“桃之霸”等50多个农产品品牌，并帮助周边其他农户打造了“桃滋姐”“沙河印象”等品牌。他带领打造的“苏创优青”品牌集群目前已成功实现年销售额3 000万元以上，累计帮助农户达300多户。尽管取得了不少成绩，杨绍金和他的合作伙伴们依然面临两个主要困难，“完整的供应链体系难以形成，以及下沉到乡村的物流冷链运输条件不完善。”

步骤二 继续阅读并了解行业企业和专家观点。

生鲜电商如何跨过盈利这道坎儿？杨绍金说，销量最好的黄桃光运费就要占到总价的近一半，“一箱黄桃如果在本地零售，只要45元一箱，发到省外，就要卖到近80元，物流成本非常高，农户得不到多少利润，钱全被快递企业赚了。”为什么农民种出了美味的桃子，却还是赚不到钱？究其原因，杨绍金实地调研后发现，当地农户多采取分散化种植，没有形成规模化，分拣、加工、包装等环节自然无法形成工厂化经营，完整的供应链体系也就无从谈起，导致生产成本降不下来。“如果能形成大规模种植或组织农业合作社，面对物流快递企业也就能有更多议价、谈判的空间。”杨绍金认为，以生鲜为代表的农产品必须走产业化、集群化的道路，才能打通上下游供应链，把自主权掌握在经营者手中。

把生鲜等农产品推上“云”，农户们可以更快地触达消费者，但要让各经营主体真正得到实惠，农产品电商还只能说刚刚起步。在南京农业大学经济管理学院教授耿献辉看来，当前我国农业生产格局总体仍处于一种小规模分散生产的状态，“农民个人谈判能力相对较弱，他们在淘宝、抖音等网络平台开设网店的基础设施投入成本相对较大。”“即使开通了网络销售平台，要让消费者能在众多的网络店铺中搜索、发现你，也不是一件容易的事。”耿献辉认为分散生产状态下的小规模种植户既要种植、又要经销，个人和家庭的精力和能力毕竟有限。“网络属于开放平台，平台上商店众多，想要吸引更多用户购买，就需要商家通过竞价、排名等手段吸引用户购买、增强用户黏性，而这些往往都需要经营者投入大量时间和营销成本去进行经营维护。”耿献辉注意到，在网络直播平台，有不少农民带货“主播”阅读量、点赞数较高。依托主播、网红进行直播带货，实际上更多是通过交流建立一种情感上的连接。“网红主播可能更具现场表现力，但是否真正了解产品，是否了解产品背后的文化、技术等，往往具有不确定性。用户会抱着图新鲜的态度观看视频，下单购买则较为慎重。”

“所以我们更建议由专业的人来做专业的事。”耿献辉表示，当前农业组织化程度逐渐提升，生产者可以通过多种形式组织起来，通过农业合作社、家庭农场联盟、协会等对某一种类的农产品进行有组织的集中销售。“此外，当前京东、苏果等农产品零售渠道纷纷在主产地建立自己的直采基地,符合商家条件的地区、村集体经过认证都可以加入他们的生产基地,进行一种契约式或订单式生产,直供相关平台进行销售,促进小农户与大市场对接。”

(参考来源:新华日报,2022-08-09)

步骤三 在了解到上述情况后,结合专家的观点,实地调研走访你所在区域的品牌农产品销售以及运输成本信息,了解运输过程中还存在哪些问题,汇总后撰写一份简易的调查报告并在课堂学习中交流分享。

【任务报告】

根据任务实施步骤,认真完成任务报告(表 8-3-1)。

表 8-3-1　生鲜农产品运输情况调查分析

姓名:	班级:	学号:
1. 说说你所在地区的生鲜农产品运输成本有哪些?		
2. 你认为生鲜电商如何跨过盈利这道坎儿?		
个人总结:		

【任务评价】

对任务实施过程、任务报告完成情况和学习态度进行考核评价(表 8-3-2)。

表 8-3-2　生鲜农产品运输情况调查分析考核评价细则

姓名:	班级:	学号:	教师签字:
自评:□合格　□不合格	互评:□合格　□不合格	师评:□合格　□不合格	
日期:	日期:	日期:	

考核评分细则

序号	考核项目	考核标准	考核方式	分值	评分要求	得分
1	生鲜农产品运输情况调查分析	□ 1. 正确解读农产品生产标准化 □ 2. 正确解读生鲜农产品运输成本 □ 3. 正确解读契约式或订单式生产	现场识别考核或者问答考核	60	未完成一项扣 20 分,累计扣分不得超过 60 分	
2	任务报告	□ 1. 完成认真 □ 2. 术语规范	评阅考核	10	未完成一项扣 5 分,累计扣分不得超过 10 分	
3	学习态度	□ 1. 具有钻研精神 □ 2. 具备科学严谨的态度 □ 3. 操作认真,互动积极	自评、互评和师评相结合	30	未完成一项扣 10 分,累计扣分不得超过 30 分	
总分						

【任务拓展】

A地区葡萄运输情况调查报告

1. 调查背景

A 地区是著名的葡萄产地。随着葡萄产业的不断发展,葡萄的种植面积和产量均逐年增长。然而,葡萄运输环节作为供应链中至关重要的一环,对葡萄的新鲜度、品质和价格等各方面都具有较大影响。为了更好地了解产地葡萄运输情况,对该地区葡萄运输市场展开调查分析。

2. 调查目的

本次调查旨在深入了解 A 产地葡萄运输市场的现状和需求,分析葡萄运输过程中存在的问题,为改进葡萄供应链提供参考依据。通过本次调查,可以进一步挖掘市场潜力,提高葡萄品质和消费者满意度,有利于增强该地区葡萄产业的竞争力。

3. 调查设计

(1)调查方法。采用问卷调查的方式,对A地区的葡萄种植户、葡萄采购商、消费者等群体进行调研。问卷调查将采取线上线下相结合的方式进行,以确保样本的广泛性和多样性。

(2)样本量和抽样比例。本次调查共抽取300份样本,根据A地区的葡萄产业分布情况,采用分层抽样的方式进行调查。

(3)数据收集策略。通过问卷星等在线调查工具发放调查问卷,并采用电话、微信等方式进行数据补充,确保数据的准确性和完整性。

4. 数据处理

(1)数据清理。对收集到的数据进行清洗和去重处理,确保数据的准确性和可靠性。

(2)数据分析。采用描述性统计方法和可视化图表等方式对数据进行呈现和分析,包括但不限于饼图、柱状图、散点图等。

(3)案例分析。针对A地区葡萄运输过程中存在的问题,结合数据结果进行分析,提出改进方案和建议。

5. 结论和建议

根据调查结果,针对A地区葡萄运输过程中存在的问题,提出以下建议。

(1)加强葡萄冷藏措施。在葡萄运输过程中,应确保葡萄得到充分的冷藏,以降低温度对葡萄品质的影响。

(2)优化运输路线和时间。合理规划葡萄运输路线和时间,采用先进的运输设备和冷链物流技术,以提高运输效率和葡萄的新鲜度。

(3)加强质量监管。在葡萄运输过程中,应加强质量监管,确保葡萄在运输过程中不受损坏和变质。

(4)建立信息共享平台。通过建立信息共享平台,实现葡萄供应链各环节的信息共享和协同作业,提高葡萄运输效率和品质。

(5)增加葡萄品种选择。根据市场需求和消费者口味,增加葡萄品种的选择,以满足不同消费者的需求。

要求:参照以上流程,针对你所在的地区选品并完成实际调查过程,形成结论。

实训任务 4　农产品公路运输管理分析

【任务目标】

通过实训，正确计算并填写针对在农产品运输中公路运输运单的信息。

【任务准备】

提前熟悉公路运输运单填写时的计费标准、公路运输运单填写的一般要求，以及新鲜果蔬等农产品冷链运输的基本要求。

【任务实施】

李某是江苏南京的一位新型职业农民，他的家乡盛产水蜜桃。近几年，随着电子商务的迅速发展，李某自建了公司网站且生意红火。2019 年 6 月 5 日，李某接到上海 A 公司王经理订单，订购水蜜桃 2 000 箱，每箱 5 千克，单价 40 元。第二天，李某找到江苏志光运输公司要求托运。

步骤一　研读所展示的公路运输托运单。托运单一般由承运人提供，不同的物流运输企业有各自不同的托运单格式。但一般都包括托运公司名字、托运人名字、承运人名字、收货人名字、发货地址、收货地址、托运日期、托运物品名称（及其规格重量、数量、货物编号、取货方式、运费）、商务电话、付款方式（预付运费、到付运费、回单付款）、托运方须知等（表 8-4-1）。

步骤二　填写托运单。

（1）托运日期、起运站、到达站必须填写。根据本实训案例，该托运单托运日期应填为“2019 年 6 月 6 日”，起运站填写“江苏南京”，到达站填写“上海市”。

（2）收货人姓名、单位、电话、地址等信息务必填写，否则可能会导致货物被拒收或丢失。本实训案例中收货单位应填写“上海 A 公司”，联系人填“王经理”，详细地址填写“上海市松江区乐都西路 XX 号”，电话填常用电话，如“021-5780XXXX”。

（3）货物名称、件数、重量、体积等货物信息要根据托运的货物如实填写。本实训案例中，货物名称填为“水蜜桃”，件数填为“2 000”，包装填“箱”，件重 /kg 填“5”，体积可以不填，即按重货运输。

（4）填写费用，包括保价金额、运费、保价费和其他费用等。保价金额，指这批货物值多少钱，本实训案例中该批水蜜桃值 80 000 元，所以在保价金额处填“80 000 元”。保价费通常按保险费率来计算，各承运公司要求不一致。本实训案例中按千分之三计算，所以保价费计算结果为 80 000 × 0.003=240 元，在保价费处填“240 元”。运费通常按实际情况填写，本实训案例中从南京到上海，共 380 千米，如果按每吨 240 元收费，则共 10 吨水蜜桃要收取 240 × 10= 2 400 元，所以运费填“2 400 元”。其他指为其他服务所付的费用，依实际情况填写。假设本实训案例中其他收费 450 元，则按实际发生数填“450 元”。合计即把几项费用加在一起，本实训案例填“3 090 元”。

（5）付款方式和送货方式按照双方约定填写。如双方约定付款方式为“回结”，则在回结处画“√”，送货方式约定“送货”，则在“送货”处画“√”。

表 8-4-1　志光运输公司托运单

托运日期：　　年　月　日　　起运站：　　　　到达站：　　　运单号:0000001

收货单位					联系人				
详细地址					电话				
货物名称	件数	包装	重量	体积	保价金额	保价费	运费	其他	合计
总运费金额	万　仟　佰　拾　元整　¥：								
付款方式	□预付　□到付　□回结				送货方式	□送货　□自提			
备注									
运输协议	1. 请托运方认真阅读以下运输协议，在您签字后说明您已无异议。 2. 托运人应如实申报货物名称和重量，不得夹带易燃、易爆、剧毒等违禁物品。否则所引起的一切后果由托运方全部负责。 3. 承运方不开箱验货，交接货物时以外包装完好为准，在外包装完好的情况下内包装缺损和丢失与承运方无关。 4. 收货人收获时应对货物认真清点验收，如发现货物丢失、损坏（不可抗力除外）应当场要求索赔，收货人在收到货物签收后，货损、丢失承运方概不负责。 5. 托运人或收货人不按时支付运杂费，承运方有权拒运或留置其货物。若一个月后仍不提货，按无主货物处理。 6. 托运人需变更到货地点或收货人，应在货物未运达目的地之前书面通知承运方，并承担由此增加的费用。 7. 托运人对所托运货物必须参加保险，如不参加保险，承运方在运输中若发生重大货损，其最高赔偿额按照运费的 3 倍理赔。								
托运单位 联系电话 托运方签章					承运人签章				

(6) 托运人、托运单位名称、联系电话、地址等务必填写。本实训案例中托运人为“李某”，托运单位名称如实填写，联系电话假设为 025-8777XXXX，地址据实填写。

(7) 承运人签章非常重要，一定要填写。本实训中江苏省志光运输公司的章一定要盖，或由其法人签名。至于承运人的名称、地址、联系电话等内容，托运单一般都附有，通常不需要填写。填好后的托运单如表 8-4-2 所示。

步骤三　检查托运单填写的正确性。运单填写后，要仔细检查运单填写的情况，通常检查时要注意以下几个问题。

(1) 托运人必须准确填写运单的各项内容，字迹要清楚，对所填写的内容及所提供的有关证明文件的真实性负责，并须签字盖章；托运人或承运人改动运单所填写内容时，应该签字盖章证明。

表 8-4-2　填好的托运单

托运日期:2019 年 6 月 6 日　起运站:江苏南京　到达站:上海　运单号:0000001

<table>
<tr><td>收货单位</td><td colspan="4">上海 A 公司</td><td>联系人</td><td colspan="4">王经理</td></tr>
<tr><td>详细地址</td><td colspan="4">上海市松江区乐都西路 XX 号</td><td>电话</td><td colspan="4">021-5780XXXX</td></tr>
<tr><td>货物名称</td><td>件数</td><td>包装</td><td>重量</td><td>体积</td><td>保价金额</td><td>保价费</td><td>运费</td><td>其他</td><td>合计</td></tr>
<tr><td>水蜜桃</td><td>2 000</td><td>箱</td><td>5 kg/ 件</td><td></td><td>80 000 元</td><td>240 元</td><td>2 400 元</td><td>450 元</td><td>3 090 元</td></tr>
<tr><td></td><td></td><td></td><td></td><td></td><td></td><td></td><td></td><td></td><td></td></tr>
<tr><td></td><td></td><td></td><td></td><td></td><td></td><td></td><td></td><td></td><td></td></tr>
<tr><td>总运费金额</td><td colspan="9">零　万　叁　仟　零　佰　玖　拾　零　元整　￥:3 090.00 元</td></tr>
<tr><td>付款方式</td><td colspan="4">□预付　□到付　√回结</td><td colspan="2">送货方式</td><td colspan="3">√送货　□自提</td></tr>
<tr><td>备注</td><td colspan="9"></td></tr>
<tr><td>运输协议</td><td colspan="9">1. 请托运方认真阅读以下运输协议,在您签字后说明您已无异议。
2. 托运人应如实申报货物名称和重量,不得夹带易燃、易爆、剧毒等违禁物品。否则所引起的一切后果由托运方全部负责。
3. 承运方不开箱验货,交接货物时以外包装完好为准,在外包装完好的情况下内包装缺损和丢失与承运方无关。
4. 收货人收获时应对货物认真清点验收,如发现货物丢失、损坏(不可抗力除外)应当场要求索赔,收货人在收到货物签收后,货损、丢失承运方概不负责。
5. 托运人或收货人不按时支付运杂费,承运方有权拒运或留置其货物。若一个月后仍不提货,按无主货物处理。
6. 托运人需变更到货地点或收货人,应在货物未运达目的地之前书面通知承运方,并承担由此增加的费用。
7. 托运人对所托运货物必须参加保险,如不参加保险,承运方在运输中若发生重大货损,其最高赔偿额按照运费的 3 倍理赔。</td></tr>
<tr><td>托运单位
联系电话
托运方签章</td><td colspan="4">025-8777XXXX
李某
(盖章或签名)</td><td colspan="2">承运人签章</td><td colspan="3">江苏省志光运输公司
025-8389XXXX
(盖章或签名)</td></tr>
</table>

(2)一个托运人可以托运拼装一车的货物或分卸几处的货物,但应将拼装、分卸详情在运单上注明。

(3)一张运单托运的货物,凡不具备同品名、同包装、同规格的,最好能提交物品清单。

(4)轻泡货物及按体积折算重量的货物,要准确填写货物的数量、体积、折算标准、折算重量及有关数据。

(5)托运人要求自理装卸车时,经承运人确认后,应在运单内注明。

(6)托运人委托承运人向收货人代递有关证明文件、化验报告或单据等,应在“托运人记载事项”栏内注明名称和份数。

(7)托运有特殊要求的货物,应由托、承双方商定运输条件和特约事项,填注于运单上。

(8)托运人应核实申报托运货物重量和体积。

(9)在接受托运时,双方应协商好运输方式,即采用整车还是零担。

(10)货物保险与货物保价运输。货物保险由托运人向保险公司投保,也可以委托承运人代办。货物保价运输是按保价货物办理承托运手续,在发生货物赔偿时,按托运人声明价格及货物损坏程度予以赔偿的货物运输。办理保价运输的货物,应在运输合同上加盖“保价运输”戳记。保价费按不超过货物保价金额的 0.7% 收取。

【任务报告】

根据任务实施步骤,认真完成任务报告(表 8-4-3)。

表 8-4-3　农产品公路运输管理分析

姓名：	班级：	学号：
1. 描述一下公路运输运单填写的一般要求。		
2. 谈谈新鲜果蔬农产品冷链运输的基本要求。		
个人总结：		

【任务评价】

对任务实施过程、任务报告完成情况和学习态度进行考核评价(表 8-4-4)。

表 8-4-4 农产品公路运输管理分析考核评价细则

姓名:			班级:		学号:	教师签字:
自评:□合格 □不合格			互评:□合格 □不合格		师评:□合格 □不合格	
日期:			日期:		日期:	
考核评分细则						
序号	考核项目	考核标准	考核方式	分值	评分要求	得分
1	农产品公路运输运单填写	□ 1. 托运日期、起运站、到达站信息填写准确 □ 2. 收货人姓名、单位、电话、地址等信息填写准确 □ 3. 货物名称、件数、重量、体积等信息填写准确 □ 4. 费用填写准确 □ 5. 托运人、托运单位名称、联系电话、地址信息填写准确 □ 6. 承运人签章填写准确	现场识别考核或者问答考核	60	未完成一项扣 10 分，累计扣分不得超过 60 分	
2	任务报告	□ 1. 完成认真 □ 2. 术语规范	评阅考核	10	未完成一项扣 5 分，累计扣分不得超过 10 分	
3	学习态度	□ 1. 具有钻研精神 □ 2. 具备科学严谨的态度 □ 3. 操作认真,互动积极	自评、互评和师评相结合	30	未完成一项扣 10 分，累计扣分不得超过 30 分	
总分						

【任务拓展】

“绿色通道”的全称是鲜活农产品公路运输“绿色通道”。在这个“绿色通道”上行驶的鲜活农产品运输车辆可以享受通行费的优惠,同时给予便利优先通行待遇。从 2010 年 12 月 1 日起,全国所有收费公路(含收费的独立桥梁、隧道)全部纳入鲜活农产品运输“绿色通道”网络范围,对整车合法装载运输鲜活农产品车辆免收车辆通行费。

实际操作中,了解一下哪些农产品适用运输绿色通道政策。

实训任务 5　农产品水路运输管理分析

【任务目标】

通过实训，正确计算并填写农产品运输中水路运输运单的信息。

【任务准备】

提前熟悉水路运输运单填写时的计费标准、水路运输运单填写的一般要求，以及新鲜果蔬等农产品冷链运输的基本要求。

【任务实施】

假设山东烟台盛丰果蔬公司 2019 年 11 月与浙江顺发果蔬批发公司签订了一份合同，合同约定由盛丰公司向顺发公司提供苹果 50 吨。由烟台港发运，到站宁波港，收货人为顺发公司，货物包装为箱，共 500 箱，总价值 20 万元。盛丰公司委托山东烟台中外运船务代理有限公司托运。经协商，双方约定采用 3 个 20 英尺集装箱装运，每个集装箱装船费为 500 元 /TEU，每吨货物运费为 150 元。

步骤一　阅读表 8-5-1 所展示水路运输运单的内容。水路运单一般包括承运人、托运人和收货人名称，货物名称、件数、重量、体积（长、宽、高），运输费用及结算方式，船名、航次，起运港、中转港和到达港，货物交接时间和地点，装船日期，运到期限，包装方式以及其他相关事项。

步骤二　填写水路运单。以下内容必须填写：①船名航次、起运港、到达港、约定装船日期。②托运人和收货人的全称、地址、电话、银行、账号等非常重要，需正确填写。③货名、件数、包装、价值等内容需正确填写。④应收费用要准确填写。

水路货物运单说明：

（1）水路货物运单一式六份，顺序如下。

第一份（起运港承运人或其代理人存查联）：起运港承运人或其代理人→收费人。

第二份（托运人收据联）：起运港承运人或其代理人→托运人。

第三份（承运人解缴联）：起运港承运人或其代理人→承运人。

第四份（到达港港口经营人存查联）：起运港承运人或其代理人→船舶→到达港承运人或其代理人→到达港港口经营人。

第五份（收货人存查联）：起运港承运人或其代理人→船舶→到达港承运人或其代理人→收货人。

第六份（提货凭证）：起运港承运人或其代理人→船舶→到达港承运人或其代理人→收货人→到达港港口经营人→到达港承运人或其代理人。

（2）水路货物运单的抬头均印刷或填写承运人名称。

（3）水路货物运单第六份用厚纸印刷，其余五份均用薄纸印刷；印刷墨色分别为：解缴联为红色，收据联为绿色，其他联为黑色。

（4）危险货物运单第六联用红色纸印刷。

(5)规格：长 19 厘米，宽 27 厘米。

表 8-5-1 水路货物运单

本运单经承托人双方签章后，具有合同效力，承运人与托运人、收货人之间的权利、义务和责任界限适用于《水路货物运输规则》及运价、规费的有关规定。

月度运输合同号码：________ 货物交接清单号码：________ 编号：________

船名：航次		起运港	烟台	到达港	宁波	约定装船日期：2019 年 11 月 10 日
托运人	全称	山东烟台盛丰果蔬公司	收货人	全称	浙江顺发果蔬批发公司	约定运到期限：2019 年 12 月 10 日
	地址、电话	烟台市福山区天府街 XX 号 0535-6708XXXX	地址、电话		宁波市鄞州区中兴路 XX 号 0574-8789XXXX	费用结算方式	
	银行、账号	农行 XXXX	银行、账号		工行 XXXX	应收费用	

发货符号	货名	件数	包装	价值/万元	托运人确定		承运人确定		运费计算			费目	费率	金额/元
					重量/吨	体积(长 × 宽 × 高)	重量/吨	体积(长 × 宽 × 高)	等级	费率/(元/吨)	金额/元	运费		7 500
	苹果	500	箱	20	50		50			150	7 500	装船费	500 元/TEU	1 500
												总计		9 000
												大写：玖仟元整		
												核算员：		收款章
合计		500		20	50		50				7 500			
特约事项												复核员：		

装船日期：月 日 时至 月 日 时止 运到时间： 月 日 时止 船舶签章	收货人签章 年 月 日	托运人签章 年 月 日	承运人签章 年 月 日

步骤三 检查运单填写情况。检查时，要重点注意以下问题：①一份运单，填写一个托运人、收货人、起运港、到达港。②货物名称填写具体品名，名称过繁的，可以填写概括名称。

③规定按重量和体积择大计费的货物，应当填写货物的重量和体积(长、宽、高)。④填写内容应当准确、完整、清晰。⑤承运人接收货物应当签发运单，运单由载货船舶船长签发的，视为代表承运人签发。⑥运单签发后承运人、承运代理人、托运人、到达港港口经营人、收货人各保留一份，另外一份由收货人收到货物后作为收据签还给承运人。承运人可以视情况需要增加或减少运单份数。

步骤四 托运人、承运人签章确认。

小贴士

水路运输运费计算方法

(1)按货物毛重计算，以“*W*”表示。如以 1 公吨(1 000 千克)、1 长吨(1 016 千克)或 1 短吨(907.2 千克)为一个计算单位，也称重量吨。基本运费等于货物的重量吨数乘以运费率(1 重量吨的运费)。

(2)按货物尺码或体积计算，以“*M*”表示。如以 1 立方米(约合 35.314 7 立方英尺)或 40 立方英尺为一个计算单位，也称尺码吨或容积吨。基本运费等于货物的运费吨数乘以运费率(1 尺码吨的运费)。

上述货物的计费单位(重量吨或尺码吨)统称为运费吨，又称计费吨。

(3)按货物毛重或尺码计收，选择其中收取运费较高者计算运费，以“*W*/*M*”表示。

(4)按货物价格计收，又称为从价运费，用“*A*·*V*”表示。从价运费一般按货物离岸价格的一定百分比收取。按此法计算的基本运费等于货物的离岸价格(FOB)乘以从价费率，一般为 1%~5%。

(5)在货物重量、尺码或价值三者中选择最高的一种计收，运价表中用“*W*/*M* or Ad Val”表示。

(6)按货物重量或尺码最高者，再加上从价运费计收。运价表中以“*W*/*M* plus Ad Val”表示。

(7)按每件货物作为一个计费单位收费，如活牲畜按“头”(per head)，车辆按“辆”(per unit)收费。

(8)临时议定价格，即由货主和船运公司临时协商议定。此类货物通常是低价的货物或特大型的机器等。在运价表中此类货物以“Open”表示。

【任务报告】

根据任务实施步骤,认真完成任务报告(表 8-5-2)。

表 8-5-2　农产品水路运输管理分析

姓名：	班级：	学号：
1. 描述一下水运输运单填写的一般要求。		
2. 谈谈水路运输运单填写时的计费标准。		
个人总结：		

【任务评价】

对任务实施过程、任务报告完成情况和学习态度进行考核评价(表 8-5-3)。

表 8-5-3　农产品水路运输管理分析考核评价细则

姓名:			班级:		学号:		教师签字:
自评:□合格　□不合格			互评:□合格　□不合格		师评:□合格　□不合格		
日期:			日期:		日期:		
考核评分细则							
序号	考核项目	考核标准		考核方式	分值	评分要求	得分
1	农产品水路运输运单填写	□ 1. 托运日期、起运港、到达港信息填写准确 □ 2. 收货人姓名、单位、电话、地址等信息填写准确 □ 3. 货物名称、件数、重量、体积等信息填写准确 □ 4. 费用填写准确 □ 5. 托运人、托运单位名称、联系电话、地址信息填写准确 □ 6. 签章填写准确		现场识别考核或者问答考核	60	未完成一项扣 10 分，累计扣分不得超过 60 分	
2	任务报告	□ 1. 完成认真 □ 2. 术语规范		评阅考核	10	未完成一项扣 5 分，累计扣分不得超过 10 分	
3	学习态度	□ 1. 具有钻研精神 □ 2. 具备科学严谨的态度 □ 3. 操作认真，互动积极		自评、互评和师评相结合	30	未完成一项扣 10 分，累计扣分不得超过 30 分	
总分							

【任务拓展】

农产品经纪人张某从大连市购进大米 100 吨，准备通过水路运至上海市，起运港为大连港，到达港为上海港，请根据以上实训任务要求，填写水路货物运单(表 8-5-4)。张某可以根据以下思路完成。

首先，张某需要前往大连港货代公司或者船运公司，向相关工作人员说明情况并填写水路货物运单。

表 8-5-4　水路货物运单涉及的信息

栏目	内容
运单号	货代公司或船运公司编号
托运人	张某(个人或公司名称、地址、联系方式)
起运港	大连港(港口名称、所在城市名称)
到达港	上海港(港口名称、所在城市名称)
船名 / 航次	船舶名称、航次编号
货物品名及数量	大米,100 吨(商品名称、数量、单位)
包装方式及数量	商品包装方式、数量
体积及重量	商品体积、重量
运费及支付方式	运费金额、支付方式
备注	其他需要特别说明的事项

其次,在填写运单时,需要注意以下几点:①运单信息要准确、齐全、清晰可辨。②货物品名及数量、包装方式及数量、体积及重量等数据要真实、准确,不得作假。③运费及支付方式要在双方协商一致的基础上填写,并确保信息的真实性和准确性。④如有需要,可以在备注栏中填写其他需要特别说明的事项。

最后,张某需要将填好的运单递交至大连港货代公司或船运公司相关工作人员,并按照要求支付相关费用,办理完货物装船手续。货物运输过程中,张某可以通过船运公司提供的跟踪服务,及时了解货物运输状态,确保货物安全、准时到达目的地。

实训任务 6　农产品直送型配送模式服务流程设计

【任务目标】

通过实训,在日常工作中,能根据实际需要设计合理的配送模式。

【任务准备】

提前了解直送型配送模式的含义、特点和适用条件。

视频:农产品冷链预冷

【任务实施】

步骤一　阅读一份农产品直送型配送模式资料。

北京市农产品销售新模式:新鲜蔬菜5小时从地头送到家

新鲜蔬菜从地头到家庭只需要5小时,而且每盒蔬菜都有“绿色履历”,安全可追溯。继农超对接、场店对接后,北京市农产品销售又推新模式——“农宅对接”。新模式取消中间环节,减少流通损耗,菜价可直降30%。

“农宅对接”又被称为“从农场到家庭”的农产品销售模式,特点是生产者和消费者直接交易。2012年3月份,延庆县北菜园蔬菜专业合作社率先启动试点。该合作社在海淀区圆明园小区地下一层安装了一套配送柜,居民买菜,只要点击鼠标,提前上合作社网站预定,第二天,郊区菜地里的新鲜蔬菜就送到菜柜里了。有了“直投菜柜”,买菜变得和订报、订奶一样方便。

直投蔬菜新鲜又安全。北菜园合作社承诺,新鲜蔬菜采摘后5小时内送达。“每天早晚采摘两次,早上七八点钟,晚上五六点钟,摘完后直接配送,路况好时,一个多小时就送到了,保证是最新鲜的。”合作社负责人赵玉忠说,为此,合作社专门配备了两辆冷藏运输车。“直投菜柜”还为蔬菜建“绿色履历”,保障农产品安全。合作社蔬菜基地全部通过了绿色、无公害农产品认证,有300亩还是有机蔬菜。从这里发出的每一盒菜,上面都有条形码,产地、责任人、生产流程等产品质量信息,到政府指定的网站上都可以查询。合作社还准备开发视频直播系统,客户登录网站就可以看到蔬菜大棚里的生产情况,哪棵菜在哪个大棚里长的,是谁在种在管理,都能看得一清二楚。由于取消了中间环节,同时减少了流通过程中的损耗。“我们向客户承诺,我们的菜和超市同品种蔬菜相比,价格至少便宜30%。”赵玉忠说。和过去批发给中间商的销售模式比,“农宅对接”成本降了一半。对市民来说买菜便宜了,对菜农来说卖菜价高了,两头都满意。

与“农超对接”“场店对接”相比,“农宅对接”成本更低。“除一次性的设备投入外,这种模式不需要店面,也不需要经营人员,成本大幅降低。”延庆区农委相关负责人介绍。社区菜店店面租金高,还要赚出经营人员的工资来,光这两项就把菜价抬高了。

“直投菜柜”没这两项支出，吃多少订多少，订多少送多少，还能避免浪费。

（参考来源：中央政府门户网站，2011-05-04）

步骤二 结合案例分清直送型配送模式与“农超对接”、农产品直营店的区别。

(1)直送型配送模式与“农超对接”的区别。直送型配送模式指的是“农宅对接”，也称为“从农场到家庭”的农产品销售模式，特点是生产者和消费者直接交易，中间无须辗转于农贸市场、超市等，可以极大地减少中间环节和流通损耗。“农超对接”指的是农户和商家签订意向性协议书，由农户向超市、菜市场和便民店直供农产品的流通方式，主要是为优质农产品进入超市搭建平台。“农超对接”的本质是将现代流通方式引向广阔农村，将千家万户的小生产与千变万化的大市场对接起来，构建市场经济条件下的产销一体化链条，实现商家、农民、消费者共赢。“农超对接”是农产品与超市直接对接，市场需要什么，农民就生产什么，既可避免生产的盲目性，稳定农产品销售渠道和价格，还可减少流通环节，降低流通成本，给消费者带来实惠。

二者的区别：①从配送的对象来讲，直送型配送模式的配送对象是最终消费者，而“农超对接”配送的对象是超市、菜市场、直营店等；②从最终消费者的确定性来讲，直送型配送模式配送的对象是确定的，而“农超对接”最终消费者是不确定的；③从配送的客体来讲，直送型配送模式配送的农产品品种、数量、价格等在配送前生产者与消费者已经达成一致意见，而“农超对接”配送的农产品品种、数量、价格等在配送前生产者尚不清楚最终消费者是谁；④从流通环节来讲，“农超对接”流通环节多于直送型配送模式流通环节；⑤从模式设计的目的来看，“农超对接”是实现商家、生产者、消费者共赢，直送型配送模式实现的是生产者和消费者共赢。

(2)直送型配送模式与农产品直营店的区别。农产品直送型配送模式指的是消费者在接受生产者农产品价格报价的基础上，生产者根据消费者的品种、数量要求，在预定的时间内将农产品送达消费者的一种配送模式。农产品直营店指的是农产品生产者自己设立销售场所销售自己生产的农产品，是农产品生产者从生产领域向流通领域的纵伸。二者的区别在于，直送型配送模式的配送对象是最终消费者，农产品直营店是自己生产的农产品配送到自己的直营店里。

步骤三 结合熟悉的农产品，设计一份直送型配送模式服务流程表。

步骤四 评析服务流程表设计的适用性。

小贴士

认识直送型配送模式运行绩效

时下对农产品流通诟病较多的是流通环节较多，给人的感觉是只要减少了农产品流通环节，农产品流通成本可以降低，农产品价格可以下降，农民的利益就可以保证。其实，直送型配送模式虽然将流通环节降为零，但流通成本仍然较高。例如，由北京北菜园农产品产销专业合作社经营运作的“农宅对接”项目，配送成本约是蔬菜成本的两倍。此外，为了保证配送的农产品能安全送达到消费者手中，仅安装一个智能柜就需要2.6万元。因此，只有更多消费者接受“农宅对接”配送模式，平摊配送成本，才会凸显“农宅对接”的优势。

【任务报告】

根据任务实施步骤,认真完成任务报告(表 8-6-1)。

表 8-6-1　农产品直送型配送模式服务流程设计

姓名:	班级:	学号:
1. 直送型配送模式与“农超对接”,与农产品直营店分别有什么区别?		
2. 谈谈对直送型配送模式运行绩效的理解。		
个人总结:		

【任务评价】

对任务实施过程、任务报告完成情况和学习态度进行考核评价(表 8-6-2)。

表 8-6-2　农产品直送型配送模式服务流程设计考核评价细则

姓名:			班级:		学号:		教师签字:
自评:□合格　□不合格			互评:□合格　□不合格		师评:□合格　□不合格		
日期:			日期:		日期:		
考核评分细则							
序号	考核项目	考核标准	考核方式	分值	评分要求		得分
1	配送模式区分	□ 1. 正确区分直送型配送模式与“农超对接”的区别 □ 2. 正确区分直送型配送模式与农产品直营店的区别	现场识别考核或者问答考核	30	未完成一项扣 15 分，累计扣分不得超过 30 分		
2	服务流程表设计	□ 1. 服务流程设计完整性 □ 2. 服务流程设计准确性 □ 3. 服务流程设计可操作性		30	未完成一项扣 10 分，累计扣分不得超过 30 分		
3	任务报告	□ 1. 完成认真 □ 2. 术语规范	评阅考核	10	未完成一项扣 5 分，累计扣分不得超过 10 分		
4	学习态度	□ 1. 具有钻研精神 □ 2. 具备科学严谨的态度 □ 3. 操作认真,互动积极	自评、互评和师评相结合	30	未完成一项扣 10 分，累计扣分不得超过 30 分		
总分							

【任务拓展】

近年来,随着城市化进程的加速和人们生活水平的提高,越来越多的人开始追求健康、安全、绿色的生活方式。在这种背景下,农业产业也得到了越来越多的关注和发展。刘某作为句容市一名新型农业经营主体,他通过自己的努力和创新,成功地开展了一个名为“农宅对接”的项目,为小区住户提供了定点配送服务。他设计制定了一个直送型配送模式服务流程表(表 8-6-3),它涵盖了客户咨询与预约、产品准备、送货、售后服务以及反馈与改进等多个环节。通过这个流程表的实施和管理,刘某可以更好地满足客户的需求和要求,提高自己的竞争力和服务水平,实现自身的可持续发展和社会价值的最大化。

表 8-6-3 直送型配送模式服务流程

序号	服务流程	描述
1	客户咨询与预约	客户可以通过电话、微信、QQ 等方式联系刘某,提出自己的需求和要求。刘某会认真听取客户的意见和建议,并根据客户的需求提供相应的产品和服务。在客户选择好产品和服务后,刘某会与客户约定送货日期和时间,以确保能够按时按量地将产品送到客户手中
2	产品准备	在约定的送货日期前,刘某会仔细检查和准备好订单中的所有产品,他会确保每一个产品都符合国家标准和质量要求,并且包装精美、整洁有序。此外,他还会根据不同的季节和气候条件,选择适宜的运输方式和保鲜措施,以确保产品的新鲜度和品质
3	送货	在送货当天,刘某会提前到达指定的送货地点,并按照约定的时间和顺序将产品逐一送到客户手中。在这个过程中,他会与客户进行交流,了解客户的反馈和意见,并及时处理各种问题和困难。如果客户对产品有任何疑问或不满意的地方,刘某都会积极地解决和改进,以确保客户的满意度和信任度
4	售后服务	为了更好地满足客户的需求和要求,刘某还提供了一系列售后服务措施。例如,他会在送货后定期回访客户,了解产品的使用情况和效果,并及时处理客户的投诉和建议。此外,他还会为客户提供一些相关的知识和技巧,帮助他们更好地管理和利用农产品资源,实现可持续发展的目标
5	反馈与改进	最后,刘某还会收集客户的反馈和意见,并根据反馈情况进行必要的改进和完善。他会认真分析客户的意见和建议,找出问题所在,并采取有效的措施加以解决。同时,他还会不断地学习和探索新的技术和方法,不断提高自己的专业水平和服务能力

要求:阐述一下你对刘某“农宅对接”项目的看法。

实训任务 7　农产品冷链物流实施

【任务目标】

通过实训，针对特定农产品选择合适的冷链物流服务。

【任务准备】

提前了解冷链物流的内涵和重要性。

【任务实施】

动画：农村冷链物流的重要性

步骤一　阅读一份农产品冷链物流实施资料。

广西某农产品电子商务公司主要经营生鲜水果，如荔枝，以满足消费者对健康、营养、美味的需求。

荔枝是一种美味可口、营养丰富的水果，深受广大消费者的喜爱。盛夏时节，正是荔枝销售旺季。然而，由于荔枝的果皮容易受损，容易变质，因此需要在采摘后尽快进行处理和包装，并通过冷链物流进行配送。这样才能保证荔枝在运输过程中的新鲜度和品质，让消费者能够享受到最美味的荔枝。

为了保持生鲜水果的活性，提高公司的竞争力，该公司决定建设一个冷链仓库中心，采用冷链物流进行商品配送，确保产品在运输过程中的新鲜度和品质。这个仓库中心将位于广西南宁市，占地面积达到数千平方米。该仓库中心将配备最先进的冷链设备和技术，包括温度控制、湿度控制、通风系统等。这些设备和技术将确保荔枝在仓库中的新鲜度和品质，为消费者提供高品质的产品和服务，为公司的业务发展提供强有力的支持。该冷链仓库中心的建设不仅有助于公司的业务发展，还有助于推动当地经济的发展。

步骤二　请结合所学内容，分析荔枝运输采用的冷链物流有哪些流程。

步骤三　运输包装选择。由于公司目前只有普通的运输货车，而荔枝适宜保存在低温高湿的环境（2~4℃，湿度 90%~95%）。请结合现状，分析公司在冷链运输荔枝过程中适宜选择的运输包装及辅材。

步骤四　物流服务商选择。根据以下信息，选择一家你认为最合适的物流服务商，并说明选择的理由。

物流服务商 1　厦门路通物流有限公司

公司简介：总公司坐落于厦门，离厦门北站只有 3.5 公里，距离机场 5 公里，距离岛内火车站 15 公里，距离沈海高速同安出口 5 公里、集美出口 3 公里，距 324 国道 5 公里。

主要覆盖范围：是面向全国性的专业冷链服务商。注册资本：100 万人民币。人员规模：50 人以下。年营业额：500 万 ~1 000 万元。车辆服务：公司常年提供多种冷藏车(车型4.2米、5.2米、6.2米、7.2米、9.6米、12米、13.7米、15米等)。制冷范围:-30~0℃。新车率80%以上,市内通行证80%以上。仓储服务:公司与某中外合资的冷冻仓储公司合作,在厦门的库房存放空间为7万立方米,可存储3.8万吨冷冻食物,同时每日生产各种冰块200吨。

此外,可为客户提供专业的GPS在线跟踪及货物到达短信通知服务、包装及代收货款等配套增值服务。公司拥有一批专业运作团队,通过一系列科学、全面、系统的管理方法和经营方针,吸取国际先进的质量管理模式,认真贯彻ISO9000族质量体系标准,形成了一整套标准的冷链物流及城市配送服务体,并开发了专业的商超配送、企业物流方案设计等特色服务。

物流服务商2 天津天天鲜物流有限公司

公司简介:成立于2009年,公司及仓库位于天津中心城区和滨海新区之间,距天津港仅30公里,交通便利,位置优越。

主要覆盖范围:服务于全国范围内的冷链物流运输。并在西安、郑州、武汉、成都等地有分公司及办事处。注册资本:2 000万人民币。人员规模:50~100人。年营业额:1 000万~2 000万元。仓储服务:公司冷库占地60亩,投资8 500万元建设低温库两座。新建冷库设备全部采用大连冷冻机厂产品,并由其安装施工,冷库设计为-25℃,库区净高6.5米,部分为封闭式站台,并配备自动升降平台,使用进口电瓶叉车等。冷库设计理念紧跟市场前沿,公司经营理念为“服务、创新、高效”。车辆服务:公司去年新购入一批冷库车,用于为客户提供冷链运输服务,有4.2米(11~13立方米)、5.2米(17~19立方米)、6.2米(25~33立方米)、7.2米、9.6米、12米、13.7米、15米等车型,制冷范围:-30~0℃。人员配置:公司原隶属于供销合作社,有丰富的运输管理经验。

物流服务商3 合肥铭鑫物流有限公司

公司创始于2006年,经工商局注册成立于2015年2月,是一家专业从事第三方冷链物流的企业。公司业务以“冷链一站式服务”为主,干线冷链运输为辅。公司现有员工100余人。

主要覆盖范围:承接深圳及珠三角地区、安徽、南京的各大商超、门店和终端的冷藏货物配送。注册资本:2 000万元。人员规模:50~100人。年营业额:500万~1 000万元。车辆服务:自有1.5~20吨的冷藏、冷冻车辆30余台。仓储服务:在合肥市建有约4 500立方米冷冻仓库。采用系统化车辆调度系统、实时温度跟踪系统、GPS车辆监控管理系统,实现车辆运行透明化管理。

物流服务商4 陕西安安冷链物流

公司成立于2000年1月,是一家专业的以仓储、运输、配送服务于一体的冷链物流企业。

注册资本:200万。人员规模:200~300人。年营业额:1 000万以上。主要覆盖范围:公司开通广州、上海、北京、广州、天津、成都、郑州、贵阳、乌鲁木齐、武汉、长沙等全国各大城市的两返专线，及西安至全国的零担线路。车辆服务：目前自有各种型号（4.2米、6.2米、7.2米、8.6米、9.6米、12.5米、13.7米）冷藏车300多台，满足客户的体积、吨位的需求。每辆运输车自身车体都带有高端的冷藏运输设备。通过先进的冷冻机组、车载温控仪、GPS远程温度监控，保证在途温度可控性。拥有庞大的服务网络、精品对流专线、区域环线、中心配送等多种运营模式，我们还有各式增值服务，针对性服务于不同客户群体，提升客户的市场竞争力。与美的、乐百氏、金帝、中粮等各大企业合作伙伴保持合作共赢的发展。

物流服务商5　广西小马冷链

专注于B2B冷链配送，服务品类涵盖冷藏食品（0~10℃）、冷冻食品（–18℃）、恒温食品（15~22℃）及药品（2~8℃），致力于为酒店、连锁餐饮、冷冻食品厂家及医药厂家、经销商、批发商、物流商提供高效、迅捷、精准、安全的多温区仓配服务。

主要覆盖范围：服务范围覆盖广西全境。车辆服务：公司自有依维柯、4.2米、5.2米、7.6米、9.6米多种冷藏车型，所有车辆均配备车载GPS及温控系统，实现订单交付全程跟踪及可视化。配备冷藏、冷冻、恒温多温区冷库2 000平方米，同时配置TMS（运输管理系统）及WMS（仓储管理系统），高效协同。根据客户需求，可进行单温区及多温区（冷冻、冷藏、常温）共配运作，满足客户多温区产品储运需求，集约化运作，以降低客户成本。

物流服务商6　顺丰冷运

依托顺丰强大的运输网路、领先的仓储服务、专业的温控技术、先进的管理系统，致力于为生鲜食品行业客户提供专业、安全、定制、高效的综合供应链解决方案。

相关服务：顺丰冷运零担。提供城市间全程温控、仓到仓冷链运输服务，可通过提送货服务实现门到门服务。①冷运小票零担。覆盖中国内地大部分一二线城市，主打20~200千克，提供城市间全程温控、提派一口价的冷链运输服务，兼顾时效和价格竞争力。②冷运小车。覆盖中国内地地区，整车生鲜冷链跨城运输，通过点对点、点对多点方式实现货物直达服务。③冷运到店。生鲜冷链城市一体化配送，通过点到多点方式为生鲜冷链类客户提供周期性配送服务。④冷运标快。基于冷仓，对有温度控制要求的食品，提供全程陆运冷链运输、末端优先派送的专属冷运快递服务。⑤冷运仓储。覆盖中国内地主要城市，提供货物冷库存储、分拣、包装、配送、信息流转等一体化冷运服务。

小贴士

全球冷链技术发展预测

（1）物联网技术的应用。根据市场研究公司Grand View Research的数据预测：到2028年，全球智能冷链市场规模预计将达到45亿美元。这表明，越来越多的企业开始采用物联网技术提高冷链物流的效率和质量。

（2）人工智能的应用。根据市场研究公司MarketsandMarkets的数据预测：到2027

年，全球人工智能在冷链物流领域的应用市场规模预计将达到39亿美元。这表明，人工智能技术在冷链物流领域具有巨大的潜力和市场前景。

(3)可再生能源的应用。根据市场研究公司IBISWorld的数据预测：到2026年，全球可再生能源在冷链物流领域的应用市场规模预计将达到1.5亿美元。这表明，越来越多的企业开始采用可再生能源来驱动冷链设备，以减少对传统化石燃料的依赖，降低碳排放。

(4)区块链技术的应用。根据市场研究公司Statista的数据预测：到2023年，全球区块链技术在冷链物流领域的应用市场规模预计将达到1.5亿美元。这表明，区块链技术在冷链物流领域也具有一定的市场前景和应用价值。

【任务报告】

根据任务实施步骤,认真完成任务报告(表 8-7-1)。

表 8-7-1　农产品冷链物流实施

姓名:	班级:	学号:
1. 你选择了哪一家物流服务商？说明选择的理由。		
2. 你还知道国内哪些主流的冷链物流服务商？举例说出 2~3 个。		
个人总结:		

【任务评价】

对任务实施过程、任务报告完成情况和学习态度进行考核评价(表 8-7-2)。

表 8-7-2　农产品冷链物流实施考核评价细则

姓名:		班级:		学号:		教师签字:
自评:□合格□不合格		互评:□合格□不合格		师评:□合格　□不合格		
日期:		日期:		日期:		
考核评分细则						
序号	考核项目	考核标准	考核方式	分值	评分要求	得分
1	冷链物流实施	□ 1. 合理分析冷链运输荔枝的流程 □ 2. 合理选择冷链运输荔枝需要的包装 □ 3. 合理选择冷链运输荔枝需要的物流服务商	现场识别考核或者问答考核	60	未完成一项扣 20 分,累计扣分不得超过 60 分	
2	任务报告	□ 1. 完成认真 □ 2. 术语规范	评阅考核	10	未完成一项扣 5 分,累计扣分不得超过 10 分	
3	学习态度	□ 1. 具有钻研精神 □ 2. 具备科学严谨的态度 □ 3. 操作认真,互动积极	自评、互评和师评相结合	30	未完成一项扣 10 分,累计扣分不得超过 30 分	
总分						

【任务拓展】

假如你是一家葡萄酒公司的供应链经理,负责管理公司的产品从种植到销售的整个过程。你的目标是确保所有的葡萄酒都能在最佳的条件下运输和储存,以保持其品质。现在,你需要设计一个关于葡萄冷链物流运输的实操方案。以下是你可能遇到的问题:

(1)确定运输需求。确定你的公司需要运输多少葡萄,以及这些葡萄需要在多长时间内送达目的地。这将帮助你决定所需的运输工具和人力资源。

(2)选择运输方式。可以选择陆运、海运或空运来运输葡萄。每种运输方式都有其优缺点。比如陆路运输可能更适合短途运输,海路运输可能更适合长途运输。你需要根据运输需求和成本考虑选择哪种运输方式。

(3)选择冷链设备。为了确保葡萄在整个运输过程中的新鲜度和质量,你需要选择适当的冷链设备。可能包括冷藏车、保温箱、冷冻机等。

(4)制订温度控制计划。确定如何控制运输过程中的温度,以防止葡萄变质。你可能需要使用温度计来监测温度,并根据需要调整设备的运行。

(5)培训员工。确保你的员工知道如何在运输过程中正确地操作冷链设备,并遵守所有相关的安全规定。

(6)制订应急计划。在运输过程中可能会遇到各种问题,如设备故障、自然灾害等。你需要制订应急计划,以便在出现问题时能够迅速应对。

要求:请根据以上问题描述,设计出一份具体的实操方案。

附录

附录一　涉农电子商务政策摘要

一、"互联网 +"现代农业行动实施方案

2016 年 5 月，农业部等 8 部门联合发布《"互联网 +"现代农业三年行动实施方案》。

其中，关于"互联网 +"农业电子商务，提出：大力发展农业电子商务，带动农业市场化，倒逼农业标准化，促进农业规模化，提升农业品牌化，推动农业转型升级、农村经济发展、农民创业增收。提升新型农业经营主体电子商务应用能力，推动农产品、农业生产资料和休闲农业相关优质产品和服务上网销售，大力培育农业电子商务市场主体，形成一批具有重要影响力的农业电子商务龙头企业和品牌。加强网络、加工、包装、物流、冷链、仓储、支付等基础设施建设，推动农产品包装、物流配送、业务规范等标准体系建设，完善农业电子商务发展基础环境。开展农业电子商务试点示范，鼓励相关经营主体进行技术、机制、模式创新，探索农产品线上与线下相结合的发展模式，推动生鲜农产品直配和农业生产资料下乡率先取得突破。推进农产品批发市场信息技术应用，加强批发市场信息服务平台建设，提升信息服务能力，推动批发市场创新发展农产品电子商务。加快推进农产品跨境电子商务发展，促进农产品进出口贸易。推动农业电子商务相关数据信息共享开放，加强信息监测统计、发布服务工作。（农业部、发展改革委、中央网信办、商务部、质检总局）

关于"互联网 +"新型农业经营主体，提出：鼓励家庭农场、合作社、龙头企业等新型农业经营主体运用互联网新思维、新技术、新模式改造流通方式、管理方式和经营方式，发挥在现代农业建设中的引领作用。支持新型农业经营主体带动农户积极应用农业物联网和电子商务，探索农户创业创新新模式。加强新型职业农民培育信息化建设，为新型职业农民提供在线教育培训、移动互联服务、在线管理考核和政策配套等服务。推动新型职业农民与互联网深度融合发展，鼓励电子商务、互联网金融等互联网企业提供发展便利条件，通过创业大赛、创客论坛等多种形式搭建交流平台，引导投资机构、中介组织、专家学者等支持新型职业农民创业创新。

组织开展农民手机等移动终端应用技能培训，充分发挥各级农业部门现有培训项目、资源和体系，动员企业等社会各界力量广泛参与，提高农民运用手机上网发展生产、便利生活和增收致富的能力和水平。深入推行科技特派员制度，打造“星创天地”，壮大农村科技创新创业队伍。（农业农村部、科技部）

二、关于深化农商协作大力发展农产品电子商务的通知

2017 年 8 月 22 日，商务部市场体系建设司在其官网发布了《商务部农业部关于深化农商协作大力发展农产品电子商务的通知》。

其中，关于开展农产品电商出村试点，提出：各地要在电子商务进农村综合示范县（以下简称电商示范县）、信息进村入户工程建设较好的县（市、区、旗、国有农场）中至少组织 1 个县，开展农产品电商出村试点工作，优先选择具备条件的深度贫困地区。试点县选择至少 1 个品种，加强农产品分等分级、加工包装、物流仓储、冷链等基础设施建设，实施农产品供应链管理，集中实现农产品商品化、品牌化、电商化，创新农产品电商销售机制和模式。试点县应因地制宜，支持企业强化对农户的服务，探索建立企业和农户之间的新型利益连接机制，通过分工协作将分散农户纳入产业化发展轨道，在保持农村特点的基础上，提高小农生产的集约化水平，吸引农户深入参与社会分工，享受全产业链增值收益。电商示范县要参照农产品电商出村试点县要求开展工作。

关于打造农产品电商供应链，提出：各地要充分发挥“一村一品”、“一乡一业”的引导作用，立足农业生产的区位优势，以电商等市场需求为导向，依托益农信息社，带动新型农业经营主体和分散农户参与，积极引导当地农业生产的规模化、标准化，引进、培育一批适应电商发展的农业产业化龙头企业和专业运营公司。以龙头企业和专业运营公司为主体，紧盯市场需求和国内外产业发展动向，组织农民和新型农业经营主体开发适合消费者多样化需求的新品种和新产品，推动农产品加工业发展，拉长农业产业链。加快推广农业生产智能管理服务平台，实时监测和上报农产品生产计划、产量、销置、库存等信息，实时获取市场行情数据，提供农产品生产销售的智能决策参考，增强农业生产对接市场需求的能力。

关于大力培育农业农村品牌，提出：各地要依托优势企业、农民合作社联合社和行业协会打造区域特色品牌，引入电商要素改造提升传统名优品牌，把地方土特产和小品种做成带动农民增收的大产业，加强品牌管理，提升区域品牌知名度、美誉度。在特色农产品优势区、现代农业示范区、国家农产品质量安全县等建设工作中统筹推进品牌建设，鼓励电商企业加大宣传推广力度，以网络销售额、消费评价、投诉等数据为依据，支持地方共同培育一批认可度高的农业企业品牌和农产品品牌。鼓励农产品电商出村试点县集聚市场监管、食品卫生、质检等部门资源，支持龙头企业、农民合作社、家庭农场等新型农业经营主体、农户申请生产流通许可、注册商标、培育品牌等，简化相关程序，探索统一提供技术、设备支撑和场地条件等。

三、乡村振兴战略中提升农业发展质量，培育乡村发展新动能

2018 年 1 月 2 日，《中共中央国务院关于实施乡村振兴战略的意见》由中共中央、国务院发布。实施乡村振兴战略，是党的十九大作出的重大决策部署，是决胜全面建成小康社会、全面建设社会主义现代化国家的重大历史任务，是新时代“三农”工作的总抓手。

其中，提到构建农村一二三产业融合发展体系。要求：大力开发农业多种功能，延长产业

链、提升价值链、完善利益链，通过保底分红、股份合作、利润返还等多种形式，让农民合理分享全产业链增值收益。实施农产品加工业提升行动，鼓励企业兼并重组，淘汰落后产能，支持主产区农产品就地加工转化增值。重点解决农产品销售中的突出问题，加强农产品产后分级、包装、营销，建设现代化农产品冷链仓储物流体系，打造农产品销售公共服务平台，支持供销、邮政及各类企业把服务网点延伸到乡村，健全农产品产销稳定衔接机制，大力建设具有广泛性的促进农村电子商务发展的基础设施，鼓励支持各类市场主体创新发展基于互联网的新型农业产业模式，深入实施电子商务进农村综合示范，加快推进农村流通现代化。实施休闲农业和乡村旅游精品工程，建设一批设施完备、功能多样的休闲观光园区、森林人家、康养基地、乡村民宿、特色小镇。对利用闲置农房发展民宿、养老等项目，研究出台消防、特种行业经营等领域便利市场准入、加强事中事后监管的管理办法。发展乡村共享经济、创意农业、特色文化产业。

提到促进小农户和现代农业发展有机衔接。要求：统筹兼顾培育新型农业经营主体和扶持小农户，采取有针对性的措施，把小农生产引入现代农业发展轨道。培育各类专业化市场化服务组织，推进农业生产全程社会化服务，帮助小农户节本增效。发展多样化的联合与合作，提升小农户组织化程度。注重发挥新型农业经营主体带动作用，打造区域公用品牌，开展农超对接、农社对接，帮助小农户对接市场。扶持小农户发展生态农业、设施农业、体验农业、定制农业，提高产品档次和附加值，拓展增收空间。改善小农户生产设施条件，提升小农户抗风险能力。研究制定扶持小农生产的政策意见。

四、国务院常务会议聚焦“互联网＋农业”，持续推进农业信息化发展

2018 年 6 月 27 日，国务院常务会议听取深入推进“互联网＋农业”促进农村一二三产业融合发展情况汇报。会议指出，按照党中央、国务院部署，深入实施乡村振兴战略，更大发挥市场作用，依托“互联网＋”发展各种专业化社会服务，促进农业生产管理更加精准高效，使亿万小农户与瞬息万变的大市场更好对接，对推动农业提质增效、拓宽农民新型就业和增收渠道意义重大。

五、农业农村部首次开展农业信息化发展延伸绩效考核

2018 年，农业农村部首次在天津、河北、辽宁、吉林、黑龙江、江苏、浙江、福建、江西、山东、河南、湖南、广东、广西、重庆、四川、贵州、云南等 18 省份开展农业信息化发展延伸绩效管理试点工作，重点对农业农村部门重视程度和信息进村入户工程、农业生产智能化应用、农业农村电子商务推进、农民手机应用技能培训、农业农村大数据应用等重点工作推进落实情况进行考核。18 个试点省份高度重视农业信息化工作，以延伸绩效考核为抓手，不断强化机构队伍和资金保障，优化发展环境，推动农业生产、管理、经营、服务各环节信息化取得明显进展。

六、《数字乡村发展战略纲要》开启城乡融合发展和现代化建设新局面

2019 年 5 月，中共中央办公厅、国务院办公厅印发《数字乡村发展战略纲要》，明确分成四个阶段实施数字乡村战略，部署加快乡村信息基础设施建设、发展农村数字经济、建设智慧绿色乡村等十项重点任务。通过“填鸿沟”、“补短板”、“促融合”等一系列措施，充分挖掘信息

化在乡村振兴中的巨大潜力，让信息技术连接“三农”，为农业全面升级、农村全面进步、农民全面发展提供新动能。

七、农业农村部深入推进全国农民手机应用技能培训工作

2019 年 8 月 23 日，为深入推进 2019 年度全国农民手机应用技能培训工作，在第二届“中国农民丰收节”即将到来之际，农业农村部和中国农民丰收节组织指导委员会主办的 2019“庆丰收·消费季”和农民手机应用技能培训启动仪式在北京举行。举办此次启动仪式旨在倡议社会各界积极参与“庆丰收·消费季”和农民手机应用技能培训，营造强农惠农富农的节日氛围，让农民既丰产也增收，让手机成为广大农民的“新农具”，助力农产品出村进城。

八、2022 年中央一号文件聚焦产业促进乡村发展

2022 年 2 月 22 日，《中共中央国务院关于做好 2022 年全面推进乡村振兴重点工作的意见》，即 2022 年中央一号文件发布。这是 21 世纪以来第 19 个指导“三农”工作的中央一号文件。文件指出，牢牢守住保障国家粮食安全和不发生规模性返贫两条底线，突出年度性任务、针对性举措、实效性导向，充分发挥农村基层党组织领导作用，扎实有序做好乡村发展、乡村建设、乡村治理重点工作，推动乡村振兴取得新进展、农业农村现代化迈出新步伐。提出持续推进农村一二三产业融合发展。鼓励各地拓展农业多种功能、挖掘乡村多元价值，重点发展农产品加工、乡村休闲旅游、农村电商等产业。支持农业大县聚焦农产品加工业，引导企业到产地发展粮油加工、食品制造。推进现代农业产业园和农业产业强镇建设，培育优势特色产业集群，继续支持创建一批国家农村产业融合发展示范园。实施乡村休闲旅游提升计划。支持农民直接经营或参与经营的乡村民宿、农家乐特色村（点）发展。将符合要求的乡村休闲旅游项目纳入科普基地和中小学学农劳动实践基地范围。实施“数商兴农”工程，推进电子商务进乡村。促进农副产品直播带货规范健康发展。开展农业品种培优、品质提升、品牌打造和标准化生产提升行动，推进食用农产品承诺达标合格证制度，完善全产业链质量安全追溯体系。加快落实保障和规范农村一二三产业融合发展用地政策。大力发展县域富民产业。支持大中城市疏解产业向县域延伸，引导产业有序梯度转移。提出大力发展县域范围内比较优势明显、带动农业农村能力强、就业容量大的产业，推动形成“一县一业”发展格局。加强县域基层创新，强化产业链与创新链融合。加快完善县城产业服务功能，促进产业向园区集中、龙头企业做强做大。引导具备条件的中心镇发展专业化中小微企业集聚区，推动重点村发展乡村作坊、家庭工场。提出加强县域商业体系建设。实施县域商业建设行动，促进农村消费扩容提质升级。加快农村物流快递网点布局，实施“快递进村”工程，鼓励发展“多站合一”的乡镇客货邮综合服务站、“一点多能”的村级寄递物流综合服务点，推进县乡村物流共同配送，促进农村客货邮融合发展。支持大型流通企业以县城和中心镇为重点下沉供应链。加快实施“互联网 +”农产品出村进城工程，推动建立长期稳定的产销对接关系。推动冷链物流服务网络向农村延伸，整县推进农产品产地仓储保鲜冷链物流设施建设，促进合作联营、成网配套。支持供销合作社开展县域流通服务网络建设提升行动，建设县域集采集配中心。

九、社会资本投资农业农村指引

农业农村部计划财务司 2022 年 04 月 02 日发布社会资本投资农业农村指引（2022 年），

提出以习近平新时代中国特色社会主义思想为指导，全面贯彻党的十九大和十九届历次全会精神，深入贯彻中央经济工作会议、中央农村工作会议精神，坚持稳字当头、稳中求进，按照保供固安全、振兴畅循环的工作定位，聚焦乡村振兴重点领域，创新投入方式，打造合作平台，营造良好营商环境，激发社会资本投资活力，规范社会资本投资行为，更好满足全面推进乡村振兴多样化投融资需求，为全面推进乡村振兴、加快农业农村现代化提供有力支撑。鼓励社会资本开发特色农业农村资源，积极参与建设现代农业产业园，发展特色农产品优势区，支持建设“一村一品”示范村镇。支持发展特色优势产业，发展绿色农产品、有机农产品和地理标志农产品，支持拓展农业多种功能、挖掘乡村多元价值。建设标准化生产基地、集约化加工基地、仓储物流基地，完善品牌与市场营销体系。巩固提升脱贫地区特色产业。加快农业品牌培育，加强品牌营销推介，鼓励社会资本支持区域公用品牌建设，打造一批具有市场竞争力的农业企业品牌。

十、商务部等八部门提出加快贯通县乡村电商和快递物流配送体系

2022 年 6 月 1 日，商务部、国家邮政局等八部门发布《关于加快贯通县乡村电子商务体系和快递物流配送体系有关工作的通知》。通知表示，发展农村电子商务和快递物流配送是促进城乡生产和消费有效衔接的重要举措，是全面推进乡村振兴、构建新发展格局的客观要求。

其中，关于完善基础设施补齐冷链短板，提出要鼓励各地结合实际，加强县乡村快递物流配送基础设施建设，升级改造县级物流配送中心，面向乡镇、村及本地生产流通企业、邮政快递企业、合作社、家庭农场等各类主体，提供仓储、分拣、中转、配送等服务。引导农村邮政、快递物流企业利用现有设施资源合作建设乡镇服务站点。依托村邮站、益农信息社、村委会等公共服务设施和夫妻店、便利店、电子商务服务站点等便民商业设施，设立村级寄递物流综合服务站，实现“多站合一、一点多能、一网多用”。在提升冷链流通率方面，通知要求，要聚焦鲜活农产品主产区、特色农产品优势区，推进农产品仓储保鲜冷链物流设施建设，加快补齐产地冷链物流短板，促进农产品电子商务高质量发展。加强农产品供应链建设，引导农产品批发市场加快完善具备物流集散、低温配送等功能的冷链设施。推进农产品冷链标准制修订，加强生鲜农产品质量监管和产品溯源。

关于扩大电子商务覆盖面提升服务能力，提出鼓励依托县级物流配送中心、农村快递物流站点等，完善农村电子商务公共服务体系，提供产品开发、品牌孵化、包装设计、数据分析、市场营销等服务，提高农村电子商务应用水平。鼓励大型电子商务企业、流通企业以县镇为重点，下沉供应链和新型交易模式，推动农村流通设施和业态融入现代流通体系。同时，支持农村电子商务、快递物流配送协同发展。引导电子商务、邮政、供销、快递、物流、商贸流通等各类主体开展市场化合作，推动仓储、揽收、分拣、运输、配送“五统一”，场地、车辆、人员、运营、管理“五整合”，提升快递物流配送能力。对于规范行业秩序，通知提到，简化农村快递末端网点备案手续，鼓励发展农村快递末端服务。修订《快递服务》等标准，规范农村快递经营行为。加强寄递物流服务监管，依法查处未按约定地址投递、违规收费等行为，促进公平竞争，保障用户合法权益。此外，要引导快递物流企业合理制定价格，探索符合农村实际的成本分担、利益共享等机制，促进电子商务、快递、商贸等企业合作，维护各方权益，推动农村快递物流基础设施共建共用，为农村电子商务快递“最后一公里”配送提供保障。通知称，农村电子商务、快递物流配送覆盖面进一步扩大，县乡村电子商务体系和快递物流配送体系更加健全，农产品出村进城、

消费品下乡进村的双向流通渠道更加畅通，人民群众获得感、幸福感不断增强。争取到2025年，在具备条件的地区基本实现县县有中心、乡乡有网点、村村有服务。

十一、2023年中央一号文件首次提出乡村产业高质量发展

2023年2月13日，《中共中央 国务院关于做好2023年全面推进乡村振兴重点工作的意见》，即2023年中央一号文件发布。文件指出统筹发展与安全的要求下乡村振兴的重点工作方向，农业基础设施(水利工程、防灾减灾等)、农业科技和装备(智能农机、北斗系统等)、现代化产业(农产品加工流通、直播电商基地等)是重点投资领域。高质量发展是二十大报告对未来经济发展思路的根本要求，在乡村振兴工作中也有了具体体现。文件首次提出“推动乡村产业高质量发展”，增量表述包括“做大做强农产品加工流通业”“加快发展现代乡村服务业”“培育乡村新产业新业态”。

十二、2024年中央一号文件把学习运用“千万工程”经验作为重要引领

2024年2月3日，《中共中央 国务院关于学习运用“千村示范、万村整治”工程经验有力有效推进乡村全面振兴的意见》，即2024年中央一号文件发布。文件指出学习运用“千万工程”蕴含的发展理念、工作方法和推进机制，把推进乡村全面振兴作为新时代新征程“三农”工作的总抓手。提升乡村产业发展水平，推动农产品加工业优化升级，推动农村流通高质量发展，加快构建粮经饲统筹、农林牧渔并举、产加销贯通、农文旅融合的现代乡村产业体系，实施农民增收促进行动。

附录二　县域电商典型案例汇总

县域电商典型案例一　遂昌模式

早在 2013 年,阿里研究院就专门总结并提出并推广了遂昌模式,知名度很高。传统经济特点:遂昌县属浙江省丽水市,山地占总面积的 88%,素有“九山半水半分田”之称,是个典型的山地县。所以,遂昌的工业经济一般,以农业经济为主,农林特色产品丰富。遂昌电商协会在当地政府支持下摸索出了一条销售特色农林产品(竹炭、烤薯、菊米等)的电商模式:即生产方 + 服务商 + 网络分销商模式。据阿里研究院统计,早在 2014 年底,遂昌县以农林产品为主的电商交易规模已达 5.3 亿元。此外,农产品电子商务还带动了涉农旅游消费。全县当年农家乐接待游客达到 262.95 万人次,经营收入 2.66 亿元。两项合计超过了 8 亿元,这是发展农村电子商务带来的附加红利。

遂昌模式的核心是“服务商”,就是遂昌网商协会下属的网店服务中心,属半公益性质。其核心业务有三块儿:整合可售货源、组织网络分销商群、统一仓储及发货服务。网店服务中心在遂昌农产品电商化的过程中起了非常重要的作用:①制定并推行了农林产品产销标准。这使得杂乱无章的“农产品”向“商品”转变有了规范,使“买卖管”三方沟通有了依据。②直接或通过农村合作组织间接地推动农户及加工企业按照上述标准去生产和加工,提升了当地网货的质量。③在县里设立了“产品展厅”和“网络分销平台”,统一制作商品的数据包(图片、描述等)用于支撑网上分销商选货和网销,降低了网商的技术门槛。④统一仓储,按照网络分销商们获得的订单统一发货并提供售后服务,实现了零库存经营,降低了网商的资金门槛。⑤推动实现了各环节的社会化大协作。农户、合作社只管做好生产,加工企业只管做好加工,网络分销商只管做好推广销售工作。遂昌模式仿照工业上的“流程化”模式建立起了农林产品的社会化大协作,自己把货源整合、商品数据、仓储、发货及售后这些比较琐碎复杂的工作承担起来,让上游的生产端和下游的销售端专注于自己最擅长的工作,不用操心全产业链的事,提升了当地电商的整体运行效率和竞争力。

遂昌电商发展以农口部门为牵头单位,整合职能,成立县级电子商务办公室,建立乡镇电子商务服务点和村级电子商务服务站;以政府为主导,以公共财政投入为支撑,通过举办电商培训班培养人才;以企业为主体,大力引进和培育电商主体,建立电商园区;以农口数据为支撑,用数据化手段指导农业生产和销售;以建成全国首个县域电子商务国家新型工业化产业示范基地为契机,大力推进电商园区建设。该模式在县域电商的发展初期具有效率高的优势,特别适合推动当地小电商的批量发展,比较适合电商基础弱、小品牌多、小网商多的区域。

县域电商典型案例二　通榆模式

通榆模式跟遂昌模式很相似,但在品牌化和销售环节有自己的特色。传统经济特点:通榆县隶属吉林省白山市,是典型的东北农业县,曾是国家级贫困县,地理位置偏远、交通不便,以经批发和零售渠道卖原品的传统方式销售农产品,是我国著名的“杂粮杂豆之乡”,绿豆、葵花子等多项农产品的产量居全国之冠。

为发展电子商务,2013年末,在当地县委县政府的鼎力支持和深入参与下,由社会力量投资成立了一家名叫“云飞鹤舞”的电子商务公司,形成了生产方+电商公司模式。跟遂昌模式中的“服务商”类似,“云飞鹤舞”也是通榆模式的核心:它左手整合生产方(农户、生产基地、合作社或农产品加工企业等)的产品(小米、绿豆、燕麦和竹豆等),右手通过淘宝平台卖出。这一项目于2013年10月启动。在短短一年时间内,“通榆”这一名不见经传的小县开始进入全国消费者的视线,还作为全国第三个农村淘宝试点县,被阿里巴巴纳入“千县万村”发展战略。

动画:遂昌模式

关键特点:①“云飞鹤舞”以网上直销为主,也有少部分产品通过网络分销商卖出,且多是外地的网络分销商。②注册了统一的品牌“三千禾”来统一所有农产品的包装、销售和服务。③县委县政府从各部门抽调了精干力量组成了通榆县电子商务发展中心,全力配合该电商公司的工作。

与遂昌模式相比,通榆模式尚未对当地小网商的发展起到较好的拉动左右,因为当地的小网商不多。在将来,如果措施得当,利益分享机制合理的的话,“云飞鹤舞”也有可能把当地逐步成长起来的小网商纳入分销商体系。该模式适合电商基础薄弱,产品品牌化程度低,当地小网商稀少的区域。

县域电商典型案例三　清河模式

清河县是历史名县,如今以其强大的羊绒产业闻名世界。这里拥有全国80%、全球50%以上的羊绒加工能力;山羊绒产量长期占到全国60%以上、全球40%以上的份额,具有非常雄厚的产业基础。清河县电子商务正是依靠着这个专业的、传统的大市场得到了快速的发展。

清河县电商的起步与2008年的全球金融危机有关。受其影响,清河县羊绒的出口额下滑很大。在这种情况下,清河县委县政府实施了许多举措,其中之一是大力发展电子商务,提出了“网上网下互动,有形市场与无形市场互补”的发展思路。依托传统优势产业,清河县电商走出了“专业市场+电子商务”这条独特的县域电商发展模式。到2021年末,清河县拥有1个淘宝镇和8个淘宝村,全县仅在阿里巴巴平台上开设的网店数量就超过2.3万家,从业人员达到6万人,年零售额达30亿元以上。

关键特点:①清河县羊绒电商的发展模式与河北白沟的箱包电商、义乌的小商品电商非常相似,都有强大的传统产业或专业市场作为支撑。因此,其电商供应链效率高、商品价格低、行业竞争力强。②看到领路人的示范之后,有着深厚产业积累的传统商户和企业都迅速转型电商,网商群体和交易规模迅速放大。③政府大力营造的电商生态对当地电子商务的发展起到了强大的推动作用。

传统产业发达的地域,其企业的自我发展意识和能力很强。政府只要营造好电商氛围、整合好电商生态,通过树立一批典型,就有望实现“多米诺骨牌”效应。但是,由于产业相同,产品类似,这种地域在发展电子商务的过程中,要注意做好行业自律和政府监督,引导企业创新发展,走品牌化和差异化竞争之路,不要陷入价格战这种低层次的竞争,给各家企业甚至给整个区域带来不可估量的损害。该模式适合有发达的传统产业的地区,尤其是消费品产业占优势的地方。

县域电商典型案例四　武功模式

陕西省武功县地处关中平原西部，是新疆、青海和甘肃三省（自治区）东出的重要通道。武功县东距省会西安约 70 千米，距咸阳国际机场约 50 千米；西宝高速公路、陇海铁路、西宝中线、西宝北线和省道 107 穿境而过，交通十分便利。这里地势平坦开阔，地理位置优越，是关中地区重要的交通枢纽和物资集散地。基于有利的区位和交通优势，武功县以电商发展为突破口，提出了通过电子商务“买西北、卖全国”的战略规划，也就是说在网上也做“西货东进的集散地”，成为了“中国电商第一县”。武功县通过大力发展农产品加工业，延长产业链条，提高产品附加值，促进农民增收。同时，武功县通过搭建农村电商平台——武功好货，将农产品销售给全国消费者，解决了农产品销售难题。此外，武功县还积极开展电商培训，提高农民的电商意识和技能水平，促进农村电商的普及和发展。在发展农村电商的过程中，武功县注重打造电商生态体系，吸引更多的电商企业和创业者到武功投资创业，形成了一定的产业集群效应。同时，武功县还加强了基础设施建设，完善了物流配送体系，为电商发展提供了更好的支撑和服务。

关键特点：①“集散地”的规划充分发挥了交通便利、仓储和物流业发达的优势。②以配套完善的电商园区为依托，大力吸纳外地电商企业到当地注册经营。③整合了西北的物产资源，突破了本地物产有限的约束。

在没有互联网的时代，集散地的价值非常大。不仅是因为这里的物流四通八达，更重要的是商品比较集中，大家都可以批量看到实物。买卖客商很多，信息交流更快。快速发展的电子商务为商品展示、试用和信息交流带来了便利，不断地削弱传统集散地的价值。尤其是随着原产地电商的崛起，武功这种集散地的货源就可能会出现波动，甚至断供。所以，模仿“武功模式”做网上集散的同时，必须要防范产业链上游“截流”或“断流”，建立稳定的供应体系。该模式适合交通便利、物流业发达、有商品集散地潜质的地方。

动画：武功模式

县域电商典型案例五　沙集模式

早在 2011 年，阿里研究中心调查总结出了沙集模式。与后来出现的北山模式类似，他们都是完全不依赖当地的传统产业，“无中生有”发展电子商务的代表。这对于工农业基础都比较薄弱的中西部地区来说，可能更具有示范效应和激励作用。沙集模式是指江苏省徐州市沙集镇的“农村家具电商营销”模式。该模式实现了农民从原材料采购、生产制造到销售渠道的全过程参与，通过创新销售渠道、发挥农民主体作用和政府引导扶持等多方面因素，成功促进了当地家具产业的发展和农民的增收。

沙集模式起源地在江苏省徐州市沙集镇东风村。沙集镇是典型的苏北农村，以人均不足 1 亩的盐碱地种植着水稻和玉米，收入很低。青壮年多依靠外出打工增加收入。这里曾全镇发展养猪业，但毁在了 1998 年东南亚金融危机中。后来全镇发展废旧塑料回收业，有“全乡收破烂”之说，但受 2008 年全球金融危机和我国日益严格的环保政策影响，难以为继。从 2006 年开始，以孙寒为首的“电商三剑客”开始尝试做简易家具电商。沙集的电商企业蹚出了一条完全不依赖当地传统产业，“无中生有”发展电子商务的道路。如果非要谈谈模式的话，他们的模式是“加工厂 + 农民网商”。

这里的核心是“农民网商”。他们从加工厂拿货，然后通过自己的网店卖给消费者。多数加工厂是专职的和共享的，也有少部分网商拥有自己的加工厂。2014 年末，仅沙集镇东风村直接从事网商的人员超过 2 000 人，开设网店超过 1 000 个，实现交易规模超过 24 亿元。

关键特点：①他们选择了与当地传统产业完全不相关的类目。②所选择的简易家具这个类目具有技术门槛低、资金需求低、产业资源整合难度低的特征。③走向了产业化分工的模式，包括板材供应商、加工厂、网店、物流快递、包装等。

最后，县域要想“无中生有”发展新产业做电子商务，对于经济基础良好、电商发达的地域来说也许还好做些。但对于经济基础和电商都欠发达地区来说，就面临着“既要培育电商，又要培育类目产业”的双重压力。除非像沙集的简易家具产业一样，所选的类目进入门槛不高，否则采取这种模式发展电子商务难度很大。但是，正是由于进入门槛不高，这个模式又很容易导致县域企业进入“红海”市场，遭遇白热化的竞争。从长期来看，这对县域企业的创新能力、行业的运营效率和成本控制能力提出了不低的要求。该模式适合传统产业都不突出的地域。

县域电商典型案例六　临安模式

浙江临安位于浙江省杭州市，是一个拥有丰富自然资源和历史文化的地区。在县域电商的发展中，临安以坚果炒货、竹制品、山核桃等特色农产品为主要推广产品，通过整合各方资源，打造一条集生产、销售、服务、管理为一体的电商产业链，形成了独特的“临安模式”。

模式特点包括：①整合产业链资源。临安模式强调对电商产业链上下游资源的整合和优化。在坚果炒货领域，临安成立了中国坚果行业协会，统筹整合了当地大大小小的工厂和销售渠道，使得产品品质得到了统一和提高。同时，临安还整合了电商运营、物流、支付等环节的服务资源，为电商发展提供了便利条件。②品牌化战略。临安模式重视农产品品牌的建设和推广。通过注册“临安山珍”“天目食品”“坚果之乡”等地域品牌，提高了当地农产品的知名度和美誉度。同时，临安还积极开展产品宣传和推广活动，提高产品的市场竞争力。③服务体系完善。临安模式建立了一套完善的服务体系，包括电商培训、技术支持、售后服务等。针对不同需求的农户，临安开展了多种形式的培训活动，如电商普及班、高级研修班等，提高了当地农民的电商意识和技能水平。同时，临安还建立了一套健全的售后服务体系，保障消费者的购物体验。

成功因素包括：①地方政府支持。临安模式的成功离不开地方政府的大力支持。当地政府出台了一系列扶持政策，如资金补贴、土地优惠等，为县域电商的发展提供了坚实的保障。同时，政府还积极参与电商产业链的建设和管理，推动了各方的合作和共赢。②龙头企业带动。临安模式的成功还得益于当地龙头企业的带动。临安的坚果炒货企业大多已经发展成为行业的佼佼者，其带动作用不仅体现在产品品质的提高上，还表现在市场开拓、品牌推广等方面。③人才培养和引进。临安模式重视人才培养和引进。当地政府积极引入优秀的电商人才，建立了多个人才孵化基地，为县域电商的发展提供了强大的人才支撑。同时，临安还积极培养本土电商人才，提高当地农民的电商意识和技能水平。④社会资源整合。当地政府通过与高校、研究机构等合作，开展了一系列科研创新活动，推动了县域电商的科技创新。同时，临安还积极整合社会资本，为县域电商的发展提供了强大的资金支持。

总之，浙江临安模式是一种典型的县域电商发展模式，其成功经验在于整合产业链资源、实施品牌化战略、建立完善的服务体系，以及政府的支持、龙头企业的带动、人才培养和引进、社会资源的整合等因素的共同作用。这种模式的成功为其他地区发展县域电商提供了有益的借鉴和参考。

县域电商典型案例七　成县模式

甘肃省陇南市成县这几年比较出名,不是因为成县是“国家级贫困县”,主要是因为“核桃书记”李祥(当地县委书记)带领当地四大班子成员、乡村干部一起用微博、微信推动当地的优质核桃网销。成县电商的模式比较简单,但他们走出了“爆品拉动,多品畅销”的路子。

成县属于甘肃省陇南市,这里属于嘉陵江水系,距大名鼎鼎的九寨沟的直线距离只有150千米左右。这里工业经济差,山地较多,从汶川大地震开始,屡受地震的影响。这里农林产品丰富,有大约50万亩核桃林。从2013年开始,成县县委书记李祥就带头用微博、微信等工具推广当地的核桃。“靠山吃山”是成县发展电子商务的基本思路。他们的发展模式是:农户+网商。成县的电商化模式很简单,但成县发展电子商务的路径和勇于尝试的精神值得尊重。截止到2021年底,成县拥有网店约800家,实现销售收入2亿元。当地已经建成了电商物流园一期项目,正加快推进电子商务孵化园的建设。

关键特点:①爆品路线。用成县核桃打响知名度,带动“成县紫皮大蒜”“成县土蜂蜜”“成县巴马香猪肉”“成县手工挂面”等当地农特产品走向热销。②政府营销。县委书记带头,四大班子、乡村干部齐上阵,用微信、微博等工具进行营销。

在知名度和影响力较低的情况下,县域电商的可信度有赖于权威的背书,当地政府是重要的权威之一。在资源有限的情况下,县域电商可集中优势兵力做好“单品突破”,然后带动其他商品共同发展。从另外一个角度看,这种小网商大规模出现的局面虽然能显示出当地电子商务发展的热烈态势,但其后续的竞争力往往不足,甚至可能会出现批量死亡的现象。当地政府需要尽快出台有利的措施,完善电商生态,扶持小网商走品牌化、集群化发展,做大做强。该模式适用广泛,尤其是有特色产品的地域。

县域电商典型案例八　义乌模式

义乌电商是中国浙江省义乌市的一种电子商务模式,也是全球最大的小商品批发市场之一。义乌电商的发展历程可以追溯到20世纪80年代末期,当时义乌市政府开始大力发展小商品贸易,并建立了一个以小商品为主的批发市场。随着互联网技术的发展,义乌电商逐渐崛起,成为中国乃至全球最大的小商品电商平台之一。

义乌电商的模式特点:①以小商品为主。义乌电商主要以小商品为主,包括服装、鞋帽、箱包、家居用品、玩具等各类商品。这些商品价格低廉,质量可靠,深受国内外消费者的喜爱。②集中采购。义乌电商平台上的商品都是由供应商提供的,采购商可以在平台上进行集中采购,从而获得更低的价格和更好的服务。③全球化布局。义乌电商已经在全球范围内建立了多个仓库和物流中心,实现了全球化布局。这使得义乌电商可以更加便捷地为全球消费者提供服务。④多元化服务。义乌电商不仅提供商品销售服务,还提供了一系列增值服务,如仓储、物流、金融、保险等。这些服务可以帮助采购商更好地管理库存、降低成本、提高效率。

义乌电商的成功因素:①地理位置优势。义乌位于浙江省东部沿海地区,交通便利,是连接中国内地和东南亚的重要枢纽。这使得义乌成为了中国小商品出口的重要基地。②产业基础雄厚。义乌拥有完善的产业链条和完善的生产体系,可以为采购商提供高质量、低成本的商品。③支持政策。义乌市政府一直积极支持电商发展，出台了一系列的政策和措施，如减税降费、优化营商环境等，为电商企业提供了良好的发展环境。④创新能力强。义乌电商企业在市场竞争中不断创新，推出了多种新的商业模式和服务方式，如 O2O 模式、跨境电商等，满足了不同消费者的需求。

总之，义乌电商的成功经验为其他地区的电商发展提供了有益的借鉴和参考。

参考文献

北京博导前程信息技术股份有限公司，2020. 电子商务数据分析实践（中级）[M]. 北京：高等教育出版社.

丁鸿，2019. 农产品营销[M]. 3 版. 北京：中国农业出版社.

柳西波，2020. 农村电商[M]. 北京：人民邮电出版社，2020.

人力资源和社会保障部职业技能鉴定中心，2013. 农产品经纪人（高级）国家题库技能实训指导手册[M]. 北京：中国农业出版社.

巫建华，严东权，2018. 家庭农场经营管理[M]. 2 版. 北京：中国农业出版社.